設計者のための
見落としてはならない
非構造部材

一般社団法人
日本建築構造技術者協会 編

技報堂出版

書籍のコピー,スキャン,デジタル化等による複製は,
著作権法上での例外を除き禁じられています.

推薦のことば

　非構造部材や建築設備の地震被害は，大きな地震ではいつも発生しているが，日本で建築関係者の注目を集めるようになったのは，1978年の宮城県沖地震のときである．このとき，PCa版の落下をはじめとして，ALC版やガラス窓の被害が目立った．外からは見えないが，建築設備の被害も広範に生じた．その後の地震でも，同様の被害が多かれ少なかれ生じている．

　2011年の東北地方太平洋沖地震（東日本大震災）では，津波の被害があまりにも甚大だったため，その陰に隠れているが，鉄筋コンクリート造で倒壊したものがあり，また，非構造部材や建築設備にも，多くの被害が生じている．

　その中でも，とくに体育館をはじめとする大きな空間の天井が大面積にわたって落ちるという大被害が少なくなかった．このような天井の落下の危険性は，2001年の芸予地震のときに顕在化し，国土交通省でも技術的助言を出して天井の耐震化を促したが，実態は必ずしも改善していなかった．そこで，東日本大震災の被害に鑑みて，今回の告示が出されたわけである．

　さて，（一社）日本建築構造技術者協会（JSCA）で，本書の旧版『見落としてはならない非構造部材・設備と躯体との取合い』を出したのは2006年である．表題に「非構造部材・設備」と「躯体」との取合いとあるように，非構造部材の耐震性に関しては，躯体との取合いが非常に重要である．非構造部材の耐震性を確保するためには，各部位や工事ごとに，その取合いについて，実際に具体的なディテールを決め，それを正しく施工することが肝心である．

　本書はこの点について，JSCAに所属する実務に通暁した技術者が，基本的な知識と豊富な経験をもとに作ったものである．

　このたびの改定は，「非構造部材の安全性確保に向けて」というJSCAの提言（2014）を受けたものであるが，中でも設計における「構造設計者」「設備設計者」「意匠設計者」の協働作業が重要性であるとの認識に立った見直しがなされている．もちろん最新の情報が十分に盛り込まれており，旧版よりもいっそう有用なものになっている．

　本書が，非構造部材や設備の耐震安全性が高く，ひいてはよりよい建築をつくるために役立つことを期待したい．

2015年5月

東京大学名誉教授
坂　本　　功

はじめに

　建築基準法の新耐震基準の導入（1981年）等により建物の耐震対策が進み，地震に対する建築物本体の構造部材の被害は少なくなったが，一方で天井材や設備機器，外装材，間仕切，備品などの非構造部材等については耐震対策がまだ十分とは言えないものもあり，落下，転倒などにより人命に危険を及ぼす可能性がある．

　近年では，芸予地震（2001年3月）をはじめ，新潟県中越地震（2004年10月），福岡県西方沖地震（2005年3月）において，非構造部材等の落下などによる人身被害等が発生しており，2005年8月16日に発生した宮城県沖を震源とする地震（M7.2，最大震度6弱）ではスポーツ施設の天井材が落下．さらに2011年3月11日に発生した東北地方太平洋沖地震では，主体構造の被害とともに非構造部材の被害が広範囲に発生したことは記憶にも新しい．

　（一社）日本建築構造技術者協会（JSCA）では東日本大震災の被害を踏まえて，2012年6月に「東日本大震災からの教訓　JSCAの提言」を発表し，構造体や非構造部材について現状の問題点の提起と改善の方法について提言を行った．その中で非構造部材の被害は，技術的な問題だけではなく意匠設計者，構造設計者，設備設計者，施工者それぞれが非構造部材の安全性に対して責任を持った対応が十分にできていなかったために起きた被害であることを示唆している．さらに東日本大震災から3年を経て，国や日本建築センターをはじめさまざまな団体で基・規準の見直しなどの動きがある状況下で，JSCAは技術委員会内に「非構造部材検討特別部会（主査：常木康弘）」を設置して，改めて構造設計者はじめ建築関係者それぞれが果たすべき役割を明確にすることの必要性と耐震構造から耐震建築を目指して具体的な提言を行った（付表）．

　このように構造設計者および建築関係者に対して非構造部材の設計への関与の拡大が求められる一方で，現状では構造設計者および建築関係者の非構造部材に関する知識は十分なものとは言い難く，非構造部材の安全性確保に対し，ディテールまで含めた知識を設計者が得るための資料として十分には整備されていないのが実状である．構造設計者の視点で非構造部材のディテールについて書かれた数少ない資料としては，2006年3月に刊行された『見落としてはならない非構造部材・設備と躯体との取合い』（（社）日本建築構造技術者協会編）があり，非構造部材の躯体への取付け方法を中心に施工上の注意点を工事監理チェックリストの形式でまとめ解説したもので，耐震性能を含め安全性能を確保するためには非常に有益なものである．

　しかし，非構造部材の安全性を確保するためには工事監理段階での技術的な問題

はじめに

の解決だけでは十分ではなく，設計段階における発注者との合意形成に基づいた明確な要求性能や設計条件の整理，またそれら要求性能を的確に伝達するための設計図書に記載すべき内容が重要になってくる．そこでJSCAでは，技術委員会の非構造部材検討特別部会の傘下に前書の改定WGを設置して，貴重な前書の資料の充実に加え，東日本大震災からの教訓や法令，基・規準の改定，設計図書に記載すべき留意点などを盛り込み，設計に役立つ設計者のための改定版を刊行する運びとなった．

改定の主な内容としては，前書が工事監理者にとって施工にかかわる記述やチェック項目に重点が置かれていたのに対し，改定版では2012年6月に発表された「東日本大震災からの教訓　JSCAの提言」で提起された非構造部材の現状の問題点を盛り込んだ．また，非構造部材の損傷を軽減するため前書の監理チッェク内容を最新の知見に更新することで地震の損傷を改善し，非構造部材の損傷を軽減するための設計の配慮事項や留意点を明確にした．さらに，天井およびエスカレーターに関する政令や告示の改正内容の整理や今後の法令等の動向や，各工種の材料性能試験など技術情報を紹介することで設計から施工まで幅広く利用できる非構造部材の技術情報資料とした．

なお，前書の第1章にまとめられていた「あと施工アンカー」は，非構造部材を躯体に取り付けるうえでなくてはならない工種であり，共通事項として基本的な取り扱いから試験法などを今回の改定版では最終章の第9章にまとめ，各種アンカーの特徴や法的な扱いを含めた整理と技術的な研究の紹介とした．

最後に，日常業務が多忙のなか，本改定WG活動と執筆・編集に尽力された委員の方々にこの場を借りて厚く御礼を申し上げます．また，本書の最終段階では，原稿査読をしていただいた非構造部材検討特別部会の皆様方，そして出版を進めていただいた技報堂出版の編集担当者に深く感謝申し上げます．

本改定版は構造設計者だけではなく，意匠設計者，設備設計者，監理者，施工者など多くの建築関係者が有効に活用して，非構造部材の安全性向上に役立つことを期待する．

2015年5月

JSCA技術委員会の非構造部材検討特別部会
『見落としてはならない非構造部材・設備と躯体との取合い』改定WG
主査　柴田昭彦

● 『見落としてはならない非構造部材・設備と躯体との取合い』改定WG

執筆担当章節

主　　査	柴田　昭彦	(株)梓設計	
副　　査	土屋　博訓	(株)日本設計	5.1節
委　　員	家﨑　尚志	鹿島建設(株)	1.1節
	宇田川貴章	(株)日建設計	3.1節
	倉本　真介	大成建設(株)	1.2節
	菅谷　公彦	(株)竹中工務店	4章，8章
	田中　義吉	(株)田中義吉設計事務所	3.2節，9.3節
	永田　　敦	(株)三菱地所設計	7章
	沼倉　紀章	(株)都市居住評価センター	5.2節～5.5節
	藤田　芳治	(株)久米設計	2章
	細川　洋治	細川建築構造研究室	9.1節，9.2節
	馬籠　良英	(有)幹建築設計事務所	6章
事 務 局	吉松幸一郎	(株)梓設計	
オブザーバー	常木　康弘	(株)日建設計	
協 力 者	酒見荘次郎	(有)シグマ技研	写真提供

● 非構造部材検討特別部会

主　　査	常木　康弘	(株)日建設計
委　　員	阿部　　洋	(株)竹中工務店
	伊藤　　優	(株)日本設計
	宇田川貴章	(株)日建設計
	太田　俊也	(株)三菱地所設計
	柴田　昭彦	(株)梓設計
	高橋　　勇	(株)構造コンサル東日本
	服部　敦志	大成建設(株)
	久田　基治	(有)構造設計工房デルタ
オブザーバー	金箱　温春	(有)金箱構造設計事務所
オブザーバー	福島　正隆	(一社)日本建築構造技術者協会

● 前書執筆者　　酒見荘次郎［主査］，栗山晃一，田中義吉，細川洋治
　　　　　　　　馬籠良英，村上武夫，山岡英明，山口範寿

目　次

- 第1章　軽量鉄骨下地工事　1
  - 1.1　天　　井 ………………………………………2
    - 1.1.1　天井の概要 ……………………………2
    - 1.1.2　東日本大震災からの教訓 ……………6
    - 1.1.3　関連法規および基・規準の現状 ……8
    - 1.1.4　設計図書に関する留意点 ……………9
    - 1.1.5　工事監理段階での確認事項 …………13
    - 1.1.6　実験による確認事例 …………………18
  - 1.2　間仕切壁 …………………………………24
    - 1.2.1　間仕切壁の概要 ………………………24
    - 1.2.2　東日本大震災からの教訓 ……………28
    - 1.2.3　関連法規および基・規準の現状 ……29
    - 1.2.4　設計図書に関する留意点 ……………32
    - 1.2.5　工事監理段階での確認事項 …………38
    - 1.2.6　実験による確認事例 …………………44
- 第2章　PCa版工事　49
  - 2.1　PCa版 ……………………………………50
    - 2.1.1　PCa版の概要 …………………………50
    - 2.1.2　東日本大震災からの教訓 ……………50
    - 2.1.3　関連法規および基・規準の現状 ……51
    - 2.1.4　設計図書に関する留意点 ……………52
    - 2.1.5　工事監理段階での確認事項 …………53
    - 2.1.6　実験による確認事例 …………………62
  - 2.2　パラペット ………………………………67
    - 2.2.1　パラペットの概要 ……………………67
    - 2.2.2　パラペット部材の取付け ……………67
    - 2.2.3　雨仕舞い ………………………………67
  - 2.3　目隠し部材 ………………………………68
    - 2.3.1　目隠し部材の概要 ……………………68
    - 2.3.2　目隠し部材の取付け …………………68
    - 2.3.3　雨仕舞い ………………………………68
  - 2.4　最下段部材 ………………………………69
    - 2.4.1　最下段部材の概要 ……………………69
    - 2.4.2　最下段部材の取付け …………………69
    - 2.4.3　雨仕舞い ………………………………69
  - 2.5　出隅・入隅コーナーパネル ……………70
- 第3章　ALC版・押出成形セメント板工事　71
  - 3.1　ALC版 ……………………………………72
    - 3.1.1　ALC版の概要 …………………………72
    - 3.1.2　東日本大震災からの教訓 ……………74
    - 3.1.3　関連法規および基・規準の現状 ……75
    - 3.1.4　設計図書に関する留意点 ……………75
    - 3.1.5　工事監理段階での確認事項 …………77
    - 3.1.6　実験による確認事例 …………………80
  - 3.2　押出成形セメント板 ……………………84
    - 3.2.1　押出成形セメント板の概要 …………84
    - 3.2.2　東日本大震災からの教訓 ……………84
    - 3.2.3　関連法規および基・規準の現状 ……85
    - 3.2.4　設計図面に関する留意点 ……………85
    - 3.2.5　工事監理段階での確認事項 …………86
    - 3.2.6　実験による確認事例 …………………89
- 第4章　建具工事　93
  - 4.1　扉・ガラス窓およびガラス壁 …………94
    - 4.1.1　扉・ガラス窓およびガラス壁の概要 …94
    - 4.1.2　東日本大震災からの教訓 ……………95
    - 4.1.3　関連法規および基・規準の現状 ……97
    - 4.1.4　設計図書に関する留意点 ……………98
    - 4.1.5　工事監理段階での確認事項 …………99
    - 4.1.6　実験による確認事例 …………………100
  - 4.2　シャッター ………………………………102
    - 4.2.1　シャッターの概要 ……………………102
    - 4.2.2　関連法規および基・規準の現状 ……103
    - 4.2.3　設計図書に関する留意点 ……………103
    - 4.2.4　工事監理段階での確認事項 …………103
- 第5章　金属工事　105
  - 5.1　エキスパンションジョイント …………106
    - 5.1.1　エキスパンションジョイントの概要 …106
    - 5.1.2　東日本大震災からの教訓 ……………108
    - 5.1.3　関連法規および基・規準の現状 ……110
    - 5.1.4　設計図書に関する留意点 ……………111
    - 5.1.5　工事監理段階での確認事項 …………114
    - 5.1.6　実験による確認事例 …………………117
  - 5.2　金属パネル ………………………………119
    - 5.2.1　金属パネルの概要 ……………………119
    - 5.2.2　東日本大震災からの教訓 ……………119
    - 5.2.3　関連法規および基・規準の現状 ……119
    - 5.2.4　設計図書に関する留意点 ……………119
    - 5.2.5　工事監理段階での確認事項 …………120
  - 5.3　金属手摺 …………………………………129
    - 5.3.1　金属手摺の概要 ………………………129
    - 5.3.2　東日本大震災からの教訓 ……………129
    - 5.3.3　関連法規および基・規準の現状 ……129
    - 5.3.4　設計図書に関する留意点 ……………129
    - 5.3.5　工事監理段階での確認事項 …………130

目　次

5.4　タラップ………………………………135
　5.4.1　タラップの概要…………………135
　5.4.2　東日本大震災からの教訓………135
　5.4.3　関連法規および基・規準の現状……135
　5.4.4　設計図書に関する留意点………135
　5.4.5　工事監理段階での確認事項……135
5.5　丸　　環………………………………138
　5.5.1　丸環の概要………………………138
　5.5.2　東日本大震災からの教訓………138
　5.5.3　関連法規および基・規準の現状……138
　5.5.4　設計図書に関する留意点………138
　5.5.5　工事監理段階での確認事項……139

第6章　仕上ユニット工事　143
6.1　仕上ユニット…………………………144
　6.1.1　仕上ユニットの概要……………144
　6.1.2　東日本大震災からの教訓………144
6.2　家　　具………………………………144
　6.2.1　家具の被害対策…………………144
　6.2.2　避難通路・避難方向の適否……145
　6.2.3　避難通路の幅1.2m以上の確保…145
　6.2.4　避難通路の確保…………………145
　6.2.5　家具の転倒防止措置の有無……146
　6.2.6　家具の滑動防止措置の有無……146
　6.2.7　部屋の中間に位置している家具の
　　　　　転倒防止………………………146
　6.2.8　家具の引出し、扉にラッチ機構の有無……146
　6.2.9　OA機器類の滑動防止措置の有無……146
6.3　看　　板………………………………150
　6.3.1　看板の分類………………………150
　6.3.2　各看板のアンカーボルトの材質確認……152
　6.3.3　各看板下地材の防錆種類の確認……152
　6.3.4　屋外広告物の区分別の安全管理……153
6.4　吊物（バトン・緞帳）………………154
　6.4.1　吊物アンカーボルトの形状および
　　　　　補強筋の確認…………………154
　6.4.2　吊物の耐荷重安全率の確認……154
　6.4.3　駆動装置の取付けの確認………154

第7章　機械設備工事　157
7.1　機械設備………………………………158
　7.1.1　機械設備の概要…………………158
　7.1.2　東日本大震災からの教訓………159
　7.1.3　関連法規および基・規準の現状……160
　7.1.4　設計図書に関する留意点………161
　7.1.5　工事監理段階での確認事項……164
　7.1.6　実験による確認事例……………168

7.2　その他の機械設備……………………172
　7.2.1　その他の機械設備の概要………172
　7.2.2　東日本大震災からの教訓………172
　7.2.3　関連法規および基・規準の現状……173
　7.2.4　設計図書に関する留意点………173
　7.2.5　工事監理段階での確認事項……174

第8章　昇降機設備工事　179
8.1　エレベーター…………………………180
　8.1.1　エレベーターの概要……………180
　8.1.2　東日本大震災からの教訓………180
　8.1.3　関連法規および基・規準の現状……181
　8.1.4　設計図書に関する留意点………182
8.2　エスカレーター………………………185
　8.2.1　エスカレーターの概要…………185
　8.2.2　東日本大震災からの教訓………185
　8.2.3　関連法規および基・規準の現状……186
　8.2.4　設計図書に関する留意点………186

第9章　非構造部材と躯体取合いの共通事項　191
9.1　あと施工アンカーによる躯体への支持と
　　接合……………………………………192
　9.1.1　あと施工アンカーの概要………192
　9.1.2　東日本大震災からの教訓………196
　9.1.3　関連法規および基・規準の現状……197
　9.1.4　設計図面に関する留意点………198
　9.1.5　工事監理段階での確認事項……199
　9.1.6　実験による確認事例……………202
9.2　埋込みインサート工事………………207
　9.2.1　埋込みインサートの概要………207
　9.2.2　東日本大震災からの教訓………209
　9.2.3　関連法規および基・規準の現状……209
　9.2.4　特定天井に対する対応…………218
　9.2.5　設計図書に関する留意点………222
　9.2.6　工事監理段階での確認事項……222
9.3　非構造部材の溶接……………………225
　9.3.1　非構造部材の溶接の概要………225
　9.3.2　設計図書に関する留意点………225
　9.3.3　工事監理段階での確認事項……225
　9.3.4　溶接技能者の技能資格…………228
　9.3.5　隅肉溶接の試験方法……………230
　9.3.6　隅肉溶接とは……………………231

付表　非構造部材の安全性確保に向けて設計者および
　　　施工者が決定すべき事項と果たすべき役割の原
　　　則（JSCA提言）……………………………236

●第1章──
軽量鉄骨下地工事

1.1 天　　井
1.2 間仕切壁

第1章 軽量鉄骨下地工事

1.1 天　　井

1.1.1 天井の概要

　天井については，これまで震災のたびに耐震安全性に関するガイドライン等が出されており，また建築基準法施行令第39条で内装材も脱落しないように定められていた．2011年の東日本大震災を契機に，新たに施行令第39条第3項が新設され，脱落によって重大な危害を生じるおそれのある天井が「特定天井」として規定され，その耐震基準が法制化された．

　しかし，特定天井以外の天井（以下，一般天井と呼ぶ）についても，建築主および設計者は耐震性に対する配慮が必要である．ここでは天井の耐震化に関して，いくつかの提案を行うものとする．

(1) 天井の構成

　天井は図1.1-1に示すように吊天井と直天井に大別される．本節では使用頻度の高い吊天井について記載する．

　吊天井は，在来工法とシステム天井に大別される．在来工法は，上階床スラブから吊りボルト→ハンガー→野縁受け→クリップ→野縁の順で軽鉄下地材を吊り下げ，下方よりビス等によって石膏ボード等の天井材を下地材に留める構造である．

　システム天井は，照明器具等の設備機器を天井材と融合させて下地材の上に乗せ掛けてセットする．在来天井は天井材と下地材をビス留めするが，システム天井はビス留めを行わない点に大きな違いがある．図1.1-4に在来工法天井の構成を，図1.1-5にシステム天井（ライン工法）の構成を，図1.1-6にシステム天井（グリッド工法）の構成を示す．

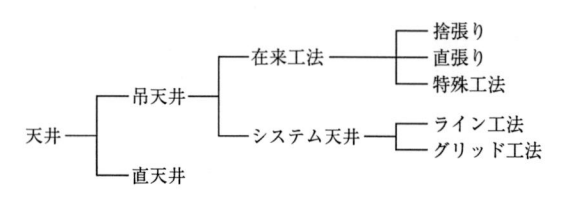

(2) 天井材

① 吊りボルト（吊り材）

　上部床スラブや上階梁等の構造耐力上主要な部分等から天井面構成部材を吊るための部材．JIS A 6517における吊りボルトの規格は転造ねじ，ねじ山9.0 mm（円筒部径8.1 mm以上）とされている．

② ハンガー

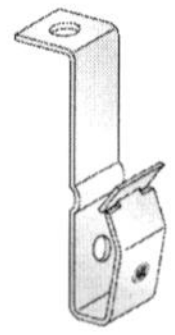

　吊りボルトの下端に取付け，野縁受けを受けるための部材．JIS A 6517におけるハンガーの規格は，板厚2.0 mm以上とされている．また，金属板張りを行う場合の規格はJIS G 3302で形状・寸法FB-3×38，防錆処理は電気亜鉛メッキあるいは錆止め塗装とされている．

③ 野縁受け

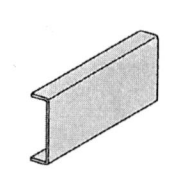

　ハンガーに引っかけた後，下端に野縁を取り付けるための直交方向の部材．JIS A 6517における野縁受けの規格は，CC-19：C-38×12×1.2，CC-25：C-38×12×1.6とされている．また，金属板張りを行う場合の規格はJIS G 3302で形状・寸法C-60×30×10×1.6とC-40×20×1.6，防錆処理は電気亜鉛メッキあるいは錆止め塗装とされている．

④ クリップ

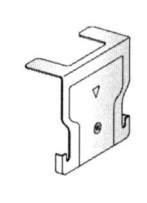

　野縁受けと野縁とを接続する部材．JIS A 6517におけるクリップの規格は19形で板厚0.6 mm以上，25形で板厚0.8 mm以上とされている．また，金属板張りを行う場合の規格はJIS G 3141で形状・寸法St・1.6 t，防錆処理は電気亜鉛メッキの上にクロメート処理とされている．

図1.1-1　天井の分類

⑤ 野　縁

天井下地材の最下部に取り付ける下地材．天井面材をビス等により直接取り付ける．JIS A 6517における野縁の規格は，シングル野縁はCS-19：C-25×19×0.5，CS-25：C-25×25×0.5，ダブル野縁はCW-19：C-50×19×0.5，CW-25：C-50×25×0.5とされている．また，金属板張りを行う場合の規格はJIS G 3302で形状・寸法C-60×30×1.6とC-40×20×1.6，防錆処理は電気亜鉛メッキあるいは錆止め塗装とされている．

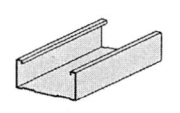

⑥ 野縁ジョイント・野縁受けジョイント

野縁同士および野縁受同士を接続するための継手金物．野縁同士および野縁受け同士を挟み付けた箇所にあて，ビスにより取り付ける．JIS A 6517における野縁ジョイントの規格は，板厚0.5 mm以上，野縁受けジョイントの規格は，板厚1.0 mm以上とされている．

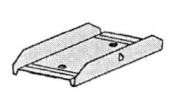

⑦ ブレース材（斜め部材）

地震の振動により天井に生じる力を上階スラブや上階梁等に伝達するために天井面に対して斜めに設ける部材（リップ付き部材は座屈耐力が向上）．

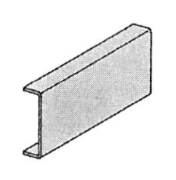

また，斜め部材上部取付金具については**9.2節**参照．

⑧ Tバー

システム天井の天井材を取り付けるための下地材で，野縁と野縁受けを兼用した部材．

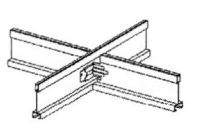

JIS規格はなく下地製造メーカーの規格の基に製造されている．

⑨ 吊り長さとふところ

吊り長さは構造耐力上主要な部分から天井面の下面までの鉛直方向の長さを，ふところは構造耐力上主要な部分から天井下地材の下面までの長さを示す．

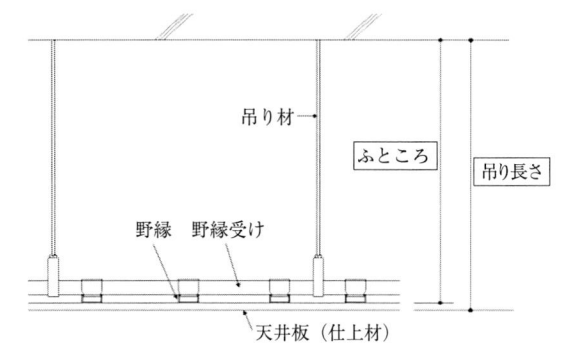

1.1　天　井

図1.1-2　吊り長さとふところの関係[2), p.13]

⑩ 埋込みインサート

上部床スラブに埋め込み，吊りボルトを固定する部材．一般に鋼製のものが使用されている．詳細は**9.2節**参照．

⑪ 天井構成部材等ではない別吊りの設備機器

各種設備等のうち，床スラブ等の構造耐力上主要な部分または支持構造部のみで自重を支えるものは「天井面構成部材等」から除外されている．

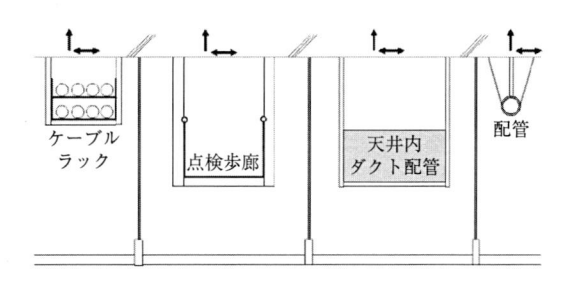

図1.1-3　別吊りの設備機器[2), p.12]

⑫ フェイルセーフ機構

天井材の落下を許容しつつ，これを想定した意識的な設計を行うことによって人命保護を達成できる機構を「フェイルセーフ」という．落下防止ネットや落下防止ワイヤー等がよく用いられる機構である．

⑬ 直　天　井

本書では，直天井は「準構造」として計画することを推奨する．準構造とは，天井仕上げ面が構造部材またはぶどう棚等で構造部材と同等のレベルで品質を管理された部材（以下，準構造部材と呼ぶ）にて構成され，接合部強度が確実に保持され，経年劣化に耐えうる機構で固定されたものとする．

第1章　軽量鉄骨下地工事

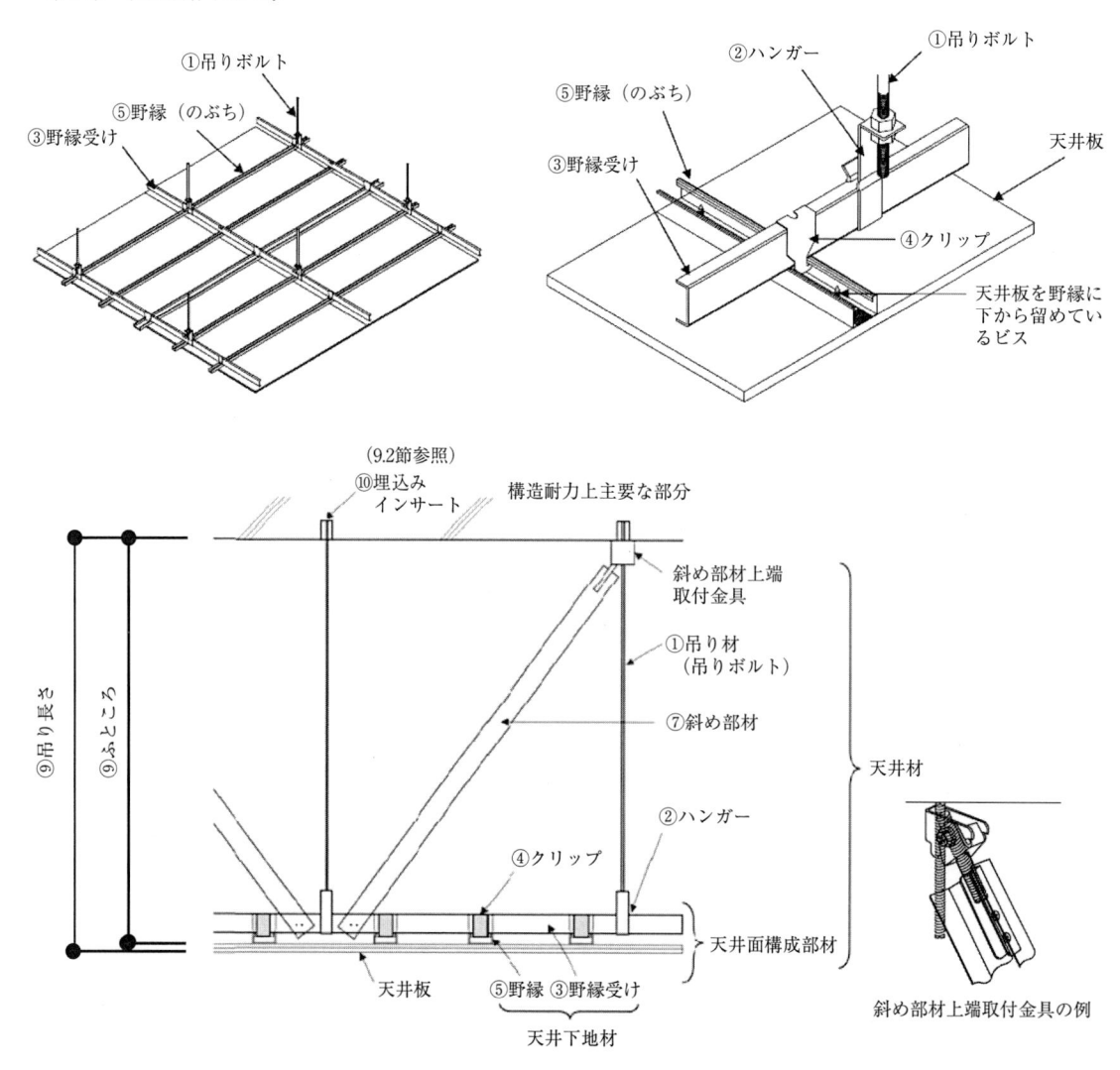

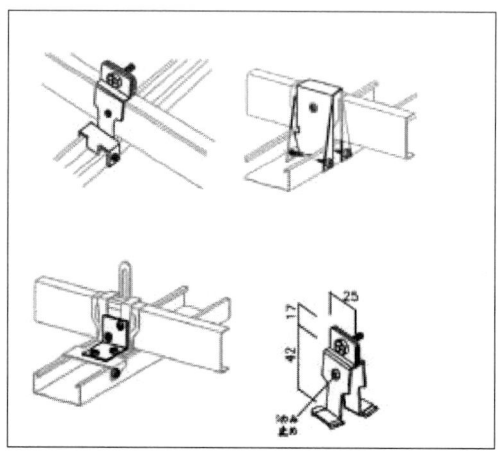

図1.1-4　在来工法の天井の構成 [1), p.15, 80]

1.1 天　　井

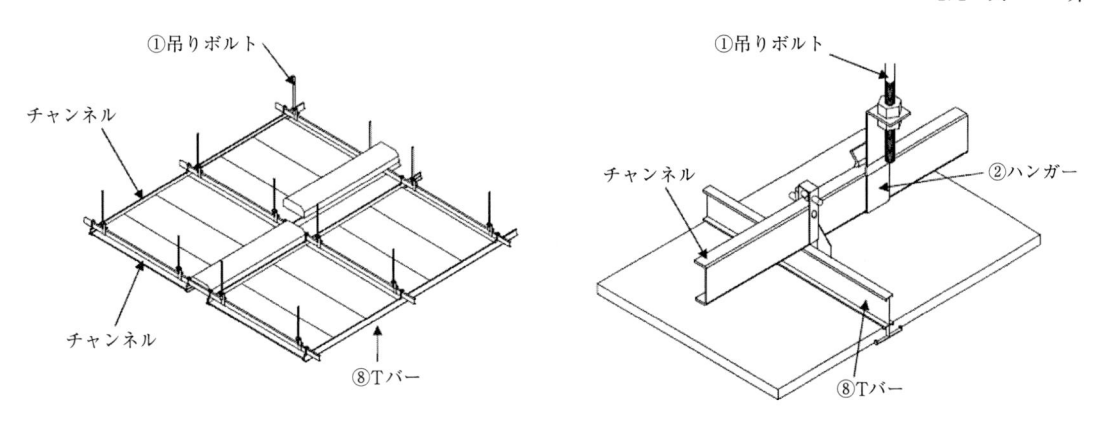

図 1.1-5　システム天井（ライン工法）の構成[1], p.15

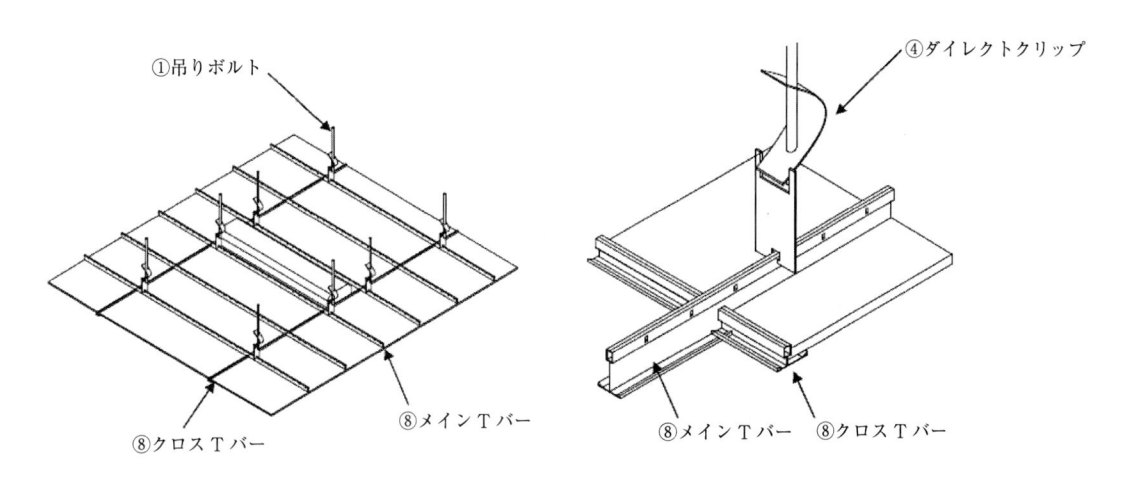

図 1.1-6　システム天井（グリッド工法）の構成[1], p.15

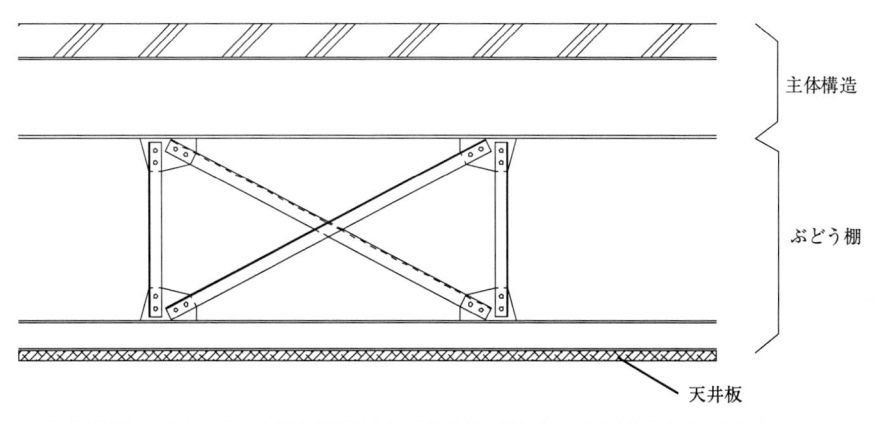

＊直天井と認められるのは，上部主体構造と天井部分が一体となって動くとみなされる場合（応答倍率 $\beta = 1.0$）で，一般的に固有周期が 0.1 秒以下（10 Hz 以上）の構造が直天井としてみなされています．

図 1.1-7　直天井（ぶどう棚）の例

1.1.2 東日本大震災からの教訓

在来工法の天井は，これまでも震度4～5弱程度の地震で損傷する等の被害が見受けられた．東日本大震災では死傷者の数こそ少ないが，大空間を有する建築物等で天井崩落等の被害が多数報告されている．

システム天井については耐震性を確保するため，ロックウール工業会が主導して「システム天井新耐震基準」等をまとめており，この基準に従って施工した天井では大きな被害は見られず，壁際，設備機器周辺で天井材が一部破損する例が見られる程度であった．

天井は，要求性能が多岐にわたるため，建築・構造・設備一体で建物本体と同様な設計体制の確立が必要である．また，壁と天井が取り合う納まりは，意匠的・機能的に決定されることが多いが，クリアランスの必要等についても，十分に相互理解し，問題意識の共有化が必要である．

以下に被害の事例を示す．

事例－1
■被害分類：天井の全面脱落
■原因：天井面の凹凸が多いため複雑な揺れ方をし，また，天井面の質量が大きいため地震力も大きかったと推察．天井構成部材に大きな力がかかったのに対し，その部材の耐力が十分でなかった．
■対策：複雑な形状をしている天井は，建築・設備・構造の詳細な調整を行ったうえで，構造設計者等による天井の挙動の把握を必須とする．

写真 1.1－1　天井の大部分が脱落した例 [6], p.5

事例－2
■被害分類：接合金物の損傷
■原因：天井下地に耐震部材が設置されていない．長時間の繰返し振動等により，クリップの爪・ハンガーの口が開く等接合部が損傷．
■対策：構造計算に基づく適切なブレース配置・部材断面剛性の確保により変形を抑制する．

・ビス固定を確実に行うことによりクリップの爪・ハンガーの口が開くことを防止する．
・部材接合部分は，極力偏心させないディテールを採用し，過大な付加応力の発生を抑制する．
・大地震発生後はクリップ・ハンガーの緩みなどの点検を実施する．

写真 1.1－2　クリップの脱落例 [1], p.61

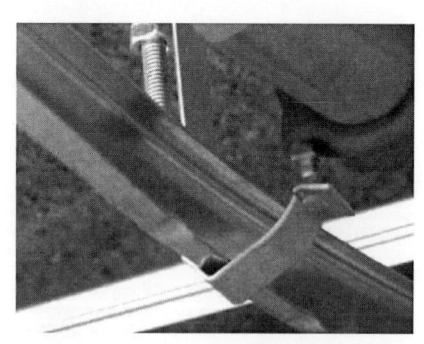

写真 1.1－3　ハンガーの損傷例 [1], p.61

写真 1.1－4　ブレース溶接部の破断例 [1], p.61

1.1 天井

事例-3
■被害分類：接合部の損傷
■原因：長時間の繰返し振動等により，クリップの損傷・外れ，野縁受けジョイントの外れ．

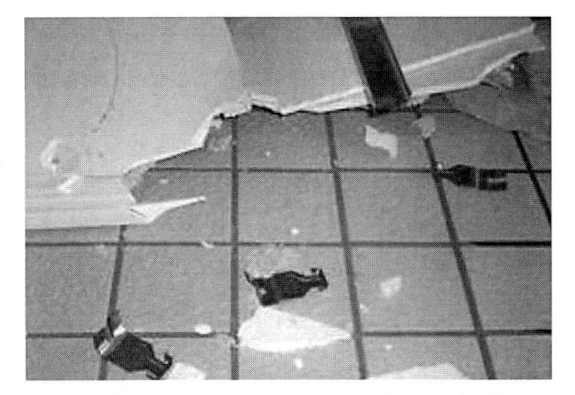

写真 1.1-5　クリップの損傷・外れの事例[2), p.24]

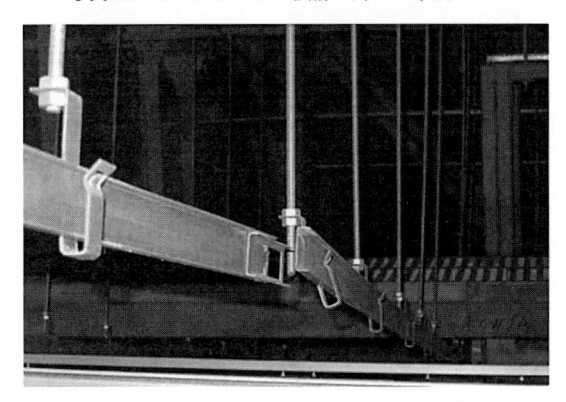

写真 1.1-6　野縁受けジョイントの損傷例[2), p.24]

事例-4
■被害分類：天井段差部の損傷
■原因：段差部分で，挙動の異なる部分が結合されており，そこに地震力が集中する等により破損．

写真 1.1-7　段差天井の損傷例[11)]

事例-5
■被害分類：学校体育館の損傷
■原因：鉄筋コンクリート造柱と鉄骨造屋根の接合部のコンクリート剥落やターンバックルブレースの早期破断

写真 1.1-8　学校体育館の天井落下事例
　　　　　（提供：宮城県栗原市教育委員会）[3)]

事例-6
■被害分類：RC外壁に接続した天井端部や乾式外壁版が損傷
■原因：天井と壁という異なる動きをするものを，それぞれの挙動を詳細に検討せず，安易に接合するディテールとしたために，天井と壁が衝突を繰り返し，下地材が損傷し，天井または乾式壁が破損．
■対策：クリアランスを適切に計画し，天井と壁の干渉を防ぐ．
・天井を通すか壁を通すかを明確に設定し，通す部材の設計に，他方の慣性力を考慮する．
・野縁の小口部分等に，ライナーを通す．
・接触面にはクッション材を設置する．

1.1.3 関連法規および基・規準の現状

天井等の非構造部材は，平時，災害時に関わらず，脱落・落下により人命に危害を及ぼしてはならないという施行令第39条の基本概念の基に，各種法規，基・規準が整備されている．その概要を以下に示す．

(1) 関連法規

・建築基準法施行令第39条

　第3項，4項に特定天井について定められている．

・平成25年国土交通省告示第771号

　特定天井について以下の第1～3に示すように定義されている．

　以下にその概要を示す．

第1　用語の定義[2]

> 一　吊り天井　天井のうち，構造耐力上主要な部分又は支持構造部から天井面構成部材を吊り材により吊り下げる構造の天井をいう．
> 二～七　省略

第2　特定天井[2]

> 一　居室，廊下その他の人が日常立ち入る場所に設けられるもの
> 二　高さが6メートルを超える天井の部分で，その水平投影面積が200平方メートルを超えるものを含むもの
> 三　天井面構成部材等の単位面積質量が2キログラムを超えるもの

第3　特定天井の構造方法（仕様ルートによる検証）[2]

> 一　天井の単位面積質量は $20\,\mathrm{kg/m^2}$ 以下とする
> 二　天井材はねじ，ボルト等により相互に緊結する
> 三　支持構造部は十分な剛性及び強度を有し，構造耐力上主要な部分に緊結する
> 四　吊り材はJIS規格の吊りボルト等を用いる
> 五　吊り材，斜め部材は埋込みインサート，ボルト等により構造耐力上主要な部分等に緊結する
> 六　吊り材は1本/m²以上を釣合い良く配置する
> 七　天井面に段差等を設けない
> 八　吊り長さは3m以下でおおむね均一とする
> 九　斜め部材はV字状に必要な組数を釣合い良く配置する
> 十　壁等との間に6cm以上の隙間を設ける
> 十一　屋外に面する天井は風圧により脱落しないように取り付ける

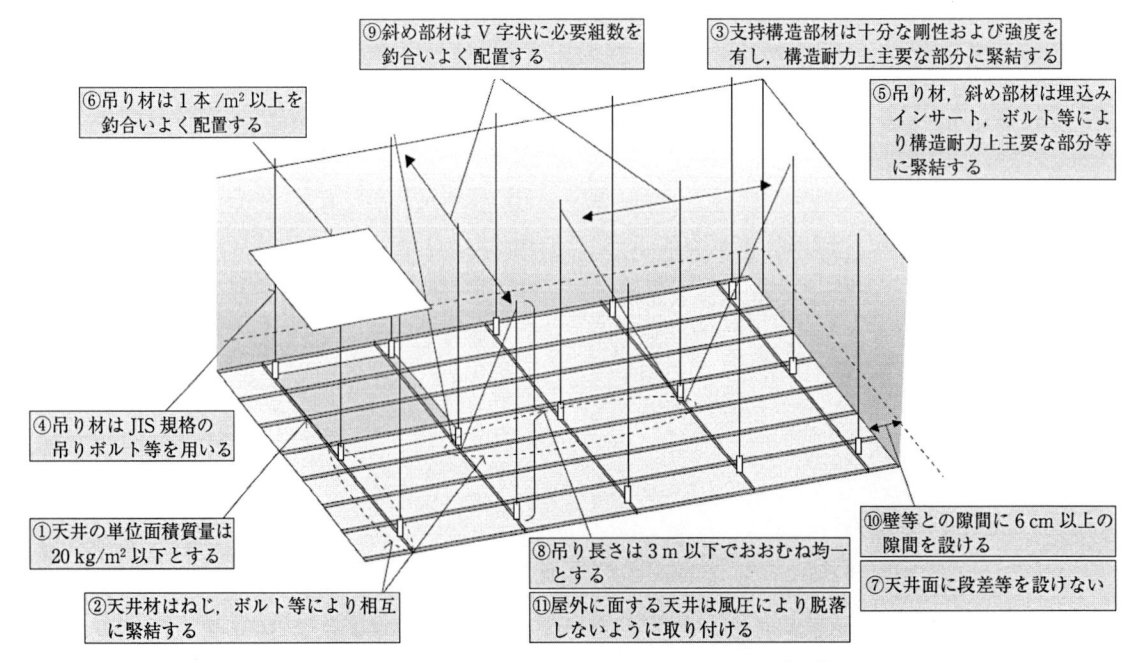

図1.1-8　特定天井仕様ルートの構造方法の概要図[2], p.22

1.1 天　　井

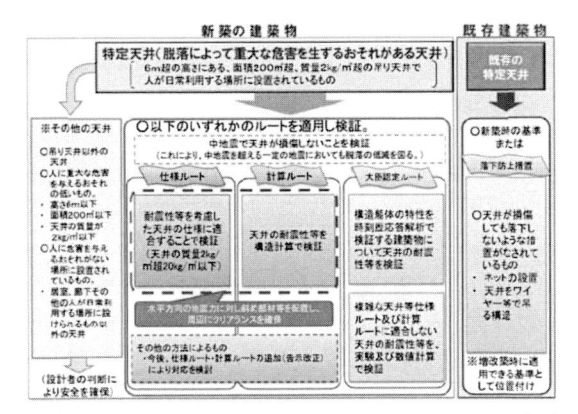

図 1.1-9　建築物における天井脱落に係る技術基準の概要[2), p.8]

第4　その他，仕様ルートの基準の一部に適合しない場合には，計算ルートまたは大臣認定ルートにより，構造耐力上安全な構造方法であることを確かめることができる．
① 仕様ルート
② 計算ルート
水平震度法・簡易スペクトル法・応答スペクトル法の3つの計算法
③ 大臣認定ルート

なお，一般天井についても特定天井と同様，設計水平力・鉛直力について適切に設定する必要がある．

(2) 関連基・規準の現状
・建築物における天井脱落対策に係る技術基準の解説[2)]：国土交通省国土技術政策総合研究所
・非構造部材の耐震設計施工指針・同解説および耐震設計施工要領[5)]：日本建築学会
・天井等の非構造部材の落下事故防止ガイドライン[1)]：日本建築学会
・学校施設における天井等落下防止対策のための手引[3)]：文部科学省

1.1.4　設計図書に関する留意点

設計図書に示すべき要求性能，およびその他留意点を以下に示す．なお，詳細な性能・設計条件については発注者と十分な協議を行い，合意形成したうえで決定する．

(1) 要求性能
ⅰ) 耐震性能
　地震が発生したときに脱落しないことが，最重要性能であり，特定天井は唯一，法律により耐震性能が定められている．
ⅱ) 耐風性能
　軒天井等については，耐風設計が求められ，吊材に生じる圧縮力に注意が必要となる．
ⅲ) 遮音性能
　壁等と同様に隣接する居室・空間との間における遮音性能が求められ，設計者だけでなく，音の専門家との協力が必要となる．
ⅳ) その他の要求性能
　その他天井に要求される性能は，デザイン性・耐火災性能・断熱性能等，多岐にわたる．

(2) 外力に関する留意点
ⅰ) 設計外力の設定
　特定天井は建築基準法施行令第39条の3項の規定に基づき施行されたH25国土交通省告示第771号に従い設定することとなっている．また，外力は水平方向の震度だけではなく，計算ルートではロングスパン梁に取り付く天井は上下方向の設計震度を考慮することが定められている．
　また，一般天井を耐震天井化する場合，水平震度の設定は発注者と設計者が協議を行って決定する．各種基・規準に準拠する手法や特定天井の計算ルートで設定されている水平震度等を準用する手法等もある．
ⅱ) 慣性力の基本的な考え方
　天井面に作用する地震力の評価方法の概念図を図1.1-10に示す．この図は一層からなる建物の屋根から吊り下げられた天井の地震時の応答を示したものである．地震動が建物に入力されると建物の屋根レベルでの応答加速度は建物の振動特性（固有周期・減衰定数）に応じたフィルターを通

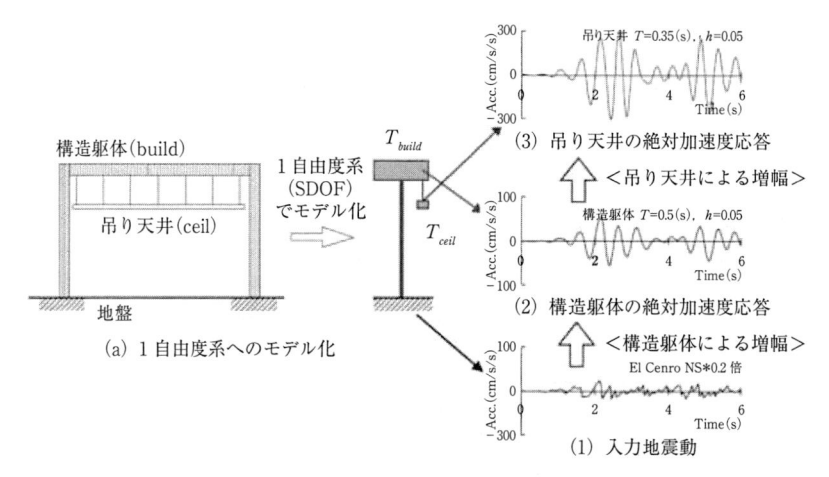

図1.1-10　建物に付随する天井の地震動時の応答[13], p.49

した波形となる．この屋根（吊り下げられた部位）の加速度波形が天井の系に対する入力加速度となり，天井面の応答加速度は天井の振動特性に応じて決定される．

　一般的に動的な外乱が作用した場合の「系（システム）」の応答は系の固有周期および減衰定数に依存する．系の応答の最大値と系の固有周期の関係を図化したものを応答スペクトルと呼ぶ．応答スペクトルを用いて建物および天井面の最大応答加速度を示したものが図1.1-11である．図中，Sa は所定の地震動を入力加速度とした場合の最大応答加速度を示している．また，Saf は床応答スペクトルと呼ばれるものであり，吊り位置の発生加速度を入力加速度とした場合の天井の固有周期（T_{ciel}）に対する最大応答加速度を示している．Saf が求められれば，対象となる天井の固有周期を設定することで天井面に発生する加速度，さらには同加速度に天井の質量を乗ずることにより天井面に作用する慣性力（地震力）を算定することが可能となる．床応答スペクトルの性質として，Saf は建物の固有周期（T_{ciel}）近傍で最大値となること，および天井の固有周期がゼロに漸近すると吊り位置での発生加速度の最大値に等しくなることが挙げられる．前者は建物と天井の固有周期が近い場合に共振効果によって天井面に作用する地

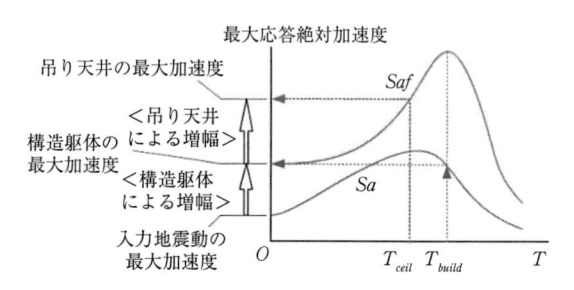

図1.1-11　吊り位置と天井面の加速度応答スペクトル[13], p.49

震力は吊り位置の最大応答加速度に比し大きなものとなることを意味し，後者は天井の固有周期が短い場合（天井がしっかりと建物に取り付けられている場合）に天井面に作用する地震力は吊り位置の最大応答加速度に等しくなることを意味している．以上のことを踏まえて，天井の設計用地震力（慣性力）は，建物の固有周期と天井の固有周期が近い場合，あるいは天井の固有周期が短い場合を区別（応答倍率 $\beta=1\sim2$ 程度を考慮，学会指針，p.32参照）して，天井の設計用地震力を設定することとしている．

(3) 変形に関する留意点

　変形追従性に関する意識を持つことが必要であり，それを実現するディテールを発注者・設計者間で合意のうえ，設計する必要がある．

　天井の耐震性を考えるうえで，天井と周囲の壁

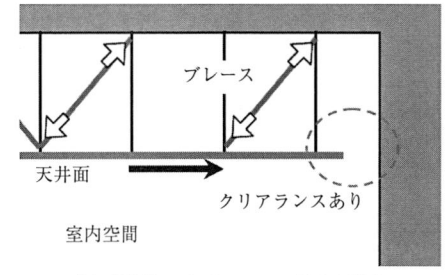

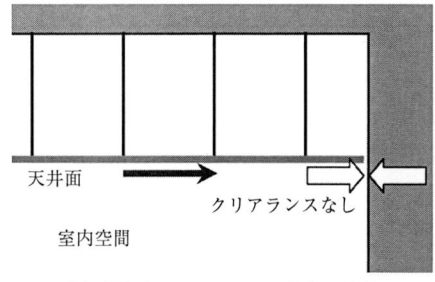

1.1 天井

図 1.1-12 水平力伝達機構の概念図[13), p.50]
(a) 周辺とのクリアランスがある場合
(b) 周辺とのクリアランスがない場合

等とのクリアランスの有無は大きな意味を有する．天井におけるほとんどの質量は天井面に分布しているために地震時の慣性力は天井面に作用する．このとき，クリアランスがない場合には慣性力は天井面から直接周囲の構造に伝達されるのに対して，クリアランスがある場合には天井面に作用する慣性力は吊りボルトや斜め振れ止めを介してスラブや屋根に伝達されることとなる．したがって，前者の場合には天井面ならびに周囲の構造の安定性が問題となり，後者の場合には伝達経路上の構成要素，すなわち，天井面，野縁，野縁受け，斜め部材，吊りボルトおよびそれらの接続金物の安定性が問題となる．天井の安全性は，それぞれの設計思想に応じた力の伝達経路が確保されているか否かに大きく依存するため，応力伝達機構を十分に検討する必要がある．

クリアランスのない天井を計画する場合，壁面が天井からの衝撃力を受けた場合に，十分な強度と剛性を要する．なお，クリアランスを設けない方法も，現在研究が進められている（文献[8)]参照）．

ⅰ) 特定天井

仕様ルートでは，壁等との間に6cm以上の隙間が必要とされており，計算ルートでは吊り長さが3mを超える場合は，これに（吊り長さ－3m）×1.5/200が加算される．（簡易スペクトル法，応答スペクトル法では別途計算式あり）

ⅱ) 一般天井

一般天井についても特定天井と同様な方法を用いるか，または『天井等の非構造部材の落下事故防止ガイドライン』（日本建築学会）[1)]等を参考に，的確な隙間を設定する必要がある．

(4) 構成部材に関する留意点

特定天井では特に腐食，腐朽その他の劣化のおそれのあるものには，そのような腐食，腐朽その他の劣化を生じにくい材料または有効な錆止め，防腐その他の劣化対策のための措置をした材料を使用しなければならない（建築基準法施行令第39条の4項参照）．

(5) その他の留意点

① ブレース配置の留意点
・ブレースは，X・Y方向ともにバランスよく配置する．
・ブレースの接合部は，偏心距離を小さくし，部材の変形や局部座屈を防止する．
・ブレース取付は部材強度に見合うせん断耐力を確保する．なお，この場合一般的に使用される

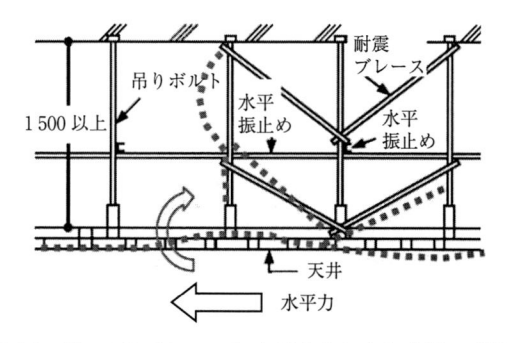

図 1.1-13 2段ブレースに水平力を加力した時の変形モード（好ましくない事例）[13), p.69]

第1章 軽量鉄骨下地工事

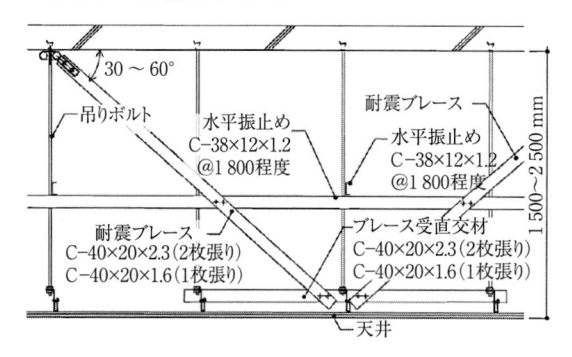

図1.1-14 通しブレースによる改善事例[13],p.70

吊りボルト径を大きくする必要が出てくる場合もあるため，インサート対応も含めて十分な事前調整が必要となる．また，インサートを天井の吊り材に設ける場合，デッキ等による偏心を避けるような計画が必要となる．

・レ形配置のブレースの下側に取合う吊りボルトは，圧縮応力に抵抗可能な補強を講じる．
・2段ブレースについては，吊りボルトに圧縮力等の複雑な応力が作用するため，原則採用すべきではない．採用する場合は，通しブレースとするなど計画上の配力が必要である．

② 野縁配置の留意点
・野縁方向のブレース通りには，繋ぎ材を通して野縁受との交差部を固定し，地震力が確実に伝達できうる繋ぎ材を適宜設置する．
・野縁受と繋ぎ材の継ぎ手金物は，部材と同等以上の強度を有する部材を使用し，固定する．
・野縁や野縁受けの隣り合うジョイント位置は，互いに1m以上離し，千鳥状に配置する．

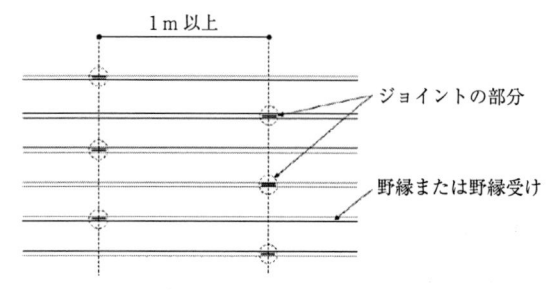

図1.1-15 野縁と野縁受け，隣り合うジョイント位置[2],p.25

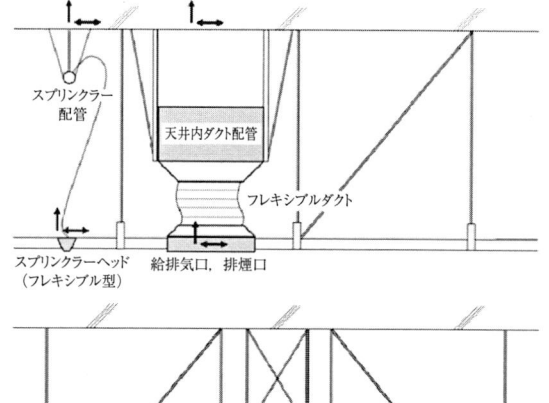

図1.1-16 設備機器の設置例[2],p.40

③ 設備との取り合い留意点
　天井懐内やその周辺に設置される設備機器は，建築計画段階から耐震その他の損傷制御に配慮した納まりとし，設備機器の脱落が人命に影響を及ぼさないようにする．設備機器が天井やその下地と互いに干渉し損傷落下が発生することのないよう対策を講ずる．

④ その他の留意点
・鋼製下地の小口が，壁材に突き刺さらない措置を講じる．
・下地が損傷したときの落下防止対策を講じる．
・専門技術者が，仕上材を張る前に下地の検査をする等，施工段階における確認体制を確立する．

(6) 各設計者の役割と設計図書に記載する内容
i) 設計者の役割
・設計対象とする地震レベルと天井下地材の地震力設定を発注者に説明したうえで，発注者との十分な合意形成を図り，天井の要求性能（作用地震力，建物の変形等と対応する性能）を決定する．
・意匠設計者が主体となって，構造・設備との調整を行う．なお，構造設計者は設計条件等を意

匠設計者にアドバイスすることも必要である．
・層間変形角は設計対象とする地震レベルに基づき設定する．設定においては，特定天井に倣うか，『天井等の非構造部材の落下事故防止ガイドライン』（日本建築学会）[1]等を参考とできる．
・設計者の関わり，施工時のチェック体制の確立が必要である．
・計画や総合調整は意匠設計者主導が基本
・設計段階での設備機器やダクト納まりについて，意匠・構造・設備設計者間の調整が必須である．
・設計の早い段階に，天井内の総合図を意匠・構造・設備担当者が協同して作成する方法も考えられる．これにより天井懐の大きさや室内側の天井高さが決定され，必要に応じて建物の階高調整も生じるため十分留意する．
・天井内に吊られる設備機器について，天井材との関係を整理し，耐震安全性確保の基本方針を決定することも必要となる．
・耐震構造計算は専門の技術者等が行う．
・各種接合部性能等設計するために必要なデータの収集も必要となる．
・現場段階での設計スペックの確認と施工計画図への記載を行う．（周知徹底の具体的提案）
・設計者を含めた非構造部材検討委員会を発足させる．

ⅱ）設計図書に記載する内容
・検討ルート（特定天井の場合）
・天井の重量
・設計震度
・必要クリアランス
・接合部強度
・構成部材の伏図，軸組図，断面表
・標準的な納まりの基準図・詳細図および特殊な納まりの詳細図（天井開口部，設備機器との納まり，段差部等）

1.1.5 工事監理段階での確認事項

監理段階では，設計図書に書かれた設計条件を，関係者全員が確認する．例えばその設計条件が施工要領書に明記されていることを現場段階で必ず確認することを徹底する．そのうえで，施工要領書，総合図，施工図を確認し，設計図書どおりに施工されていることを確認することが必要である．

以下に工事監理段階での確認事項案を提示する．

(1) 材料および部材寸法の確認

開口部補強材を含む主要材料および付属金物は，JIS A 6517（建築用鋼製下地）を原則とし，部材寸法が設計仕様と合致していることを確認する．

主材は溶融亜鉛めっきされたものを下地材として成形したものを使う．しかし，設計図書と異なる仕様の材料を使う場合には，性能が要求性能に見合っていることを確認し，必要に応じて変更申請の手続きを行う．

接合部材は要求性能によって使用部材が異なるため，必要強度に応じた部材の選定が必要となる．ブレースの配置によっては吊りボルトまたは斜め材に圧縮力が作用することがあるため，各部材の構成を確認して部材の選定に誤りのないようにしなければならない．またインサートの埋込み深さも十分な配慮が必要となる．打込みピン・タッピングねじ・ボルト等については，JIS に規定する一級品，またはこれと同等以上の防錆処理を施したものとする．

写真 1.1-9 JIS 製品には JIS マークとメーカーの略号が刻印されている

(2) 部材配置の確認

ⅰ) 吊りボルト

吊りボルトの間隔は在来工法ではX，Y方向とも@900，システム天井では設計図書で指定されたとおりに配置されていること，あと施工アンカーを用いらざるをえない場合は耐力・必要埋込み深さを確認する必要がある．また，壁際では端部から150 mm以内に吊りボルトがあるかを確認する．吊りボルトは吊荷重には有効であるが，屋外の天井や屋内でも上向きの力が想定される場合には，パイプやアングルで補強した圧縮力に有効な部材が選定されていることを確認する．

ⅱ) 野縁・野縁受け等

在来工法では，野縁および野縁受けが設備機器等で切断されて開口部となる部分では，設計図の補強要領のとおりに適切に補強されていることを確認する．システム天井では，Tバーおよびその他の部材の配置を設計図書と照合して確認する．

ⅲ) 斜め部材（ブレース）

斜め部材の配置は天井面の剛性に重要な役割を果たしているため，天井面全体にバランスよくV字形に配置し，分担する水平力に見合った部材が選定され，取付け角度が設計図書の範囲であることを確認する．また，天井内の制約によって斜め部材が片方しか取り付けられない場合がある．このときは，斜め部材に力が作用すると，斜め部材の下側に取り合う吊り材に鉛直方向の力が発生するため，圧縮力も負担できる吊材が必要である．

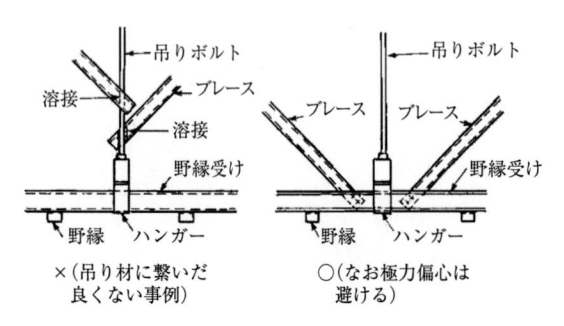

図1.1-17 斜め材の下部は吊材ではなく野縁受けまたはつなぎ材に取り付ける

また，既存天井の補強時には斜め部材の下端部は吊りボルトには接合させず，野縁受けまたは繋ぎ材に直接取り合うようにし，接合部は要求性能に応じてビス留めまたはワンタッチ部材の使い分けを設計図書で確認する．

ⅳ) 天井懐寸法

従来，天井懐寸法が大きな場合には多段ブレース等が用いられていたが，吊りボルトに圧縮力等の複雑な応力が作用するため原則採用すべきでない．対策としてはぶどう棚等の準構造体を用いて天井材を迎えに行くことが考えられる．

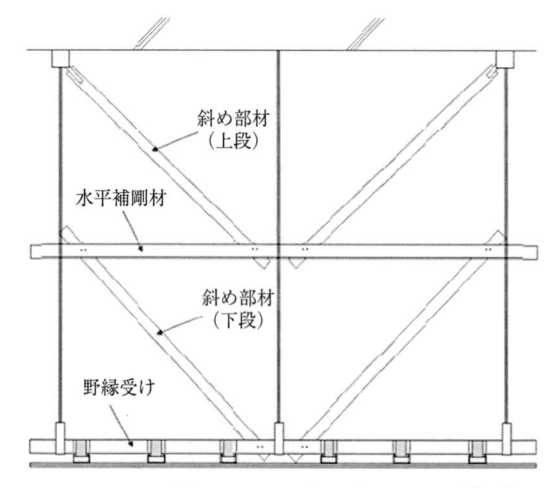

図1.1-18 多段ブレースの事例（原則避ける）[2], p.36

ⅴ) 天井勝ちの場合

壁に対して天井勝ち方式では，地震時に天井が上下動で暴れ，天井を傷めるとともに間仕切壁のスタッドがランナーから外れ，間仕切壁が同時に被害を受けるおそれがある．これを防ぐためランナーを上のスラブから拘束する必要がある．**写真1.1-10**はその対策がなかったため地震時に間仕切壁がランナーとともに天井の下地材を突き上げて，野縁受けがハンガーから外れている状況を示している．また，設計時に，壁の重量を考慮していることを確認する必要がある．

(3) 溶接を行う場合の注意事項

新築建物では現場溶接は原則不可であるため，

1.1 天井

写真 1.1-10 上下動でスタッドがランナーから外れて壁が壊れた

溶接に頼るのではなく，取合い箇所の部品を工夫し，これを使うことで溶接なしで施工できないか，検討する必要がある．

ただし，既存建物等で補強困難な場合は溶接作業が必要となるが，主要構造材に対する不用意な溶接は，鋼材に対して脆性破壊の原因を作ることになるため，設計者または工事監理者と十分協議したうえで，適切な施工方法をとることが望まれる．

写真 1.1-11 は斜め材の溶接部破断を示している．吊りボルトとブレースがともに丸鋼の場合に，この両者を直接的に溶接接合してしまうと鋼材に対し，わざわざ脆性破断しやすい場所を作っていることになる．そのため既存天井の補強等，取合い部の部品がなく，やむなく溶接する場合には吊りボルトとブレースの間に鋼片を挟み，それぞれの丸鋼と鋼片をフレアグルーブ溶接でつなぐべき

写真 1.1-11 斜め材の溶接部破断

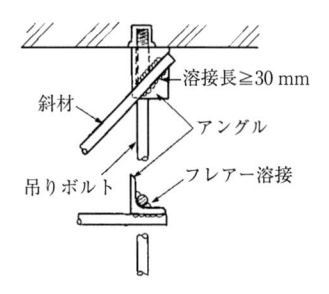

図 1.1-19 丸鋼同士の溶接

である．なお，原則斜め材と接合部の偏心は極力避けるように配慮されたい．

(4) 下地材相互の固定法および継手の確認

天井下地材である野縁，野縁受けの継手部には所定の継手部品が使用され，かつ，設計図どおりに配置されていることを確認する．また野縁を野縁受けに取り付けるクリップや，吊りボルトと野縁受けが取り合うハンガーにワンタッチ材を使用した場合，地震時に作用する衝撃力でその接合部が簡単に動いて天井落下の大きな要因となる．要求性能に合った接合方式が採用されていることを確かめ，ワンタッチ金具か，ビス留めかを確認する．

写真 1.1-12 ワンタッチ部品取付けは地震時に外れやすい

(5) 水平精度の確認

野縁下面の精度は基準値に対し ± 2 mm 以下であることを確認する．また，天井面にむくりをつける場合にはその値を確認する．

第1章　軽量鉄骨下地工事

(6) 周辺部の取合い確認

地震時に天井材が間仕切壁その他の垂直部材と衝突しないように，境界部に間隔をあける必要がある．建物は地震時に層間変形を起こすが，天井の位置ではそれに対応した値に加え，天井自体の地震時挙動が生じるため，天井と垂直部材との間にそれに見合った隙間が必要である．この値は重要な数値であるから設計図書で確認し，そこで指定された間隔が確保されているか確認する．

写真 1.1 - 13　天井が柱に衝突

(7) 開口部補強の確認

設備機器が天井面に取り付く場合は，天井下地材が切断される場合があるため，**図 1.1 - 20** のように門形に補強するか，斜め材等を利用して周囲を補強し，天井面の剛性が損なわれないように配慮しなければならない．また，この周辺部材は力の流れに応じた補強を行う必要がある．

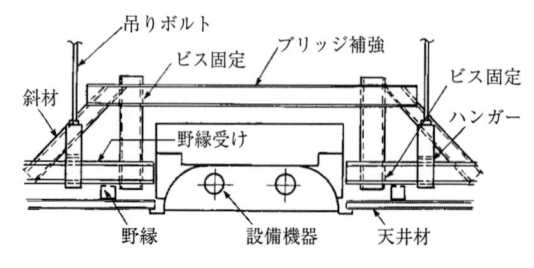

図 1.1 - 20　天井面が一体化する補強が必要

(8) 天井と天井内設備機器との関連確認

最近の建築物では設備関係の要求性能が高くなっているため，天井内は**写真 1.1 - 14**のように

写真 1.1 - 14　天井内は過密状態になっている

過密状態になっている．地震時にこれらの設備機器が勝手に動き回れば，吊りボルトやブレースと衝突して天井落下の原因となる．さらに，これらの設備機器相互がぶつかり合うと設備の機能を損なうとともに，最悪の場合にはこれが落下することもある．したがって，天井を含めた全体系として耐震対策を確認し，必要な処置がとられていることを確認する必要がある．特にスプリンクラー配管を損なうと，その下は水害にもなるため十分に配慮する必要がある．注意すべき点は以下のとおりである．

① 天井の吊りボルトやブレースと設備機器類との間に必要な隙間があることを確認する．
② 天井面に取り付けられた空調の噴出し口等の個別器具に落下防止対策があることを確認する．
③ 給水管を含めて設備機器類の横揺れ防止対策および相互に干渉しないことを確認する．

写真 1.1-15　巻出し配管に螺旋管を使い，長さにゆとりがある

写真 1.1-16 巻出し配管の長さにゆとりがない

④ スプリンクラーのメイン配管と天井は地震時に同じ動きをすることになっているが、現実には難しいので、被害を防ぐため写真 1.1-15 に示すように巻出し配管の長さにゆとりがあることを確認する.
⑤ スプリンクラーの給水管に鋼管が使用されている場合でも、天井下地材に固定されたスプリンクラーヘッドとの接続部には、ゆとりを持たせた螺旋管で接続されていることを確認する.

(9) 折上げ天井段差部の補強確認

地震時に折上げ天井の段差部の被害例が多く報告されているが、その原因は段差部上下の天井が一体として挙動しなかったためと考えられる。この部分は一般に斜め補強材等で補強されているがそれだけでは不十分で、天井面に地震力が作用したとき、この部分に上向きの力が生じることもあ

るため、これに隣接する吊材は圧縮材とすべきである.

一方、段差部での被害を防ぐ方策として、技術的助言等で別々に動けるようクリアランスを設けるよう指導されている.

図 1.1-21 にその考えを示している。天井懐が大きい天井が壁際にある場合は、天井懐が小さいほうの天井部分はスラブからの吊り天井として設計し、天井懐の大きいほうの天井は壁に固定して、地震力に抵抗する方法も考えられる.

ただし、特定天井の場合は認められていないため窓際にも隙間を設ける必要がある.

(10) 部材落下防止の確認

ライン構法によるシステム天井では、天井ボードをHバーと組み合わせて下地材に乗せ掛けてセットしているため、地震時に落下の可能性がある。これを防ぐため、隣同士のボードを相互につないでいるHバーに対して2か所以上で落下防止対策取付け状態を確認する.

写真 1.1-17 は、兵庫県南部地震の被害調査時に見掛けた施工例であるが、落下防止対策がなされていないことが見てとれる。1985年ころ以降のシステム天井の各工法では、それぞれ独自に開発した落下防止対策がとられるようになっている.

また、天井内にある個々の設備機器類についても、落下しないように処置されていることを確認

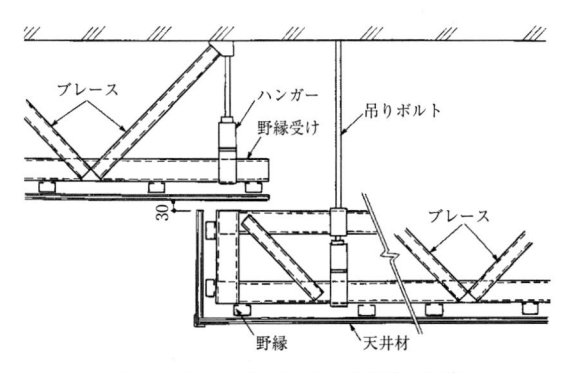

図 1.1-21 折上げ天井可動段差の提案

写真 1.1-17 Hバーに落下防止用の対策がない

第1章 軽量鉄骨下地工事

する．

(11) 天井仕上がり精度の確認

仕上がった状態で部材の傷を含めて出来栄えを確認する．面精度は設定された面に対し，折上げ天井段差部の出隅，入隅の通りが設計にて設定した許容範囲内に納まっていることを確認する．

(12) 非構造部材検討委員会の設置

以上で示した工事段階で確認すべき内容や注意事項は，設計者を含めた「非構造部材委員会」を現場にて設置し，しかるべきタイミングでその会にてチェックされるべきものと提案する．例えば，構造監理担当者や構造設計者は，契約上等でそもそも現場にいない場合もあり，またいたとしても躯体工事が終われば一旦は，現場を離れるのが常である．このために，天井に代表される非構造部材のチェックが手薄となり，その耐震安全性が確保できない理由の一端を担っているのではないかと危惧する．この会の充実が，施主を含めた世の中全体での，非構造部材への意識を高めるうえでは，とても有益なことと考える．

1.1.6 実験による確認事例

(1) 試験・評価の概要

平成25年国土交通省告示第771号第3第2項第一号ロその他の規定では，天井の安全性を検討するために天井の許容耐力が必要であり，当該数値は繰り返し載荷試験その他の試験または計算によって確認することとされている．計算によって確認する場合，使用する部材が一定の剛性や強度を有することや接合部の緊結状態の確認が必要である．これに伴い，『建築物における天井脱落対策に係る技術基準の解説』[2]ではこれらの検討に資することを目的に，既往の製品規格，試験実験および研究成果を参考にして部材，接合部および天井ユニットの標準的な試験・評価方法が示されている．

表1.1−1に試験・評価の対象範囲を，図1.1−22に接合部または天井ユニットの試験・評価の方法と天井告示に定める計算ルートとの関係を示す．

表1.1−1 試験・評価の対象範囲[2]

加力方向・載荷方法		試験体の種類	(1) 部材単体	(2) 接合部				(3) 天井ユニット
			天井下地材	吊りボルトの上端	クリップ	ハンガー	斜め部材の上・下端	
曲げ	鉛直	一方向	●					
	水平	一方向	(●)※1					
引張		一方向		●※4	●			
圧縮		一方向			(●)※2			
水平		一方向および正負繰り返し			●	(●)※3	(●)※5	●
試験結果に基づき評価される数値			当該部材の曲げ許容耐力・曲げ剛性	当該接合部の許容耐力・剛性 天井全体の許容耐力・剛性				天井全体の許容耐力・剛性

※1 当該天井下地材が天井板と一体的に挙動し，水平方向に大きな曲げ力が作用しないことが想定される場合（例 システム天井材のHバー）には省略できる．
※2 圧縮時に野縁と野縁受けが直接接触することにより，クリップに圧縮力が伝達しないことが想定される場合には省略できる．
※3 斜め部材の取付け箇所に応じて，ハンガーが水平力を負担しないことが想定される場合には省略できる．
※4 試験体の吊りボルト上端近くに斜め部材が取り付く場合には，斜め部材にも同時に一方向の引張力を作用させる．
※5 上端接合部の試験では，斜め部材の材軸方向に加力する．

1.1 天　　井

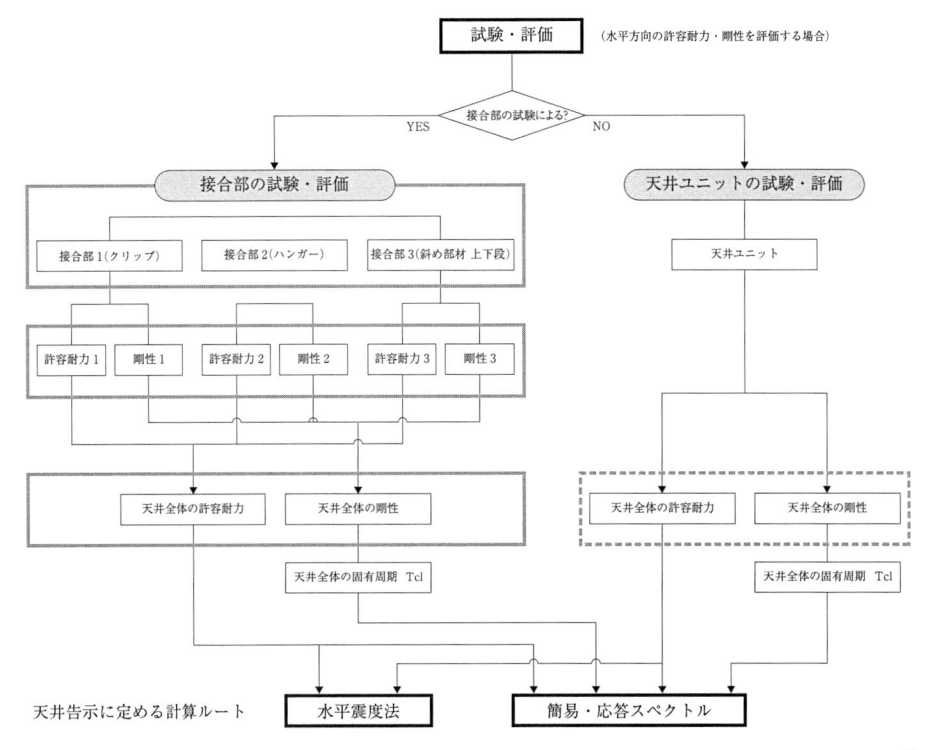

図1.1-22　接合部または天井ユニットの試験・評価の方法と天井告示に定める計算ルートとの関係[2), p.87]

(2) 試験の事例
ⅰ) クリップの接合部の試験事例

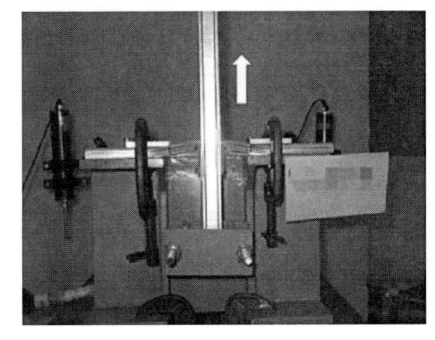

写真1.1-18　クリップを含む接合部の試験状況の例[2), p.93]
（野縁方向に加力する場合，矢印は加力方向）

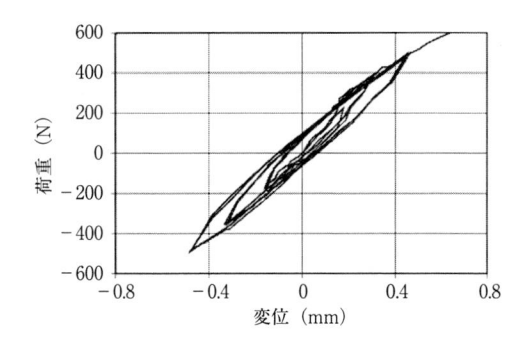

図1.1-23　クリップを含む接合部の正負繰り返し加力試験の結果例[2), p.95]（野縁受け方向）

ⅱ) ハンガーの接合部の試験事例

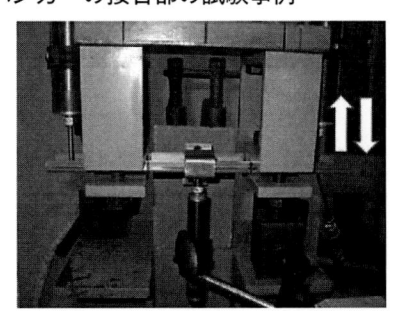

写真1.1-19　ハンガーを含む接合部の試験体取付け状況の例[2), p.98]
（野縁方向に加力する場合，矢印は加力方向）

第1章　軽量鉄骨下地工事

iii）斜め部材の下端接合部の試験事例

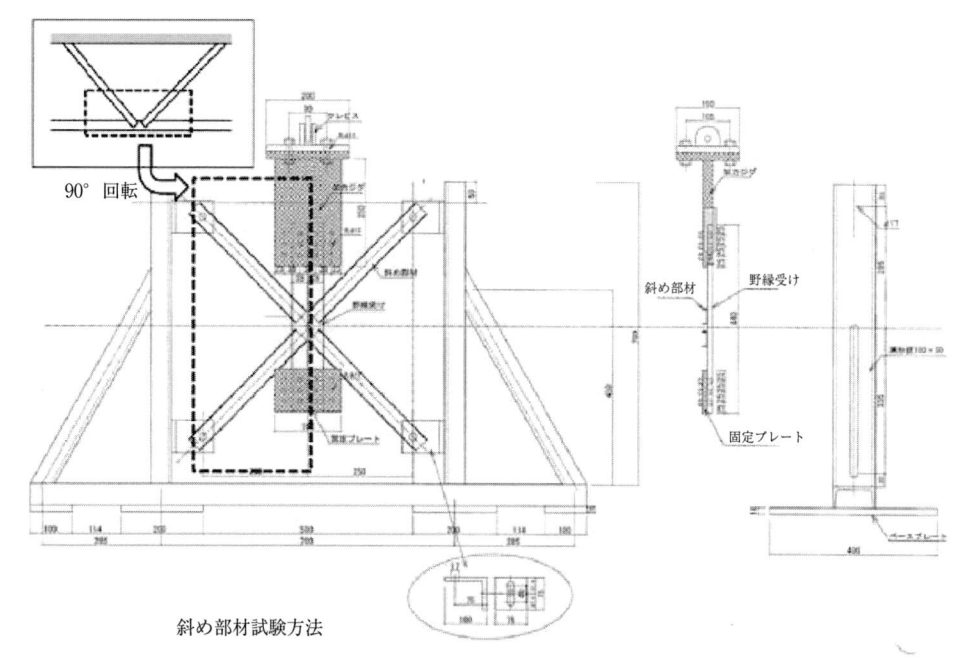

図1.1-24　斜め部材の下端接合部の試験体の例[2), p.102]

写真1.1-20　斜め部材の下端接合部の試験体取付け状況の例[2), p.103]
（野縁方向に加力する場合，矢印は加力方向）

iv）天井ユニットの試験事例

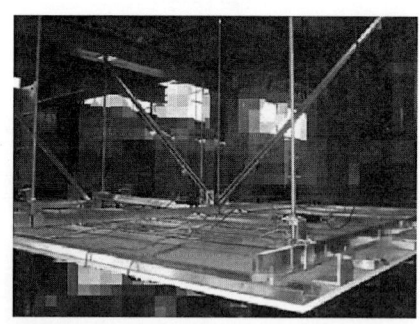

写真1.1-21　天井ユニットの試験体の例[2), p.111]

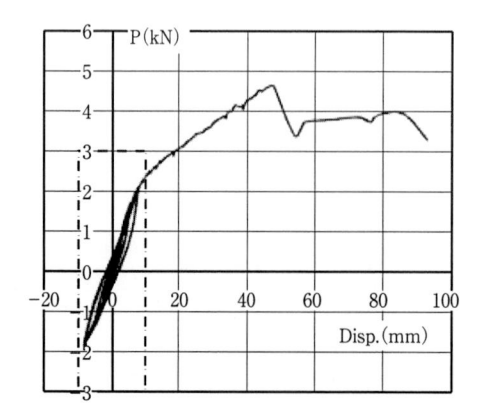

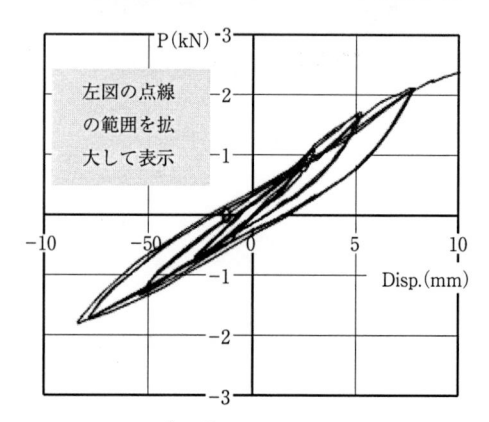

図1.1-25　正負繰り返し載荷試験の例[2), p.112]
（野縁方向）

(3) ユニット試験の評価方法および設計への適応

ⅰ）ユニット試験の目的

野縁受け材と斜め材（ブレース材），および各部材の接合金具が組み合わさって天井下地材が構成される．この複数の部材が組み合わさった天井構成材群の耐力をユニット試験で確認する．

そのなかで，弾性座屈耐力式で耐力を評価できる斜め材の圧縮耐力を除いたほかの部材群の耐力を評価するために，斜め材を座屈させない目的で設計部材より大きな斜め材でユニット試験を行い，ほかの天井構成材群の耐力を評価する．

ⅱ）試験体仕様

野縁方向および野縁受け方向のそれぞれの試験体は，斜め材を除き本建物と部材サイズや天井ふところ高さ等，同条件の試験体による [9]．

ⅲ）ユニット試験載荷方法

一方向載荷の予備試験から損傷耐力および制御変位を求め，多サイクル加力試験より損傷耐力を再評価する．

ⅳ）実験耐力の評価

① Step1：損傷耐力（Pd）の設定

天井ユニットの一方向載荷試験の結果から損傷耐力（Pd）を設定する．

② Step2：損傷耐力時の変位の判定

一方向載荷試験のP－δ（荷重－変位）より損傷耐力時の変位dを判定する．

③ Step3：制御変位の基準値（D）の設定

Step2で設定した損傷耐力時の変位dに2/3を乗算した値を制御変位の基準値D±と設定する．

設定したD±を基に0.5D±，1.0D±，1.5D±の変位段階でそれぞれ3回繰り返す．

④ Step4：天井面許容耐力の判定

変位が1.5D±（各3回以上）時の荷重が損傷荷重の80％以上であれば損傷耐力に2/3を乗算した値を天井面の許容耐力と設定する．

許容耐力＝損傷耐力×2/3

ⅴ）設計耐力の評価

・ユニット試験より天井構成材の許容耐力を設定

●Step1
　損傷耐力をPd＝3 750 Nと設定
●Step2
　荷重3 750 N時の変位をd＝7.98 mmと判定
●Step3
　制御変位の基準値を設定
　D＝d×(2/3)＝7.98×(2/3)＝5.32 mm
　基準値D±＝5.32 mmと設定
　よって

1.5D	7.98 mm
1.0D	5.32 mm
0.5D	2.66 mm

と設定し，正負（±）各3回加力を行う．
●Step4
　1.5D±の各荷重が損傷耐力の80％（3 000N）以上であるため損傷耐力×(2/3)として許容耐力を設定する．

許容耐力＝損傷耐力×(2/3)
　　　　＝3 750 N×(2/3)＝2 500 N

よって
天井面の許容耐力は2 500 Nとなる．

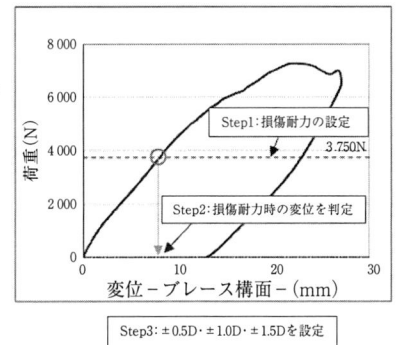

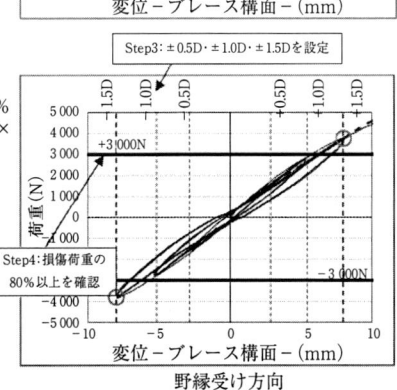

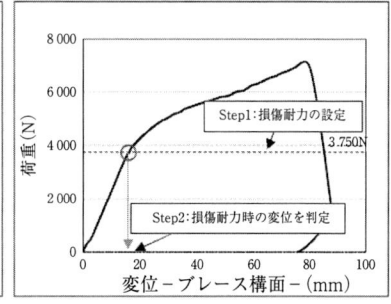

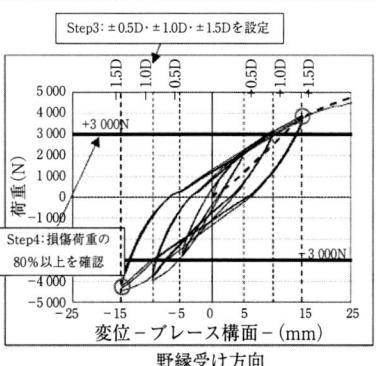

図1.1-26　ユニット試験評価方法（参考例）[10]

- 天井構成材の許容耐力と斜め材の圧縮耐力の比較を行い，斜め材の圧縮耐力で設計耐力が決定されることを確認する．
- 斜め材の圧縮耐力で決定された設計耐力により，斜め材の必要箇所数を算出する．

(4) 各種試験結果の情報について

天井に関する各種試験結果の情報は，以下の文献・ホームページ等から収集可能である．
- 天井等の非構造部材の落下事故防止ガイドライン：日本建築学会
- 建築物における天井脱落対策に係る技術基準の解説　平成25年10月版：国土交通省国土技術政策総合研究所ほか
- 吊り天井の耐震設計に係る基準の高度化に資する検討：ビルデイングレター，2014.10
- (株)桐井製作所：研究開発の成果発表について，(株)桐井製作所ホームページ
- 建材試験センター：特定天井関連の試験，建材試験センターホームページ
- 日本建築総合試験所ホームページ
- 国土交通省国土技術政策総合研究所ホームページ
- 耐震構造設計ハンドブック（16-6「天井」）：日本建築構造技術者協会編，2008.10.25
- 野縁受と野縁受と直交するブレース繋ぎに，閉断面の角パイプを使用することでブレースの総数を減らし，ブレースと野縁受けの繋ぎ部に特殊な金物で緊結した耐震天井工法試験：(有)シグマ技研

参考文献

1) 日本建築学会：天井等の非構造部材の落下事故防止ガイドライン，2015
2) 国土交通省国土技術政策総合研究所ほか：建築物における天井脱落対策に係る技術基準の解説，建築性能基準推進協会，2013
3) 文部科学省：学校施設における天井等落下防止対策のための手引，2013
4) 日本建築学会：建築工事標準仕様書・同解説 JASS 26 内装工事，2006
5) 日本建築学会：非構造部材の耐震設計施工指針・同解説および耐震設計施工要領，2003
6) 川崎市：川崎シンフォニーホール震災被害調査中間報告書の概要について，川崎市ホームページ
7) 川島　学：東日本大震災に見られた吊天井の損傷メカニズム，三井住友建設技術開発センター報告，第9号，2011
8) 日本建築センター：吊り天井の耐震設計に係る基準の高度化に資する検討，ビルデイングレター，第586号，2014.10
9) 国土交通省国土技術政策総合研究所ほか：建築物における天井脱落対策に係る技術基準の解説（平成25年10月版），第Ⅱ編　天井の部材・接合部等の耐力・剛性の設定方法 第4章　天井ユニットの試験・評価
10) (株)桐井製作所：ユニット試験天井面の許容耐力設定について　JIS25形（H=1500）野縁受け方向
11) 大場康史，川口健一：東北地方太平洋沖地震による茨城空港ターミナルビル内天井落下に関する速報（第2版），東京大学生産技術研究所，2011
12) 日経アーキテクチュア，2011/4/10号
13) 日本建築学会：天井等の非構造部材の落下に対する安全対策指針・同解説，2015

1.1 天　　井

工種　軽量鉄骨下地工事　　　　　工事名：　　　　　新築工事

部位：天井　　　　　　　　　　　年　　月　　日　記録：

No.	監　理　項　目	確認事項	記　録	備　考
\multicolumn{5}{c}{工事監理チェックリスト}
1	天井の分類および特定天井の有無の確認			
2	設計要求性能の確認			
3	設計図書との整合性の確認			
4	材料および部寸法の確認			
5	部材配置の確認			
6	下地材相互の固定法および継手の確認			
7	水平精度の確認			
8	周辺部の取合いの確認			
9	開口部補強の確認			
10	天井と天井内設備機器との関連確認			
11	折上げ天井段差部の補強確認			
12	部材落下防止の確認			
13	天井仕上がり精度の確認			
14	実験による確認項目（必要応じて）			

略　図

確認印	現場代理人	担　当　者	工　事　監　理　者

2015 JSCA

1.2 間仕切壁

1.2.1 間仕切壁の概要

(1) 間仕切壁の構成

間仕切壁には乾式と湿式があり，乾式の中では，下地の種類により軽量鉄骨壁下地，木製壁下地，単板積層材下地がある．ここでは一般的に広く使用されている軽量鉄骨壁下地を用いた間仕切壁（以降，軽鉄間仕切壁）について記載する．

軽鉄間仕切壁は床スラブと上階床スラブまたは床スラブと天井の間に設置し，壁下地材と仕上ボードで構成される．壁下地材には軽量鉄骨部材を，仕上ボードには石膏ボードやケイ酸カルシウム板等が用いられ，コンクリートやモルタルを用いないため乾式工法に分類されている．

壁下地材はランナー，スタッド，振れ止め，スペーサーおよび開口部補強材で構成されている．壁下地の概要を図1.2-1に示す．

ランナー，スタッド，振れ止めおよびスペーサーの規格としてJIS A 6517（建築用鋼製下地材（壁・天井））がある．JIS A 6517では材質，形状寸法，形状寸法許容差，板厚，材長，部材の組合せ，溶融亜鉛めっき量，寸法測定方法，強度試験方法等を規定しており，壁下地材の品質を確保している．JIS A 6517の適合品はJIS材と呼ばれている．

一方，一般材と呼ばれているJIS規格に適合していないランナー，スタッドも市場では流通している．一般材の板厚はJIS材の60〜75％程度であり，材質や形状寸法，溶融亜鉛めっき量については下地製造メーカーによる自主規格のもとで製造が行われている．したがって一般材を用いる場合には，下地製造メーカーによって異なる形状，板厚，溶融亜鉛めっき量を調べ，耐力，剛性，耐久性等の性能について確認する必要がある．

(2) スタッド

仕上ボードを留め付けるための鉛直方向の下地材がスタッドである．写真1.2-1にスタッドの一例を示す．

JIS A 6517におけるスタッドの規格はWS-50，WS-65，WS-75，WS-90，WS-100の5種類で設定され，幅，長さが異なっている．幅は50 mmから100 mm，高さは同一で45 mm，板

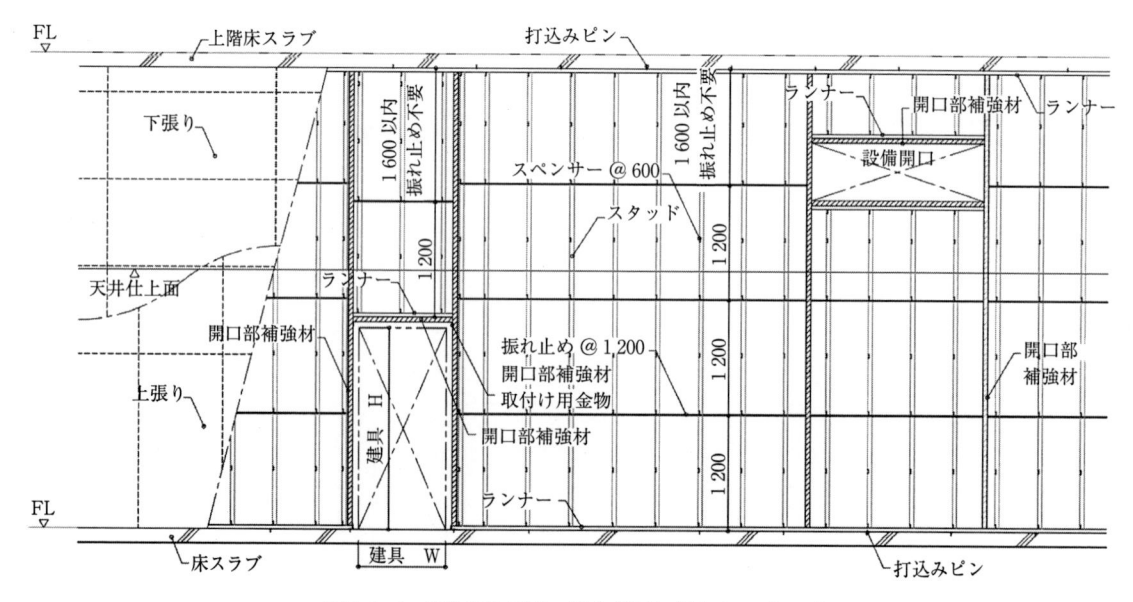

図1.2-1　軽鉄間仕切壁の構成（提供:(株)オクジュー）

1.2 間仕切壁

写真1.2-1 スタッドの一例

厚も全て同一で0.8 mmである．幅方向を壁厚方向として使用する．JISには部材の寸法許容差についても規定がある．

材料規格はJIS G 3302（溶融亜鉛めっき鋼板及び鋼帯）またはJIS G 3321（溶融55%アルミニウム亜鉛合金めっき鋼板及び鋼帯）の冷延原板，熱延原板が指定され，これらを折り曲げて製作する．

材種はSGCC，SGC等が使用可能である．降伏点についてもJIS G 3302，3321で規定され，SGCC等では205 N/mm^{2}以上，SGC400等では295 N/mm^{2}以上と指定されている．なお，SGC400等は平12建告第2464第1で基準強度が280 N/mm^{2}と定められている．

溶融亜鉛めっきの付着量についてはJIS G 3302ではZ12以上（両面の合計が120 g/m^{2}以上），JIS G 3321ではAZ90以上（両面の合計が90g/m^{2}以上）が指定されている．

また，スタッドのウェブ部分には**写真1.2-2**に示すような振れ止めを通すための孔が材長方向

写真1.2-2 スタッドの振れ止め用の孔の一例

に1 200 mm間隔で設けてあるので，断面性能を検討する際は注意が必要である．

スタッド断面はコの字形に爪がついている形状をしているが，断面寸法についてJISで規定されているのは幅と高さだけであり，爪部分の形状寸法は下地製造メーカーによって異なっている．また，材種もJISでは数種類の中から選択が可能である．そのため，設計段階における強度確認ではJIS材を指定した場合でも，断面性能や降伏点については実際に使用する材を数種類想定し，その中の最小値を採用するなどの配慮が必要である．

なお，JASS 26「内装工事」[1]によると，仕上を金属板張りとする場合のスタッドはC-60 × 30 × 10 × 1.6 JIS G 3101（一般構造用圧延材，電気亜鉛めっきあるいは錆止め塗装）を用いることとなっている．

また，JIS材よりも大きな幅のスタッドや断面形状を角形にして断面性能を増大させたスタッド（**図1.2-2**参照）も下地製造メーカーの規格の基に製造され，市場では流通している．

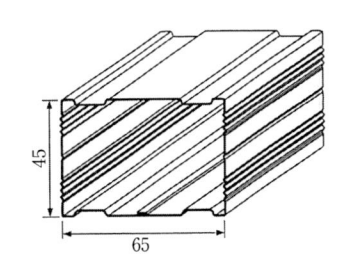

図1.2-2 角形スタッドの一例[2], p.59

(3) ランナー

床スラブ，上階床スラブや天井に打込みピン等で固定し，スタッドを支持する水平方向の材がランナーである．**写真1.2-3**にランナーの一例を示す．

ランナーはスタッド同様に亜鉛めっき鋼板を定尺幅に切断し，冷間成形により製造する．

JIS A 6517ではランナーはスタッドと同様にWR-50からWR-100の5種類に規格化され，

第1章 軽量鉄骨下地工事

写真1.2-3 ランナーの一例

幅は52 mmから102 mm，高さは全て同一で40 mm，板厚も全て同一で0.8 mmである．

使用可能な材料と材種および溶融亜鉛めっきの付着量はスタッドと同じである．

(4) 振れ止め

スタッドのウェブ部分の孔を通して設置し，隣接するスタッド同士の面外方向変形を均一化するための水平方向の材が振れ止めである．写真1.2-4に振れ止めの一例を示す．

JIS A 6517では形状寸法に応じてWB-19とWB-25の2種類の振れ止めの規定がある．スタッドのWS-50にはWB-19（[-19×10×1.2)の振れ止めを，WS-65からWS-100にはWB-25（[-25×10×1.2)の振れ止めを用いる．

使用可能な材料と材種および溶融亜鉛めっきの付着量はスタッドと同じである．

なお，天井の野縁受けに使われている[-38×12×1.2はWB-19およびWB-25を上回る断面であり，防錆処理も同等なため，WB-19やWB-25に替えて振れ止めに用いても構造上，耐久性上，問題はない．

(5) スペーサー

スタッドの腹部分にはめ込み，スタッドの振れを拘束したり，振れ止めを固定するための部品がスペーサーである．写真1.2-5にスペーサーの一例を示す．

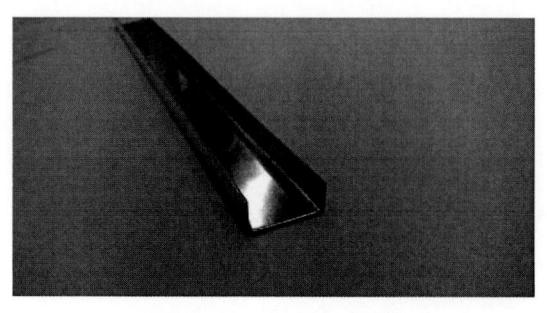

写真1.2-4 振れ止めの一例

写真1.2-5 スペーサーの一例

スペーサーはJIS A 6517では名称のみが定義されているが，形状寸法，板厚は定義されていない．公共標仕[3]にも記載はないが，監理指針[4]には「板厚0.7 mm以上，防錆処理はZ12以上またはAZ90以上」の記載がある．

JIS A 6517では使用可能な材料と材種はスタッドと同じ，溶融亜鉛めっきの付着量についてもスタッドと同じである．

(6) 開口部補強材

壁の扉や設備配管用開口の周囲の補強として設置する部材が開口部補強材である．

開口部補強材はJIS A 6517には定義がなく，JASS 26[1]や公共標仕[3]に記載がある．JASS 26[1]では「50形ではC-50×30×10×1.6を100形では2C-75×45×10×2.3を用いる．65形，75形の補強材で補強材の長さが4.0 mを超える場合は2本を抱合せ，上下端部および間隔を600 mm程度に溶接して組み立てたものを用いる」と記載がある．ただし材質については記載がない．防錆処理についてはJASS 26[1]では「さび止め塗装または

亜鉛めっきを行ったもの」，公共標仕[3]では「防錆処置を行ったもの」と記載されている．

(7) 開口部補強材取付け用金物

開口部補強材をスラブや開口部補強材に留め付ける部品が開口部補強材取付け用金物である．写真1.2-6に開口部補強材取付け用金物の一例を示す．

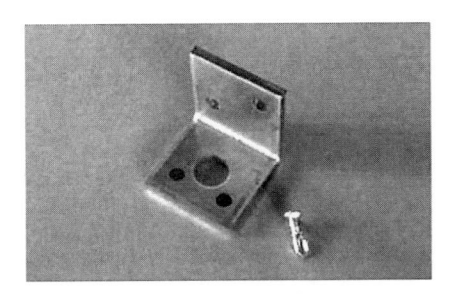

写真1.2-6　開口部補強材取付け用金物の一例

開口部補強材取付け用金物もJIS A 6517には定義がないが，JASS 26[1]および公共標仕[3]には記載がある．

JASS 26[1]および公共標仕[3]とも50形を除いては，仕様は共通で，「65形ではL-30×30×3を，100形ではL-50×50×4を用いる」とある．開口部補強材取付け用金物も材質については規定がなく，防錆処置については開口部補強材と同様である．

(8) 打込みピン

ランナーをコンクリートに留め付ける際には打込みピンが多用されている．写真1.2-7に打込みピンの例を示す．打込みピンはJIS A 6517では定義がなく，JASS 26[1]および公共標仕[3]では「ランナーは…打込みピン等で床，梁下，スラブ下等に固定する．」と表記され，規格や材料の指定はない．

JASS 26[1]の解説文の中には「固定に用いる打込みピンは，ほとんどが低速式びょう打銃による発射打ち込みびょう（JIS A 5529）であり…」とあ

(a) 打ち込みピン（提供：日本ヒルティ（株））

(b) 打ち込みピン（提供：日本パワーファスニング（株））

写真1.2-7　打込みピンの例

るが，発射打ち込みびょう（JIS A 5529）はびょうの頭の形状が大きく，スタッドの建込時に干渉してしまうため，ほとんど使われていないのが現状である．

現在，広く使用されている打込みピンは写真1.2-7に示すような形状をしており，打込み時にはピンの頭部を覆っているプラスチック部分がつぶれて，ピンの頭部分の突出が少なくなるように工夫されている．

数種類のピンの長さがあり，また，打込む躯体に合わせてコンクリート用，高強度コンクリート用，鋼材用のピンを選択し用いている．

(9) ドリリングタッピンねじ

仕上ボードをスタッドに留め付ける際に用いるのがドリリングタッピンねじである．写真1.2-8にドリリングタッピンねじの一例を示す．仕様としてはJASS 26[1]では「仕上げとなる石膏ボードに使用する釘などは，…防錆処理が施したもの」と記載されている．公共標仕[3]では「亜鉛めっき等の防錆処置を行ったもの・錆びやすい箇所に使用する小ねじ等は，ステンレス製とする」ことが記載されている．

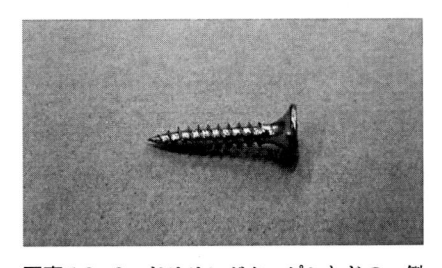

写真1.2-8　ドリリングタッピンねじの一例

(10) 接着剤

接着剤は仕上ボードを重ね張りする際にボード同士を接着するために用いる．JASS 26[1]および公共標仕[3]では「JIS A 5538（壁・天井ボード用接着剤）を用いる」との記載がある．石膏ボード同士であれば酢酸ビニル樹脂系エマルジョン形が，ケイ酸カルシウム板を留めるのであれば合成ゴム系溶剤形が使われている．接着剤のホルムアルデヒド放散量は，JASS 26[1]と公共標仕[3]に，「特記がなければF☆☆☆☆，とする」との記載がある．写真1.2-9に接着剤の一例を示す．

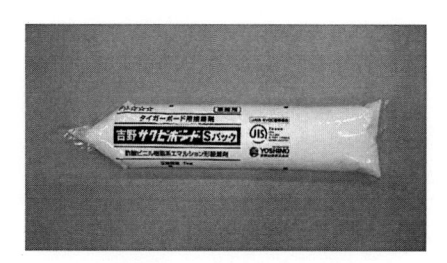

写真1.2-9 接着剤の一例

(11) ステープル

ステープルは仕上ボードを重ね張りする場合に用い，ボード同士が接着材で接着されるまでの仮留めとして使われている．写真1.2-10にステープルの一例を示す．

ボード同士が確実に留まるよう，使用するボードの厚みにより針の長さを変えて用いている．

写真1.2-10 ステープルの一例

1.2.2 東日本大震災からの教訓

(1) 軽鉄間仕切壁の被害概況

東日本大震災において軽鉄間仕切壁にも被害がみられた．被害の主なパターンとしては面外方向の脱落による被害，天井止めの壁の天井移動による被害，天井材の衝突による被害，層間変形挙動による被害の4点であった．

軽鉄間仕切壁の損傷により避難動線を塞いでしまい避難を妨げる場合や，脱落した壁が人に当たる場合には人命にかかわる事故となる．また，地震直後の火災に対して防火区画としての壁が機能しない場合は，火災が容易に拡大することにつながる．

(2) 軽鉄間仕切壁の被害事例・原因・対策

事例-1
■被害分類：面外方向の脱落

図1.2-3に被害模式図を示す．地震力により軽鉄間仕切壁の端部が外れ，面外に倒れる被害である．

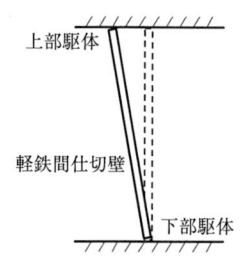

図1.2-3 面外方向の脱落

■原因：下記のことが考えられる．
・ランナーと躯体とを固定している打込みピンの耐力不足
・ランナーの壁面外方向力に対する耐力不足
・スタッドのランナーへの掛かり代不足
・スタッドの壁面外方向力に対する耐力不足
・打込みピンの掛かり代不足（床段差部の上段に壁が設置される場合）

■対策：下記のことが考えられる．
・ランナーを固定している打込みピンの強度やピッチを増す．
・ランナー材の補強，またはスタッドピッチを細かくして，ランナー1か所に掛かる力を低減する．
・スタッド長さをランナー内に確実に挿入される

よう監理する．
・スタッドの本数や断面を増す．
・ランナーがスラブ段差の下側に取り付くよう，あらかじめスラブ段差位置を調整する．

事例−2
■被害分類：天井止めの壁の天井移動による倒れ

図 1.2−4 に被害模式図を示す．壁上端が天井に留まっている軽鉄間仕切壁に見られ，地震力により天井が水平移動し，壁上部のランナーからスタッドが外れることにより，軽鉄間仕切壁が面外に倒れる被害である．

■原因：壁に生じる地震力を天井で負担する構造にも関わらず，天井の水平方向の拘束が不足していることが考えられる．

■対策：天井下地材の設計を行う際に間仕切壁の地震力も考慮し，天井が移動しないようにする．

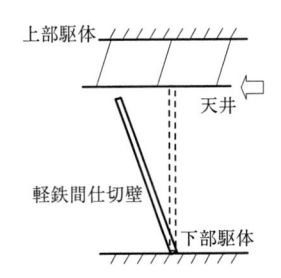

図 1.2−4 天井止めの壁の天井移動による倒れ

事例−3
■被害分類：天井材の衝突による破損

図 1.2−5 に被害模式図を示す．地震力を受けた天井の水平移動により，天井が軽鉄間仕切壁に衝突し，軽鉄間仕切壁が破壊した被害である．

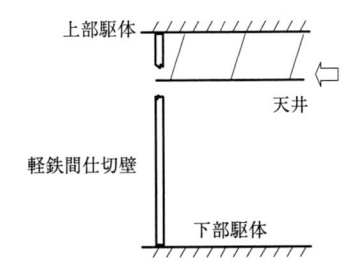

図 1.2−5 天井材の衝突による破損

■原因：天井と軽鉄間仕切壁のクリアランスの不足，天井の水平方向の拘束不足が考えられる．

■対策：天井と軽鉄間仕切壁とのクリアランスの確保（図 1.2−6 参照）．この場合，天井の水平移動は斜め部材等で拘束する．

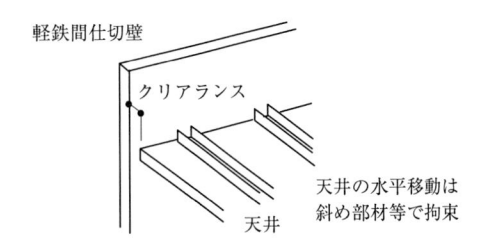

図 1.2−6 天井と軽鉄間仕切壁とのクリアランス確保

事例−4
■被害分類：壁面内の層間変形挙動による破損

図 1.2−7 に想定被害模式図を示す．建物に生じた層間変形により，軽鉄間仕切壁が柱や直交壁に衝突し，軽鉄間仕切壁が破壊する被害である．

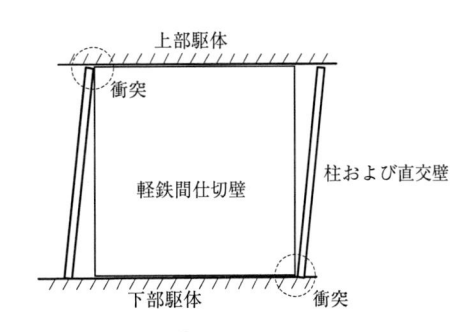

図 1.2−7 壁面内の層間変形挙動による破損

■原因：軽鉄間仕切壁と柱および直交壁のクリアランスの不足

■対策：軽鉄間仕切壁と柱および直交壁の間に層間変形分のクリアランスを設ける．クリアランス部には目地材や化粧カバー等を設ける．耐火や遮音等が要求される間仕切壁については，目地材はその性能を満足するものとする．

1.2.3 関連法規および基・規準の現状

(1) 関連法規

軽鉄間仕切壁に関する関連法規は間仕切壁とし

第1章 軽量鉄骨下地工事

表1.2-1 軽鉄間仕切壁に関する仕様書・指針の抜粋

		JASS 26[1]	公共標仕[3]	監理指針[4]
材料	壁下地材	スタッド．ランナー．振れ止め及びスペーサーはJIS A 6517に適合するもの．	壁下地材はJIS A 6517による．	壁下地材及び壁下地材付属金物はJIS A 6517の規格を満たすもの．
	スペーサー	同上	同上	板厚0.7mm以上．防錆処理はZ12．AZ90以上と同等のもの．
	開口補強材及び補強材取付け用金物	さび止め塗装または亜鉛めっきを行ったもの．	防錆処置を行ったもの．	—
	組立及び取付け用打込みピン．小ねじ．ボルト等	亜鉛めっきを行ったもの．JIS H 8610（電気亜鉛めっき）に規定する．1種1級．2種1級またはこれと同等以上	亜鉛めっきを行ったもの．	JIS H 8610（電気亜鉛めっき）に規定する1級以上．JIS H 8625（電気亜鉛めっきおよび電気カドミウムめっき上のクロメート被膜）に規定する1級CM1 A以上又はこれと同等以上．
形式及び寸法	スタッド．ランナー．振れ止め．開口部補強材の種類	特記による．特記がなければスタッドの高さによる区分に応じた種類とする．50形・65形・75形・90形・100形	特記による．特記がなければスタッドの高さによる区分に応じた種類とする．50形・65形・90形・100形選択．50形はボード片面張りの場合に適用する．	高さによる区分に応じた種類とする．50形・65形・75形・90形・100形から選択．ただし50形は自立壁の下地は適用外．
	スタッドの間隔	ボード2枚張りの場合450mm程度．ボード1枚張りの場合300mm程度．	下張りのある場合は450mm程度．仕上げ材料を直張りするか，壁紙又は塗装下地を直接張付ける場合は300mm程度．	—
	スタッドの建込み間隔の精度	±5mm	—	通常の天井高では±5mm以下とする．また．スタッドの垂直の精度は約±2mmとする．
工法	ランナー	端部を押さえ．間隔900mm程度に打込みピン等で．床．梁下．スラブ下等に固定する．ただし．鉄骨．軽量鉄骨天井下地に取り付ける場合は．タッピンねじの類又は溶接で固定する．継手は突付け継ぎとし．端部より約50mm内側を固定．	端部を押さえ．間隔900mm程度に打込みピン等で．床．梁下．スラブ下等に固定する．ただし．鉄骨．軽量鉄骨天井下地に取付ける場合は．タッピンねじの類又は溶接で固定する．	固定位置は端部から50mm内側．継手は突付け継ぎとし．端部より約50mm内側に固定．ランナーの固定間隔は900mm程度を限度．コンクリートスラブへの固定には低速式びょう打ち機による発射打込みびょう（JIS A 5529）等を用いる．上部梁が鉄骨の場合は先付け金物にスタッドボルト．タッピンねじの類又は溶接で固定．
	スタッド	上下はランナーに差込む．上部ランナーの上端とスタッド天端のすき間は10mm以下．	上下はランナーに差込む．	上部ランナーの上端とスタッド天端の隙間は10mm以下．
	振れ止め	床面ランナーの下端から間隔1200mmごとに設けるが．上部ランナーから400mm以内に振れ止めが位置する場合は．その振れ止めを省略することができる．	床面ランナー下端から約1.2mごとに設ける．ただし．上部ランナーから400mm以内に振れ止めが位置する場合は．その振れ止めを省略することができる．	同左
	振れ止めの向きと振れ止めを切断した場合の処置	フランジ側を上向きにしてスタッドに引き通し．振れ止めに浮きが生じないようスペーサーで固定．設備配管や埋込みボックス等で振れ止めを切断する場合は．振れ止めと同材又はボルト（9φ以上）で補強する．	—	フランジ側を上向きにしてスタッドに引き通し．振れ止めに浮きが生じないようスペーサーで固定．設備配管や埋込みボックス等で振れ止めを切断する場合は．振れ止めと同材又は吊りボルト（ねじ山径9.0mm）で補強する．
	スペーサー	各スタッドの端部を押さえ．間隔600mm程度に取り付ける．また．振れ止め固定を兼ねてスペーサーを固定．	各スタッドの端部を押さえ．間隔600mm程度に留め付ける．	上下ランナーの近くにセット．また．振れ止め固定を兼ねてスペーサーを固定．間隔は600mm程度．

1.2　間仕切壁

表 1.2－1　（つづき）

		JASS 26[1]	公共標仕[3]	監理指針[4]
工法	出入口及びこれに類する（準ずる）開口部の補強	形により材が決定．ただし，開口部の幅は一般的な両開き扉で 2000 mm 程度と考えられる．これ以上のものについては，強度計算などを行い，取付強度を確認し，必要に応じて補強を行う．	形により材が決定．	—
		垂直方向の補強材は，床から梁下またはスラブ下に達する長さのものとする．補強材の上下端部は，打込みピンなどで固定した取付け用金物に添付し，溶接またはボルトの類で取付ける．65 形・75 形で補強材の長さが 4m を超える場合は，2 本抱き合わせて，上下端部および間隔 600 mm 程度に溶接したものを用いる．	縦枠補強材は，上は梁，スラブ下の類に達するものとし，上下とも，あと施工アンカー等で固定した取付け用金物に溶接又はボルトの類で取り付ける．なお，65 形で補強材が 4.0m を超える場合は，2 本抱き合わせて．端部を押さえ，間隔 600 mm 程度に溶接し，組み立てたものを用いる．	垂直補強材は，上は梁又はスラブ下に達するものとし，あと施工アンカー等で固定した取付け用金物に溶接又はボルトの類で取り付け．65 形で補強材の長さが 4.0m を超える場合は同材の補強材を 2 本抱合せ，上下端部及び間隔 600 mm 程度に溶接したものを用いる．
		水平方向の補強材は，取付け用金物を用いて，垂直方向の補強材に溶接またはタッピンねじの類で取り付ける．	上枠等の補強材は，縦枠補強材に取付け用金物を用いて，溶接又は小ねじの類で取り付ける．	水平方向補強材については，補強材の断面性能等から開口幅は 2m 程度，取付く建具質量も一般的な物を対象に選定されているため，開口幅が大きい場合や重量物が取り付く場合等は，別途強度計算等によって補強材を選定する必要がある．
		開口部のために切断されるスタッドは水平方向の補強材にランナーを固定し，これに取り付ける．	開口部のために切断されたスタッドは，上下枠補強材にランナーを固定し，これに取り付ける．	—
	設計図書に表示されているダクト類の開口部の補強	—	上下補強材は，スタッドに取付け用金物を用いて，溶接又は小ねじの類で取り付ける．	—
		—	縦補強材は，上下補強材に取付け用金物を用いて，溶接又は小ねじの類で取り付ける．	
	ダクト等	ダクト類の小規模な開口部の補強については，水平方向の補強材は，スタッドに溶接またはタッピンねじの類で取り付け，垂直方向の補強材は水平方向の補強材に差込み溶接などにより固定．取付け強度を必要とする場合には，取付け用金物を添えて，溶接またはタッピンねじの類で取り付ける．	—	ダクト類の小規模な開口部の垂直方向の補強材は，水平方向の補強材と組合わせて，溶接等により固定する．分電盤等の重量物が取り付く場合は，出入口等の開口部補強材取付け用金物と同様の取付け用金物を添えて，溶接又はタッピンネジの類で取り付ける．
	緩止め	ダクト類の小規模な開口部において，繰返し外力や振動を受ける場合の，下地相互間のボルト・小ねじによる固定箇所については，ばね座金を用いるか，または溶接による緩止めを行う．	—	下地相互のボルト・小ねじによる固定箇所が繰返し外力や振動を受ける場合，ばね座金等を用いるか，又は緩止めの溶接を行う．
	そで壁の端部	袖壁端部の下地は，開口部の垂直方向の補強材と同材をスタッドに添えて補強する．	スタッドに縦枠補強材と同材を添えて補強する．	そで壁端部の補強は，開口部の垂直方向の補強材と同材を用いて行う．
	溶接した箇所	さび止め塗料を塗布する．塗料は JASS18 による．（JIS K 5621・5622・5629 等多種から選択可）	鉛酸カルシウムさび止めペイント（JIS K 5629）．塗付け量 0.10 kg/m²．標準膜厚 30 μm．	同左

て個別のものはなく，建築基準法施行令第39条の規定が対象となる．条文としては「屋根ふき材，内装材，外装材，帳壁その他これらに類する建築物の部分及び広告塔，装飾塔その他建築物の屋外に取り付けるものは，風圧並びに地震その他の震動及び衝撃によって脱落しないようにしなければならない．」とある．法的には外力により脱落しないことが求められているが，検討対象とする外力についての規定がないのが現状である．

(2) 関連基・規準の現状

軽鉄間仕切壁の基・規準としては下記の3つが参考となる．

- 建築工事標準仕様書・同解説 JASS 26 内装工事 (2006)：日本建築学会
- 公共建築工事標準仕様書（建築工事編）平成25年版：国土交通省大臣官房官庁営繕部監修
- 建築工事監理指針（下巻）平成25年版：国土交通省大臣官房官庁営繕部監修

JASS 26[1]，公共標仕[3]，監理指針[4]の仕様の抜粋を**表1.2-1**に示す．3者の間には細かい仕様に関する部分で違いが見られる．例えばJASS 26[1]と監理指針[4]では下地材に75形の表記があるが公共標仕[3]では75形の表記がない．ダクト等の垂直補強材はJASS 26[1]では「水平方向の補強材に差し込み，溶接などにより固定」であり，垂直補強材は水平補強材に差し込む必要がある．公共標仕[3]では「上下補強材に取付け用金物を用いて，溶接または小ねじの類で取り付け」，監理指針[4]では「水平方向の補強材と組み合わせて，溶接等により固定する」であり，垂直補強材は水平補強材に差し込む必要がない．

したがって，設計図書に採用する指針類を記述する際には，採用した仕様書・指針の間で不整合がないように注意する必要がある．

なお，強度計算により下地材を決定した際に，JIS A 6517の規格以上の部材断面や，仕様書・指針で示される断面以上の開口部補強断面も必要になるときがある．その際には設計図書に必要部材を記載する．監理においては，公共標仕[3]や監理指針[4]が仕様として記載されている設計図書でもJIS材以外は使用不可とせずに，構造性能と耐久性がJIS材同等以上であれば性能上は，なんら問題はないので，JIS材以上の性能を有する材料の使用を認めるべきである．

1.2.4 設計図書に関する留意点

(1) 要求性能

軽鉄間仕切壁の要求性能を設定する際には，損傷レベルと外乱について整理し，さらに壁が面する室用途を考慮する必要がある．

まず，損傷レベルについて述べるが，面内方向加力を受けた場合の損傷の進展は，

- ボードの面外への膨れ発生
- ボード目地部のひび割れ発生
- ボードの割れ発生
- ボードの脱落発生

という経路をたどる．また，面外方向加力を受けた場合の損傷の進展は，

- ボード目地部のひび割れ発生
- 壁端部の破壊による壁の倒れ発生，もしくはスタッドの損傷によるボードの脱落発生

となり，加えられる外乱の種類と大きさにより損傷レベルが異なる．

外乱については，面内方向加力は建物の層間変形による強制変位があり，面外方向加力は地震力や人のもたれかかりによる加力，ガス消火による圧力，風圧による圧力がある．

室用途と損傷レベルの関係については，一般的な室や廊下については外乱発生時に脱落を防げれば問題ないと考えられるが，事業継続のためには損傷を軽微に抑えることも必要な室用途がある場合も考えられる．設計の際には軽鉄間仕切壁に求める要求性能について発注者と協議することが大切であり，外乱発生時に許容しうる損傷を明確にすることで合理的な設計を行うことが可能となる．

なお，1996年の『官庁施設の総合耐震計画基準及び同解説』[5]に建築非構造部材の耐震安全性の分類の記載があり，要求性能の設定の際に参考となる．

(2) 外力に関する留意点
i）地震力
間仕切壁の設計用地震力は告示等では規定がなく，現状では指針等をよりどころとすることが考えられる．

非構造部材の地震力として『非構造部材の耐震設計施工指針・同解説および耐震設計施工要領』[6]と『官庁施設の総合耐震計画基準及び同解説』[5]に記述がある．

ii）地震時における天井からの反力
天井周囲の軽鉄間仕切壁で天井の水平移動を拘束する場合は，軽鉄間仕切壁で天井地震力を負担する．その際には負担面積分の天井地震力を設計外力として考慮する必要がある．

コラム① 非構造部材の要求性能

非構造部材の要求性能としては1996年の『官庁施設の総合耐震計画基準及び同解説』[5]に建築非構造部材の耐震安全性の分類の記載がある．地震後の活動内容別に要求性能が分類されている．損傷や移動等が発生せず，人命の安全確保と十分な機能確保を図るA類と，損傷や移動等が生じる場合でも人命の安全確保と二次災害の防止を図るB類の2種類の要求性能としている．

表1.2-2 耐震安全性の分類 [5], pp.14-15(抜粋)

分類		活動内容	対象施設	建築非構造材の耐震安全性の分類
災害応急対策活動に必要な施設	災害対策等の指揮・情報伝達等のための施設	災害時の情報の収集，指令 二次災害に対する警報の発令 災害復旧対策の立案，実施 防犯等の治安維持活動 被災者への情報伝達 保健衛生及び防疫活動 救援物資等の備蓄，緊急輸送活動等	指定行政機関が入居する施設 指定地方行政機関のうち地方ブロック機関が入居する施設 指定地方行政機関のうち東京圏，名古屋圏，大阪圏及び大震法の強化地域にある機関が入居する施設	A類
			指定地方行政機関のうち上記以外のもの及びこれに準ずる機能を有する機関が入居する施設	A類
	救護施設	被災者の救難，救助及び保護 救急医療活動 消火活動等	病院及び消防関係施設のうち災害時に拠点として機能すべき施設	A類
			病院及び消防関係施設のうち上記以外の施設	A類
避難所として位置づけられた施設		被災者の受入れ等	学校，研修施設等のうち，地域防災計画において避難所として位置づけられた施設	A類
人命及び物品の安全性確保が特に必要な施設		危険物を貯蔵又は使用する施設	放射性物質若しくは病原菌類を貯蔵又は使用する施設及びこれらに関する試験研究施設	A類
			石油類，高圧ガス，毒物，劇薬，火薬類等を貯蔵又は使用する施設及びこれらに関する試験研究施設	A類
		多数の者が利用する施設	文化施設，学校施設，社会教育施設，社会福祉施設等	B類
その他			一般官庁施設	B類

A類	大地震動後，災害応急対策活動や被災者の受け入れの円滑な実施，又は危険物の管理のうえで，支障となる建築非構造部材の損傷，移動が発生しないことを目標とし，人命の安全確保に加えて十分な機能確保が図られている．
B類	大地震動により建築非構造部材の損傷，移動等が発生する場合でも，人命の安全確保と二次災害の防止が図られている．

iii）地震時における家具・什器からの反力

家具・什器の地震時の転倒を防ぐには，家具・什器の頂部と壁とを金具を用いて固定する方法がある．このような場合は地震時荷重に家具・什器からの反力を加える必要がある．なお，家具・什器を固定するのに必要な反力は第6章6.2家具の節を参考とするとよい．

iv）人が壁にもたれるときの荷重

2004年の『建築物荷重指針・同解説』[7]に設計荷重の提案値が示されており，人が壁を押す場合は押す人の人数により490～5885 N/mの値を提案している．

また，1995年の『せっこうボードドライウォール設計・施工指針(案)・同解説』[8]では，「壁の床上約1.5 m程度の所に…幅1 m当たりの水平力150 kgf/mに対して，たわみ量が壁高さの1/200以下であることとする」との記載がある．

コラム②　非構造部材における地震力

2003年の『非構造部材の耐震設計施工指針・同解説および耐震設計施工要領』[6]では非構造部材に作用する慣性力をAi分布から算定する方法と直線分布から計算する方法が記載されている．直線分布から計算される震度は固有振動数が10 Hz以上では階位置に応じて0.3～1.0 Z（Zは地震地域係数）となり，10 Hz未満では0.45～1.5 Zとなっている．

また1996年の『官庁施設の総合耐震計画基準及び同解説』[5]では震度は部屋の重要度と階位置によって定まり0.4～1.0とされている．官庁施設の総合耐震計画基準は2013年に官庁施設の総合耐震・対津波計画基準に改定されているが，非構造部材の震度についての変更は行われていない．

---

v）ガス消火時の荷重

室内にガスを充満させて火災時の消火を行うガス消火設備を備えた部屋では，消火作動時に消火

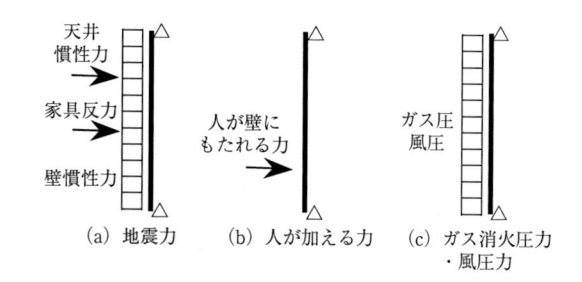

図1.2-8　壁に作用する外力

ガスにより軽鉄間仕切壁に圧力がかかる．軽鉄間仕切壁に必要とされる強度は設備図に区画強度として記載されており，0.8～2.0 kN/m²程度が要求される場合がある．ガス消火を適用する室の軽鉄間仕切の設計においては設備設計者と協議し，ガス消火作動時の軽鉄間仕切壁の構造安全性の検討が必要である．

vi）風圧力

外壁に大型シャッター等が設置されている建物ではシャッター等が解放されているときに軽鉄間仕切に風圧力がかかる．設計時に見落としがちな力なので注意が必要である．

(3) 変形に関する留意点

i) 建物の層間変形角

軽鉄間仕切壁に作用する建物の層間変形角は地震力と同様に告示等では規定がなく，現状では指針等をよりどころとすることが考えられる．

非構造部材の検討における建物の層間変形角は『非構造部材の耐震設計施工指針・同解説および耐震設計施工要領』[6]と『官庁施設の総合耐震計画基準及び同解説』[5]に記述がある．

ii) 積雪時および架構クリープ時の架構変形

積雪時においては屋根梁が常時よりたわみ，特に鉄骨造やロングスパン梁ではそのたわみは大きくなる．また，RC架構では長期応力により柱と梁に架構クリープが発生する．

軽鉄間仕切壁はこれらの架構変形により，スタッドや仕上ボードが圧縮されることになり，きしみ音が発生したり，場合によっては，スタッド

1.2 間仕切壁

> **コラム③　非構造部材における建物の層間変形角**
>
> 　2003年の『非構造部材の耐震設計施工指針・同解説および耐震設計施工要領』[6]では大地震時の層間変形角は中地震時の層間変形角，構造特性係数 Ds，保有水平耐力の余裕度，減衰定数から算定する方法が記載されている．中地震時の層間変形角が 1/200，構造特性係数 Ds が 0.3，保有水平耐力の余裕度が 1.05，減衰定数が 0.03 とした場合の層間変形角は 1/17 となる．しかし，この数値は地震時被害から推測される建物の実挙動とは合っておらず，実用的な層間変形の算定方法の提案が必要である．
>
> 　また 1996 年の『官庁施設の総合耐震計画基準及び同解説』[5]では大地震時の構造体の変形に対して追従することとなっており，層間変形角については鉄筋コンクリート造および鉄骨鉄筋コンクリート造の構造体の場合は 1/200 以下，鉄骨造の構造体の場合は 1/100 以下とすることが求められている．この変形制限を超える構造体の場合においては，構造体の変形に追従できるよう，非構造体について詳細に検討する必要があることが記載されている．

が座屈してしまうことがある．
　この現象の解決法の一つとして，スタッド天端とランナーのクリアランスをあらかじめ大きくする方法がある．ただしその際には，クリアランスを大きくするとスタッドが面外力を受けた場合のランナー保持耐力が低下するので，ランナー板厚を増したり，ランナーに別途添えアングルを設けて補強する等の，スタッドの脱落を防ぐ対策が必要である．

(4) 構成部材に関する留意点
ⅰ) スタッドに関する留意点
　スタッドの断面とピッチは作用する外力に対し，耐力と剛性を確保するよう選定される必要がある．JIS A 6517 では壁高さに応じた規格を選択する仕様となっているが，壁重量はボード重ね枚数により異なり，それにより地震力も同じ壁高さでも異なる．設計震度も建物条件や階位置によって異なるので，スタッド断面やピッチを選定する際には壁高さだけではなく，設計震度・壁重量・家具什器反力・人が壁にもたれるときの荷重・ガス消火時の荷重・風圧力を考慮する必要がある．
　また，スタッドには振れ止め用孔が設けられているので，孔による断面欠損を考慮する必要がある．

ⅱ) ランナーに関する留意点
　スタッドに加わった外力はランナーを介して躯体に伝わるが，その際，スタッドとランナーの接合部が問題となる．スタッドはランナーにはめ込まれるだけであり，スタッド上部では通常 10 mm のクリアランスが設けられている．壁面外方向に外力が作用した場合，スタッドはランナーを押し開くように挙動する．
　スタッドに壁面外力が加わったときのランナー部耐力確認として天井下地製造メーカーが行った試験結果がある（図1.2-9参照）．固定した2つのランナーの間にスタッドを 10 mm のクリアラ

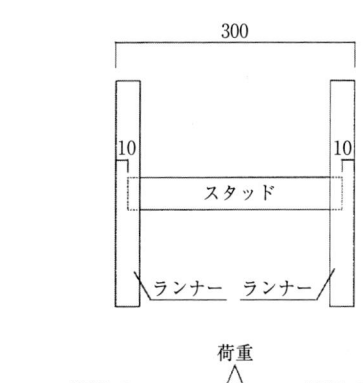

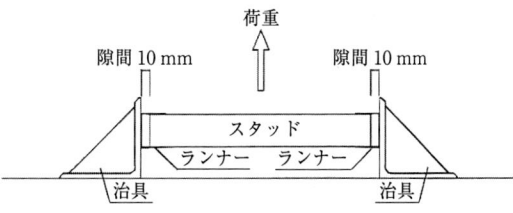

図 1.2-9　ランナー耐力確認試験状況
（提供：(株)桐井製作所）

ンスを設けて設置し，スタッドに上方静的一方向載荷を加えている．ランナーWR-100において，降伏耐力を1.5で除して設定した許容荷重は580Nであった．

ランナー耐力はスタッド天端とランナーの間のクリアランスやランナー板厚に影響を受けることが考えられ，クリアランスやランナー板厚を変えた場合にはその耐力確認を行うことが望ましい．

iii）打ち込みピンに関する留意点

打込みピンについては打込みピン製造メーカーにより試験が行われ技術資料として提示されている．

打込みピン製造メーカーでは製品情報という資料に許容安全荷重として表記され，せん断荷重に対する許容安全荷重はピンのコンクリートへの貫入量に応じて1本当たり0.1〜0.4 kN（コンクリート強度23.7 N/mm^2）としている．ただし許容安全荷重を確認した試験方法については非公開としている．

また，ほかの打込みピン製造メーカーでは写真1.2-11に示すようなせん断試験を行ったうえで，せん断における許容荷重はピンのコンクリートへの貫入量に応じ変動するとしている．試験方法はコンクリートブロックに試験用鋼板を打込みピンを用いて固定し，試験用鋼板を上方に引き揚げることにより単調載荷を行い，せん断耐力を確認している．試験結果の一例が図1.2-10であるが，コンクリート中の骨材とピンの干渉等により最大せん断耐力に大きなばらつきが見られることがわかる．この結果を設計にどのように反映させるかはさまざまな考え方があると思われる．ここでは一例として平均的挙動を示した試験体の一つに着目し，荷重-変形関係から許容耐力を算定することを試みた．なお許容耐力の算定方法は2013年の『建築物における天井脱落対策に係る技術基準の解説』[9]に示されている方法で，損傷時の荷重を2/3とすることとした．許容耐力の算定結果を図1.2-11に示す．許容耐力として算定された0.58 kNは荷重-変位関係が比較的ばらつきの少ない性状を示す初期の荷重領域での評価となった．ここでいう許容耐力は『建築物における天井脱落対策に係る技術基準の解説』[9]に示されるものであり，長期，短期の定義がないものである．

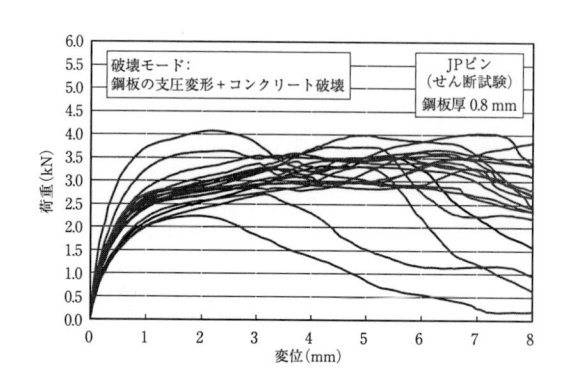

図1.2-10　打込みピンのせん断試験結果
（提供：日本パワーファスニング(株)）

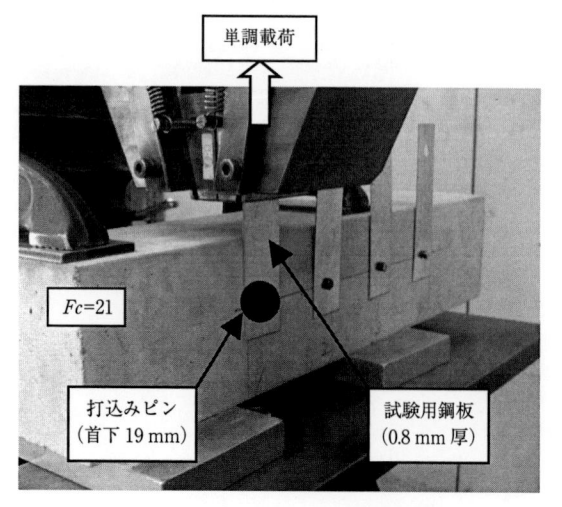

写真1.2-11　打込みピンのせん断試験状況
（提供：日本パワーファスニング(株)）

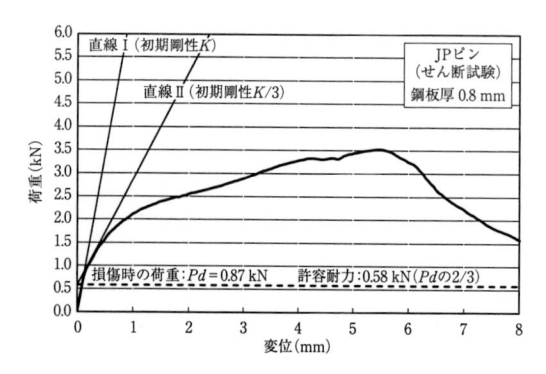

図1.2-11　打込みピンのせん断許容荷重の算定例
（提供：日本パワーファスニング(株)）

打込みピンの強度については法的な試験方法も決まっておらず，強度確認を行うための十分な知見がない．現状は製造メーカーから提供される情報によって設計を行わざるをえないが，これから研究が進み，情報の開示が行われるのが待たれる分野である．

iv) 天井止めの間仕切壁に関する留意点

天井止めの間仕切壁においては，壁の地震力を天井下地と設置床で負担する．すなわち天井の設計時には天井止めの間仕切壁重量を考慮する必要がある．

テナント工事等では大部屋を小部屋に区切る際の簡易な間仕切りとして天井止めの間仕切壁を使うことがあるが，その際の間仕切壁重量は，天井設計時に考慮した以上に設けることがないよう，竣工後においても内装の監理を行う必要がある．

v) 吊天井と壁のクリアランスに関する留意点

吊天井の設計時において軽鉄間仕切壁とのクリアランスを設計する際には，天井の変位と建物の層間変位を考慮する必要がある．吊天井は地震力による水平変位が生じ，軽鉄間仕切壁は建物の層間変形に追従して吊天井に近づく挙動を生じる．両者の変位を考慮してクリアランスを設定する必要がある．

なお，天井面積が小さく，天井の地震力が小さい場合は天井地震力を軽鉄間仕切壁で負担してしまう対処方法もある．

(5) 各設計者の役割と設計図書に記載する内容

意匠設計者は軽鉄間仕切壁の位置，下地材と仕上材の種類・範囲・形状・工法を決定し，変形や荷重に対する要求性能を決定しなければならない．建物の変形や作用する荷重に対して，メーカーや専門業者にヒアリングを行うなどを含めて検討を行い，納まりや取付け方法などを標準詳細および部分詳細図とし設計図書に記載する．発注者より要求される設計条件に整合するように設計を行い，かつ，その設計内容について発注者との十分な合意形成を図る．

軽鉄間仕切壁の設計図書への表記方法は現状では，スタッドやランナーの型を指示する方法や，**表 1.2-3**に示すようにJASS 26[1]に準じて高さに応じた部材が選定されている方法がある．高さに応じた選定を行う場合でも，壁重量や開口形状によって選定される部材は影響を受けるはずであるので，JASS 26[1]の適用範囲を明確にしたうえで，適用範囲を超えるものについては，まず体系的な設計方針や標準仕様が示され，それを踏まえて個別の構造的検討を行えるようになることが望まれる．

将来的に設計図書や標準仕様書（標準詳細図を含む）への記載が整備されていくことが必要と思われる項目を**表 1.2-4**に示す．現状では地震力

表 1.2-3 壁下地の高さに応じた選定 [1], p.256(抜粋)

	スタッド	ランナー	振れ止め	スタッドの高さによる区分
50形	WS-50	WR-50	WB-19	2.7 m 以下
65形	WS-65	WR-65		4.0 m 以下
75形	WS-75	WR-75	WB-25	
90形	WS-90	WR-90		4.0 mを超え 4.5 m 以下
100形	WS-100	WR-100		4.5 mを超え 5.0 m 以下

表 1.2-4 将来的に設計図書や標準仕様書への記載の整備が必要な項目

①設計条件
・設計外力（設計震度・什器からの反力と反力位置・ガス消火時ガス圧）   ・設計層間変形角   ・要求性能
②標準仕様書および標準詳細図
・下地材・仕上材の材質・部材・規格   ・下地材・仕上材の構成・配置   ・開口部補強材取付け金物の材質，配置，留め付けビスの径・長さ・材質・本数，溶接仕様   ・打込みピンの径，長さ，材質，配置   ・仕上材の取付け方法   ・スタッド上部とランナーとのクリアランス   ・軽鉄間仕切壁と天井とのクリアランス   ・溶接部の錆止め処理方法
③部分詳細図
・一般的納まり以外の部分の納まり

についての法的規定がなく，ランナーの強度や打込みピンの強度等が明確でないため，地震力を発注者と協議したうえで，設計者がメーカー資料を基に仕様を決定していくこととなるが，将来的には，設計図書や標準仕様書の根拠となる地震力設定方法や耐力評価方法の整備と各部材の耐力評価結果の開示が行われることが望まれる．

構造設計者は地震時・暴風時・積雪時等の建物の変形・軽鉄間仕切壁に作用する荷重を意匠設計者に提示する．主要構造材以外に軽鉄間仕切壁を取り付けるための部材（壁受け部材）がある場合には，意匠図あるいは構造図に記載する．意匠設計者と取付け位置や取付け方法について調整を行う．

設備設計者は設備関連の情報を意匠設計者に提供し，軽鉄間仕切壁と設備機器の納まりを確認する．

1.2.5 工事監理段階での確認事項

(1) 下地構成と仕上ボード構成の確認

軽鉄間仕切壁工事を始める際には，採用されている下地構成と仕上ボード構成を設計図書より確認する．

下地構成は設計図書に具体的に記載があれば，それに従い，JASS 26[1]や公共標仕[3]を参照する記載があれば，それらの仕様書に従う．JASS 26[1]や公共標仕[3]では壁の剛性を確保するため，壁高さによってスタッドを変えているが，同一壁面で壁高さが異なる場合は，高いほうのスタッドに合わせる．

スタッドの必要間隔は仕上ボード枚数により変わるので，用いるボード枚数をよく確認する．また，遮音壁や防火区画壁等の性能壁は下地についても認定を取得した仕様に従う必要があるので，大臣認定別添や施工指導書をよく確認する．

なお，壁高さの高い壁や仕上重量の重い壁は，下地構成が一般部と異なる場合があるので注意する．開口部補強についても設計図書をよく確認す

る．

仕上ボード構成は設計図書に従う．遮音壁や防火区画壁では，留付けピッチや端部クリアランス量や端部目地の処理方法について認定を取得した仕様に従う必要がある．

(2) 使用材料および基本寸法の確認

使用材料は設計図書に記載のあるものを用いる．設計図書に記載されている以外の材料を用いる場合は，設計者と協議して必要性能を満たすことを確認し，発注者の了解を得たうえで，設計変更の手続きを行ってから使用する．

基本寸法については平面詳細図より施工図を作成し，壁位置や扉等の開口部位置を確認する．電気配管等の内蔵物については電気図により確認する．

(3) 墨出しおよび作業範囲の確認

床面に書かれている軽鉄間仕切壁の地墨，出入口および開口位置墨を施工図と照合し，間違いがないことを確認する．また，下地工事を始めるにあたって，ほかの工程の作業と干渉するものがないことを確認する．

写真1.2-12は軽鉄間仕切壁の作業開始前の確認不足の事例である．ランナーを支持するアングルピースを階段の梁に取付けたところ，長すぎてボード面まで突き出していたものがそのまま放置

写真1.2-12 下張りのボードを貫通しているアングルピース

されていたので,下張りボードに欠込みを作って納めようとした状況である.しかし,階段室の壁は防火区画とともに遮音性能も必要としていた.表面のボードで隠しても下張りボードに欠込みを作っているのでは遮音性能が低下してしまう.結局,この事例ではアングルピースを切断し,下地ボードを張り替えて対応した.

このような無駄をなくすため,墨出し作業とともにほかの工程との関係をチェックすることが大切である.

(4) 溶接要領の確認

軽量鉄骨壁下地の工事では,躯体と取合う部分の溶接施工で問題が発生することが多いため,当該工事での具体策を立案する必要がある.まず,設計図書で具体的な溶接仕様を確認し,もし記載がなければ,施工者は設計者または工事監理者に指示を求める必要がある.

鉄骨躯体に対する不用意な溶接は,脆性破壊を発生させる原因ともなるため注意しなければならない.仮付けのショートビードは母材に対して急熱・急冷となるため,材質を硬化させることになる.下地取付け用の鋼板は工場で前もって取り付けてくることが原則である.これは軽鉄間仕切壁だけでなく全ての非構造部材に共通する事項である.

写真1.2-13はランナーを下地鉄骨に溶接する際,作業員の溶接技量不足によって,ランナーに孔をあけてしまった事例である.

(5) 上下ランナー取付け方法の確認
ⅰ) 上部ランナーの取付け

基準墨より取付け位置を確認し,打込みピン等で固定する.写真1.2-14は打込みピンによる上部ランナーの取付け状況である.「ランナー両端部の固定位置は,端部から50 mm内側とする.継手は突付け継ぎとし,端部より50 mm内側に固定する.」ということがJASS 26[1]と監理指針[4]に記載されている.なお,設計図書に打込みピンの仕様が記載されている場合,それによるものとする.

上部が鉄骨梁の場合は,耐火被覆の施工前に取付け用ピースを梁下に溶接し,耐火被覆施工後に,このピースに下地材をタッピンねじまたは溶接で取り付ける.やむを得ず取付け用ピースを現場で溶接する場合には,有資格者が構造体を傷めないよう施工すべきである.

ランナーを鋼製天井下地材に取り付ける場合は野縁または野縁受けにタッピンねじの類または溶接で固定する.

写真1.2-13 技量不足でランナーに孔

写真1.2-14 上部ランナー取付け状況
(提供:日本ヒルティ(株))

ⅱ) 下部ランナーの取付け

平滑なスラブ面に取り付ける場合は,上階床スラブ下面に取り付ける場合と同じ要領で作業すればよいが,スラブに段差がある場合には低いほう

第1章　軽量鉄骨下地工事

のスラブ面にランナーを取り付けることを原則とする．ランナーを高いほうのスラブに納めると，ボードの下端部がはね出しになるおそれがある．低いほうのスラブに納める際には，上段スラブのコンクリート止め型枠の取付け精度に注意する．また，その部分は型枠が浮かしになり，コンクリートが充填不良になりやすいためコンクリート打設においても注意を要する．写真1.2-15に下部ランナーの取付け状況を示す．

写真1.2-16はスラブコンクリートに段差がある部分で，ランナーを上段のスラブの先端に納めようとしたが，ランナー取付け幅が不足した事例である．ランナー固定用の打込みピンを段差部コンクリートの先端の被り部分に打ち込むことになり，打込みピンの強度の確保が難しい．ランナーは写真1.2-17のように下段のスラブに取り付け

たほうが，打込みピンの強度確保の面で望ましい．

写真1.2-18はスラブ段差部にある間仕切壁でランナーが上段のスラブの位置にセットされており，ランナーはスラブに直接取り付けられずに，ランナーはボードにビス留めされていた．これではスタッド下端はスラブに固定されていなく，面外力を負担できない．下地材は下段のスラブまで延ばすべきである．下部のランナーは下段のスラブに取り付け，スタッドはそれに見合った長さのものを使用すべきであった．

なお，打込みピンは試験により耐力が確認されているものを用いることが望ましく，形状だけ真似た模倣品を用いないよう注意する必要がある．

(6) スタッド取付け方法の確認

スタッドには捩れのないものを使用し，軽鉄間

写真1.2-15　下部ランナー取付け状況
（提供：日本パワーファスニング(株)）

写真1.2-17　ランナーは下段のスラブに取付け

写真1.2-16　床段差部においてランナー取付け幅が不足

写真1.2-18　下部のランナーがスラブに固定されていない

仕切壁の高さに合わせて切断する．スタッドに設けられた振れ止め用の貫通孔が正しい位置に揃うよう調節を行う．上部ランナーの上端とスタッド天端のクリアランスが設計図書に記載されている場合はその数値に合わせて取り付ける．

スタッドをランナーに差し込み，所定の位置で90度回転させて取り付ける．仕上のボード類はスタッドに直接タッピンねじの類で取り付けられるため，スタッド間隔は精度よく建込む．スタッドの取付け状況を**写真1.2-19**に示す．

スタッド間隔は仕上の平滑さに影響を与えるので，JASS 26[1]および公共標仕[3]には「ボード2枚張りの場合は450 mm程度以下，ボード1枚張りの場合は300 mm程度以下」とすることが記載されている．

また，耐火認定を取得している間仕切システムではスタッド間隔についても認定項目に含まれている場合があるので，耐火認定の認定書別添を確認することが必要である．

写真1.2-20は不用意にスタッドを溶接で延長してしまった事例である．本来，適切な長さに部材を切断し，配置を行えばスタッドを延長するための溶接は不要である．スタッドは材長方向に継ぐことは想定されていなく，継手部品は用意されていないのでスタッドの延長は行ってはいけない．

(7) 振れ止め取付け方法の確認

振れ止めはスタッドに設けられた振れ止め用孔に引き通し，振れ止め用孔に適切にはめ込んで配置する．**写真1.2-21**に振れ止めの設置状況を示す．

振れ止めの継手方法についてはJASS 26[1]，公共標仕[3]や監理指針[4]にも記載がないが，振れ止めの役割はスタッド同士の面外方向変形の均一化であるため，振れ止めの剛性が連続するような継手とするべきである．

(8) スペーサー取付け方法の確認

スペーサーは各スタッドの上下の端部を押さえ，間隔600 mm程度以下に取り付ける．**写真1.2-22**に下部ランナー近傍のスペーサー取付け状況を，**写真1.2-23**に振れ止め近傍のスペーサー取付け状況を示す．**写真1.2-23**では振れ止めに浮きが生じないようスペーサーで固定している状況をみ

写真1.2-19　スタッドの取付け状況

写真1.2-20　不用意にスタッドを溶接で延長

写真1.2-21　振れ止めの設置状況

第1章　軽量鉄骨下地工事

写真 1.2 - 22　下部ランナー近傍のスペーサー取付け状況

写真 1.2 - 24　水平方向補強材の取付け状況

写真 1.2 - 23　振れ止め近傍のスペーサー取付け状況

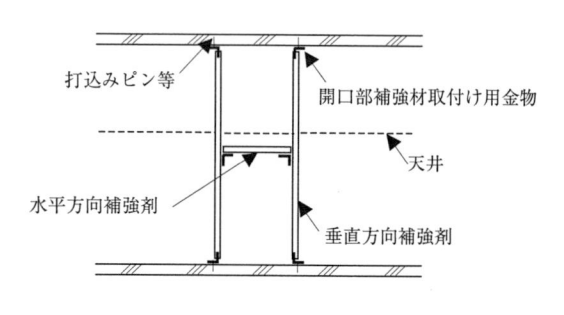

図 1.2 - 12　出入口部の開口補強

（9）開口部補強材の取付け方法の確認

　開口部補強材が開口部補強材取付け用金物により取り付けられていることを確認する．設計図書に仕様の記載がある場合はその仕様に従う．補強材は出入口等の開口部枠取り付けの下地材にもなるため，継手のない直材を使用する．補強材の取付けは垂直精度に十分に注意する．

ⅰ）出入口等

　垂直方向補強材は建具の枠材等からの逃げ寸法を確保して正しい位置にセットし，上部は梁またはスラブ下に達するものとする．上下とも打込みピンやあと施工アンカー等で固定した開口部補強材取付け用金物に溶接やボルトの類で確実に取り付ける．天井止めの軽鉄間仕切壁で，上部ランナーが鋼製天井下地材に取り付けられる場合でも，垂直方向補強材の上部は梁下またはスラブ下に取り付けて強度を確保する．この際，鋼製天井下地に取り付けられたランナーは垂直補強材位置で切断する（図 1.2 - 12 参照）．

　水平方向補強材は両端を開口部補強材取付け用金物を介して溶接やボルトの類で取り付ける．**写真 1.2 - 24** に水平方向補強材の取付け状況を示す．

　垂直方向補強材および水平方向補強材は開口部の幅や建具の重量に適した部材を設計者が指示する．

ⅱ）小規模開口

　ダクト・分電盤等の小規模開口部についても補強材は壁下地とは別に設け，溶接またはタッピングねじ等で取り付ける．ダクト類の四周については，下地材・補強材がダクトに接触して振動が壁

に伝わらないように注意する．また，分電盤が重い場合には補強材に有害な変形が生じないような補強材断面を設計者が指示する．

(10) 下地材の配置の確認

下地材が組み上がったら全体のバランスを目視確認し，取り付けられた下地材の配置を設計図書や施工図と照合し，部材に誤りのないことや，部材の取付け位置に誤りのないことを確認する．スタッド・振れ止め・スペーサーの位置やピッチ，打込みピンのピッチ，開口部補強材の位置に注意する．

スタッドの間隔精度についてはJASS 26[1]と監理指針[4]に「±5mm」，鉛直精度については監理指針[4]に「±2mm」という記載がある．スタッドの間隔精度が悪いと写真1.2-25のように仕上ボードを施工する際のビス止めにおいて仕上ボードのへりあきが足りなくなることがあるため注意する．

写真1.2-25 ビス留めのボードに対するへりあきが足りない

(11) 溶接部の錆止めの確認

開口部の補強材等で溶接を行った箇所については，錆止め処置を行う．錆止め処置はスラグを完全に除去したうえで処置を行う．公共標仕[3]または監理指針[4]では「ケイ酸カルシウムペイント（JIS K 5629）を使用すること」となっている．

なお，監理指針[4]には「高速カッター等による切断面には，亜鉛の犠牲防食作用が期待できるため，錆止め塗料塗りは行わなくてよい」との記載があり，通常の使用環境における部材については，切断面小口の錆止め処理は行なわなくてよい．

(12) 仕上ボード取付け方法の確認

軽鉄間仕切壁下地への仕上ボードの取付けはドリリングタッピンねじが一般的に使われており，仕上げボードと下地材を一度に留め付ける．

使用するドリリングタッピンねじはJASS 26[1]では，「鋼製下地の裏面に10 mm以上の余長が得られるもの」と記載がある．

留付け間隔はJASS 26[1]と公共標仕[3]に記載がある．また，耐火認定を取得している間仕切システムでは留付けピッチが指定されているものもあるので注意する．写真1.2-26に仕上げボードの留付け状況を示す．

公共標仕[3]では「壁のボード類で上張りの場合は縦張りとし」と記載があり，ボードを重ね張りする場合は下張をボード横向きとしているのが一般的である．

ボードを重ね張りする際の接着材の塗布量については JASS 26[1]，公共標仕[3]や監理指針[4]には

写真1.2-26 仕上ボード取付け状況

第1章　軽量鉄骨下地工事

写真1.2-27　接着剤の塗布状況

写真1.2-28　ボード重ね張り状況（施工中）

記載がないが，耐火認定を取得している間仕切システムでは1m²当たりの塗布量が認定項目に含まれている場合があるので，耐火認定の認定書別添を確認することが必要である．写真1.2-27に接着剤の塗布状況を示す．なお，監理指針[4]の「上張りと下張りのジョイントが同位置にならないようにする」との記載に準じ，通常の施工においては原則として目地位置が重ならないようボードの割付けを行う．

写真1.2-28に軽鉄間仕切壁のボード重ね張り状況を示す．公共標仕[3]にならい上張りはボード縦張りとなっている．

ステープルの間隔については監理指針[4]に「200～300 mm程度」という記載があるが，ステープルの間隔についても耐火認定項目に含まれている場合があるので注意する．

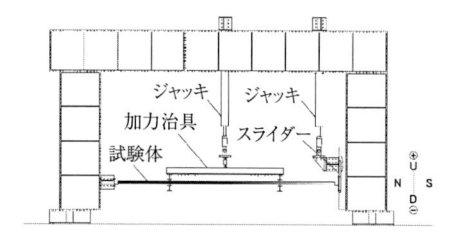

図1.2-13　試験装置概要[10], p.576

写真1.2-29　試験体破壊性状[10], p.576

(a) スタッドの局部破壊(S2)　(b) スタッドの捩れ破壊(L4)
(c) 捩れによるボードの剥落(S1)　(d) ランナーからの脱落(M1)

1.2.6　実験による確認事例

(1) 面外方向加力実験

軽鉄間仕切壁の面外方向への加力実験の一例としては2012年の報告[10]があり，静的加力試験を実施し，破壊性状・耐力等の構造力学特性調査および耐震性の検討を行っている．図1.2-13に示す加力装置により，正負交番繰り返し載荷を行っている．試験体右端のジャッキにより層間変形角を与えた状態での加力も行っている．

破壊形式は写真1.2-29に示すスタッドの局部破壊，スタッドの捩れ破壊，ランナーからの脱落の3種類であった．

スタッドの局部破壊は曲げによりスタッド圧縮側フランジとウェブが局部変形し耐力低下する破壊性状であった．

スタッドの捩れ破壊は圧縮側フランジがボード

で固定されていない試験体に見られた.

ランナーからの脱落は,スタッドとランナーとのクリアランスを 20 mm としたときに見られた破壊形式であり,ランナー耐力やクリアランスが壁耐力に影響を及ぼしていた.

スタッドのひずみ分布は,層間変形角を与えた試験体および与えない試験体でも両端ピン単純梁の性状を示し,面外方向に加力を受ける軽鉄間仕切壁の応力と耐力は単純梁として評価できることが明らかとなった.

(2) 面内方向加力試験

軽鉄間仕切壁の面内方向への加力実験の一例としては 2007 年の報告[11]があり,正負交番静的加力試験および動的な載荷試験により,破壊性状の確認と補修費用の考察を行っている.図 1.2-14 に示す加力装置により,図 1.2-15 に示す一般壁試験体,扉付き壁試験体,L 字型壁試験体の 3 種類の試験体に面内方向加力を行っている.試験体と加力フレームの取合い部は図 1.2-16 のようになっており,側面部には 15 mm のクリアランスを設けていた.

試験結果によると,ひび割れ発生時の変形角は 1/200〜1/50 であった.これは 3 つの試験体とも加力フレームと試験体の間に 15 mm のクリアランスを設けたことが影響している.実際の施工でクリアランス幅を小さくした場合ではひび割れ発生時の変形角は小さくなることが想定される.

また,扉付き壁試験体や L 字型壁試験体は面内方向のスライド挙動が開口補強材や直交スタッドによって拘束されているため層間変形への追従性が低下することがわかった.

写真 1.2-30 に載荷後の L 字型壁試験体を示す.

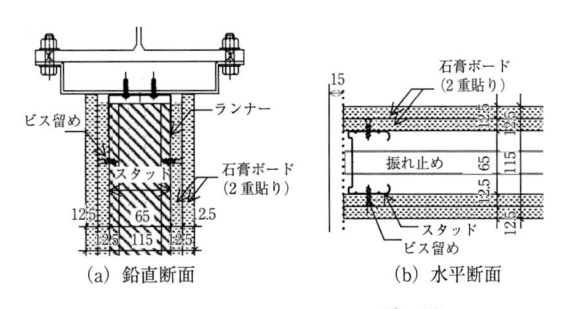

図 1.2-16 試験体端部詳細[11], p.140

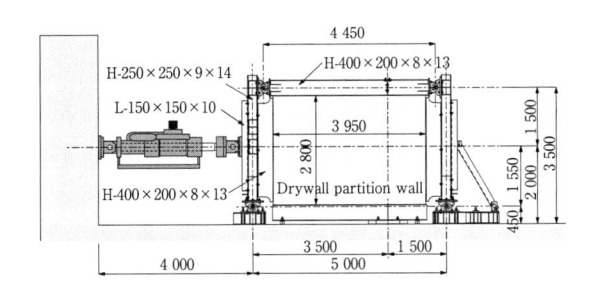

図 1.2-14 載荷装置[11], p.141

写真 1.2-30 載荷後の L 字型壁試験体[11], p.143

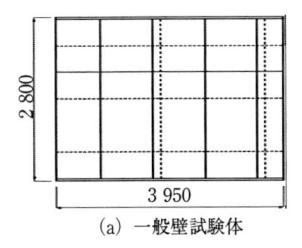

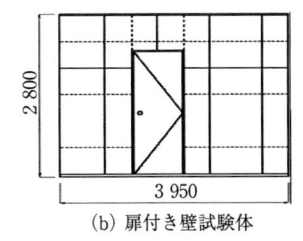

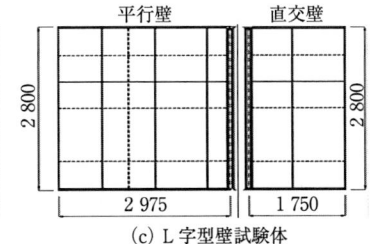

図 1.2-15 試験体[11], p.140

第 1 章　軽量鉄骨下地工事

仕上ボードの脱落状況が確認できる．

参考文献

1）日本建築学会：建築工事標準仕様書・同解説 JASS 26 内装工事，2006，pp. 256-295
2）（株）桐井製作所：総合カタログ 201307，2013，p. 59
3）国土交通省大臣官房官庁営繕部監修：公共建築工事標準仕様書（建築工事編）　平成 25 年版（平成 26 年 3 月改定），2014，pp. 163-164，pp. 256-260
4）国土交通省大臣官房官庁営繕部監修：建築工事監理指針（下巻）　平成 25 年版，2013，pp. 301-309，pp. 665-682
5）建設省大臣官房官庁営繕部監修：官庁施設の総合耐震計画基準及び同解説 平成 8 年版，1996，pp. 14-15，pp. 38-39
6）日本建築学会：非構造部材の耐震設計施工指針・同解説および耐震設計施工要領，2003，pp. 31-46
7）日本建築学会：建築物荷重指針・同解説，2004，pp. 635-637
8）日本建築学会：せっこうボードドライウォール設計・施工指針（案）・同解説，1995，pp. 39-42
9）国土交通省国土技術政策総合研究所ほか：建築物における天井脱落対策に係る技術基準の解説，2013，pp. 104-105
10）田中栄次ほか：軽量鉄骨下地間仕切壁の面外静的加力実験，日本建築学会技術報告集，第 18 巻第 39 号，2012，pp. 575-578
11）加登美喜子ほか：軽量鉄骨下地間仕切り壁の耐震性能と修復性の検証，日本建築学会構造系論文集，第 614 号，2007，pp. 139-146

1.2 間仕切壁

工種　軽量鉄骨壁下地工事および仕上ボード張り　　工事名：　　　　　新築工事

部位：　　　　　　　　　　　　　　　　　　　年　　月　　日　記録：

	工事監理チェックリスト			
No.	監 理 項 目	確認事項	記 録	備 考
1	下地構成と仕上ボード構成			
2	使用材料および基本寸法			
3	墨出しおよび作業範囲			
4	溶接要領			
5	上下ランナー取付け方法			
6	スタッド取付け方法			
7	振れ止め取付け方法			
8	スペーサー取付け方法			
9	開口部補強材の取付け方法			
10	下地材の配置			
11	溶接部の錆止め			
12	仕上ボード取付け方法			
13				

略　図

確認印	現場代理人	担　当　者	工 事 監 理 者

2015 JSCA

●第 2 章──
PCa 版工事

2.1　PCa 版
2.2　パラペット
2.3　目隠し部材
2.4　最下段部材
2.5　出隅・入隅コーナーパネル

第2章　PCa版工事

2.1 PCa版

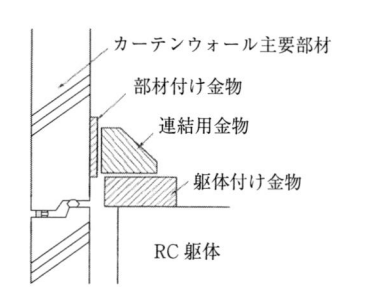

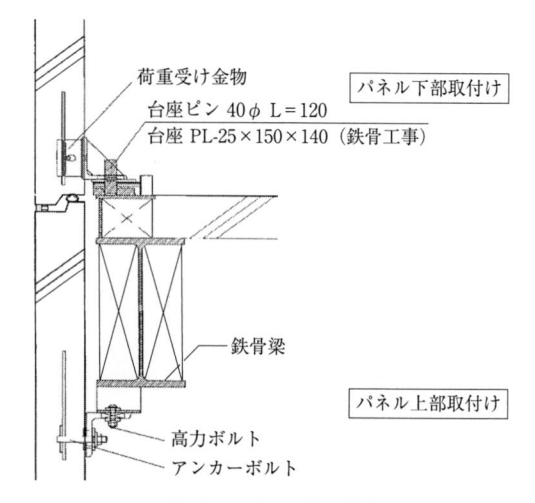

2.1.1 PCa版の概要

(1) PCa版の構成

プレキャストパネル（以下，PCa版）とは，あらかじめ工場などで製作した鉄筋コンクリート板で，現在では，多くの建物の外壁でPCa版カーテンウォールとして採用されている．

PCa版カーテンウォール構法は，昭和40年代に普及し始め，当初は現在のような層間変位に対する追従性能は求められていなかったが，昭和50年ごろになると層間変位を考慮した実大実験が行われ，スウェイ方式やロッキング方式を用いることで層間変位に対する追従性能が考慮されるようになった．その後，1978（昭和53）年宮城県沖地震の被害に対する教訓から，建告第1622号による建告第109号の改正により，地震により建物に揺れが生じても屋外に面する帳壁はその高さの1/150の層間変位に対して脱落することがないよう設計上の配慮がなされるようになった．

PCa版カーテンウォールは，外壁をあらかじめ計画的に工場で製造しておけること，建物周囲に作業用足場などを組むことなく，室内側からの作業だけで取付けができることなどから，高層建築の工期短縮とコストダウン，施工性と品質の向上を図る工法として一般的に採用されており，ほかにも以下の特徴がある．

・金属系に比べて多様なデザインが可能である．
・製作が比較的容易であり，形状も比較的自由にできる．
・石，タイル，塗装などの仕上材を自由に選択できる．
・サッシ，ガラスなどを工場であらかじめ取付けておくことができる．
・メンテナンスが比較的容易である．
・コンクリートの特性を生かし耐久性，耐火性，

図2.1-1　PCa版の構成

断熱性，遮音性などに優れる．

一方で，重量が重いため地震力が大きく，構造躯体への確実な取付けが必要となること，寸法精度が比較的低いこと，製作後乾燥収縮・クリープなどの変形が生じることなどの欠点がある．

PCa版カーテンウォールは，外壁であるPCa版とそれを取り付けるファスナーで構成されている．ファスナーは，躯体側に付けられる1次ファスナーとPCa版側に取り付けられる2次ファスナーの2種類があり，各ファスナーをボルトで留めているが，ボルト穴がルーズホールとなっており，層間変形に対し追従する機構となっている．PCa版の概要を図2.1-1に示す．

2.1.2 東日本大震災からの教訓

PCa版カーテンウォールの被害は，目地ずれ，隅部の仕上げタイルの剥離などの被害があったが，大きな破損に至る事例はほとんどなかった．

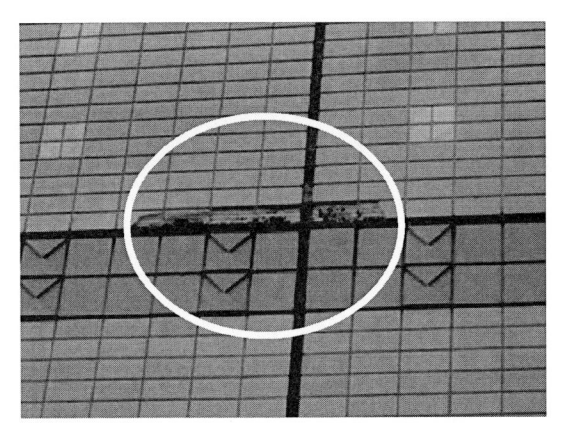

写真 2.1-1　目地ずれ，仕上げタイル剥離被害事例

写真 2.1-2　脱落被害事例[2), p.524]

一方，カーテンウォール形式になっていないPCa版の脱落が数例見受けられた．1978年の建告第109号改定以前で高さが31m以下の場合は，層間変位追従性を求められておらず，その時期のPCa版については今後の地震でも被害を受ける可能性がある．

2.1.3　関連法規および基・規準の現状

(1) 関連法規

・建築基準法施行令第39条
　外装材や屋外に面する帳壁などの緊結について定められた．

・平成12年5月31日建設省告示第1454号
　Eの数値を算出する方法ならびにV_0の数値を定める基準が定められた．

・平成12年5月31日建設省告示第1458号
　設計風圧力および板ガラス許容耐力計算の基準が定められた．屋根ふき材および屋外に面する帳壁の安全性を検討するための風圧力の計算方法が変更された．

・平成12年5月31日建設省告示第1461号
　超高層建築物の構造耐力計算の基準が定められており，外装材や屋外に面する帳壁などが，風圧ならびに地震その他の震動および衝撃に対して構造耐力上安全であることを確かめることとなった．

・昭和53年10月建設省告示第1622号
　屋外に面したはめ殺し窓のガラス施工の場合，硬化性シーリングを使用しないことが定められた．

・昭和46年1月29日建設省告示第109号
　(改正平成12年5月23日建設省告示第1348号)
　改正前は高さ31m以下の場合は層間変位追従性を求められていなかったが，改正により，屋外に面する帳壁はその高さの1/150の層間変位に対して脱落しないことが定められた．

(2) 関連基・規準の現状

・プレキャスト鉄筋コンクリート構造の設計と施工：日本建築学会
・非構造部材の耐震設計施工指針・同解説および耐震設計・施工要領：日本建築学会
・実務者のための建築物外装材耐風設計マニュアル：日本建築学会
・建築物荷重指針・同解説(2004)：日本建築学会
・建築工事標準仕様書・同解説 JASS 10 プレキャスト鉄筋コンクリート工事(2013)：日本建築学会
・建築工事標準仕様書・同解説 JASS 14 カーテンウォール工事　第3版：日本建築学会
・外装構法耐震マニュアル　中層ビル用：日本建築センター

- 公共建築工事標準仕様書（建築工事編）平成25年版：国土交通省大臣官房官庁営繕部監修
- 建築工事監理指針（下巻）平成25年版：国土交通省大臣官房官庁営繕部監修
- プレキャストカーテンウォール計算例（暫定改訂版）：プレコンシステム協会技術部会
- カーテンウォール性能基準（2003）：カーテンウォール・防火開口部協会

2.1.4 設計図書に関する留意点

(1) 要求性能

PCa版に対する性能は，耐火性能，水密性能，気密性能，遮音性能のほか，構造設計に直接関わる耐震性能，耐風性能がある．

ⅰ) 耐震性能

中地震にはファスナーが躯体変位にスムーズに追従し，かつ漏水などの外壁の機能低下を生じないこと，大地震時には脱落・損傷しないことなどが目標となる．

ⅱ) 耐風性能

ガラスなどに対し，破損，残留変形，有害な変形や異音などの発生がなく，ほとんど補修なしで継続使用できることなどが目標となる．

(2) 外力に関する留意点

ⅰ) 地震力

地震力は部材固定部の設計震度で表されることが多く，部材の質量が大きいPCa版は水平震度と鉛直震度を考慮することが一般的である．

『非構造部材の耐震設計施工指針・同解説および耐震設計・施工要領』[3]では，各階の設計震度の算定方法が示されているが，JASS 14「カーテンウォール工事」[1]では設計の便宜上の理由から下記に示す一律の値が示されている．

　水平震度 K_H=1.0，鉛直震度 K_V=0.5

ⅱ) 風圧力

平成12年（2000年）6月1日施行の改正建築基準法により，風圧力の算定方法は変更になった．告示で規定される基準風速（V_0）は低層建物から高層建物まで全ての建物に対する最低基準という位置づけとなっており，概ね再現期間50年の風速に相当する．よって，建物の重要性，耐用年数などを考慮し，必要に応じて基準風速（V_0）と適宜割り増して風圧力を決定するなど，設計上の配慮が必要である．基準風速の割増しは，「建築物荷重指針・同解説（2004）」[4]による再現期間換算係数の換算式を用いることが多く，例えば，再現期間100年の風速は，告示の基準風速に対して約1.07倍，風圧力に対して約1.15倍となる．

また，適用範囲についても，建物の1階かつ高さ13 m以下の部分では告示の対象外とはなっているが，上階同様風荷重を考慮することが望ましい．

(3) 変形に関する留意点

PCa版には，地震時，暴風時に生じる層間変位に対する追従性能，ロングスパン梁や片持ち梁の先端など上下方向の相対変位に対する追従性能などが必要となる．

層間変位に対しては，JASS 14[1]にPCa版カーテンウォールの破壊程度区分が示されており，それを参考に，中地震に対して1/300でシール切れなし，大地震に対して1/100でPCa版が脱落・損傷しないとする事例が多い．

なお，暴風時について，一般的には地震時に規定したものより小さいため問題となることはないが，超高層ビルでは強風時の建物の揺れが大きい場合もあるので，注意が必要である．

(4) 構成部位に関する留意点

・ファスナー

躯体側に付けられる1次ファスナーは一般的には大梁に取り付けられる．PCa版を一定の高さに取り付けられるよう大梁レベルごとに高さが異なるため，場合によって高さ方向に部材長が長くなることもあるので注意が必要である．

また，片側が吹き抜けの鉄骨小梁や屋上目隠し部材のように，スラブがなく捩れ剛性が小さい部材に取り付ける場合は，水平方向に少しの持ち出しただけでも捩れ変形が顕著に現れる場合もあるので注意が必要である．

(5) 設計図書への記載事項
・設計外力（設計震度）
・変形追従機構，追従すべき層間変位量（中地震，大地震）と損傷，脱落の有無
・コンクリートの種類および品質
・鉄筋の種類，強度および配筋
・目地幅
・ファスナー詳細，耐火被覆の有無
・シーリング材の種類
・耐火目地材の種類
・断熱材の種類
・先付け材料（タイル，建具枠，ゴンドラ用ガイドレール等）の有無
・製品の見え掛り部の寸法許容差と表面仕上材
・構造ガスケットのアンカー溝の寸法および寸法許容差
・PCa版カーテンウォール部材の取付け位置の寸法許容差
・構造ガスケットを用いるガラスの取付けの有無

2.1.5 工事監理段階での確認事項

(1) 基本事項の確認

PCa版については，設計図書に示された性能を満たしていることを確認する．また，製作場所，仕様，製作工期などを確認する．

(2) 材料・規格の確認

下記の材料については，特記または設計図により確認する．特記・設計図にない場合は関係するJIS規格に適合したものであることを確認する．

ⅰ）コンクリートおよびモルタル

コンクリートの種類としては，普通コンクリート，軽量コンクリート1種および2種がある．一般的には，軽量コンクリート1種が大半であるが，仕上材との相性や凍害のおそれがある寒冷地では普通コンクリートが使用される．設計基準強度としては，脱型強度を $12\,\mathrm{N/mm^2}$ 以上とすることが多いことから，$30\,\mathrm{N/mm^2}$，スランプ値 5～8 cm 程度，水セメント比は 45～50% の範囲とすることが多い．コンクリートの品質は JASS 5「鉄筋コンクリート工事」，セメントは JIS R 5210（ポルトランドセメント）に規定する普通セメントおよび早強セメントを用いたものであることを確認する．

ⅱ）鉄筋，溶接金網，鉄筋格子および鋼材

鉄筋は JIS G 3112（鉄筋コンクリート用棒鋼），溶接金網・鉄筋格子は JIS G 3551（溶接金網及び鉄筋格子），鋼材については JIS G 3136（建築構造用圧延鋼材），JIS G 3114（溶接構造用耐候性熱間圧延鋼材），JIS G 3350（一般構造用軽量形鋼），JIS G 3353（一般構造用溶接軽量H形鋼），JIS G 3444（一般構造用炭素鋼鋼管），JIS G 3466（一般構造用角形鋼管）に適合したものであることを確認する．

(3) 割付の確認

PCa版の割付けは，設計図，仕様書，施工図，施工要領書などに基づいたもので，形状・大きさおよびその相互の位置関係が明示されているかを確認する．

割付けは，部材の構成形式と関係が深く，図 2.1-2 のようにパネル形式と柱型・梁型組立形式に大別される．

施工図では，PCa版の形状・寸法，部材の接合方法，目地部詳細および目地幅，付帯部材取付けアンカー・取付け部の詳細，ファスナーの詳細，耐火処理，層間ふさぎ，配筋の詳細などを明示してあることを確認する．

第2章 PCa版工事

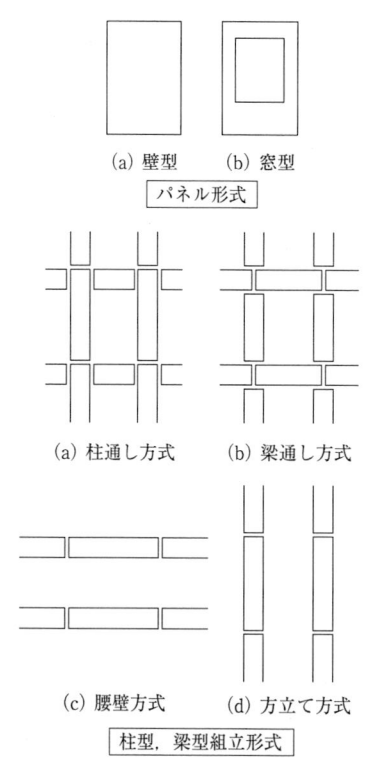

(a) 壁型　(b) 窓型
　パネル形式

(a) 柱通し方式　(b) 梁通し方式

(c) 腰壁方式　(d) 方立て方式
　柱型，梁型組立形式

図 2.1-2　部材の組立方式

(4) 寸法・目地幅の確認

PCa版の精度は製作精度および取付け精度に左右され，施工後の建物の性能に大きな影響を与える．よって，寸法許容差については具体的な標準値を示してチェックしていく必要がある（表2.1-1）．

目地幅については，縦・横の基準値を25 mm，許容値を±3 mmとし，ノギスなどで実測する．

表 2.1-1　PCa版製品の許容誤差[1), p.23]

(単位：mm)

項　目	許容差	項　目	許容差
辺　長	±3	ねじれ・反り	5
対角線長の差	5	曲　り	3
版　厚	±2	面の凹凸	3
開口部内法寸法	±2	先付け金物の位置	5

(5) 埋込み金物の取付け位置と強度の確認

PCa版は寸法だけでなく，躯体に緊結するファスナーと躯体との位置関係およびパネル内のファスナーの位置を確認する．

PCa版は躯体の精度を考慮して設計するが，取付け金物が許容差を超えていると，PCa版を精度よく取り付けることができず，十分な性能を期待することが難しい．また，金物は所定の躯体精度が確保されていることが前提であり，金物精度の標準値はJASS 6「鉄骨工事」の鉄骨精度検査基準によるものとする．

埋込み金物の取付け位置は，施工図に盛り込まれた内容（部材の支持方法・取付け方法，ファスナーの納まり，仮設金物，サッシなど）を確認する．

金物の強度については前述の材料規格を確認する．

(6) 出来形の確認

PCa版の製作にあたって，材料検査，製作検査，製品検査を十分に実施する．でき上がった製品については，写真2.1-3，2.1-4のように整理整頓をし，表2.1-2についての確認を行う．

写真 2.1-3　PCa製品の竪置きの例[10), p.98]

写真 2.1-4　PCa製品の平置きの例[10), p.98]

2.1 PCa版

表 2.1-2 製品検査 [1), p.293]

製品検査	コンクリートの強度	JIS A 1108 養生は部材と同一養生とする	4週強度において供試体3個のいずれの圧縮強度も品質基準強度Fq以上であること	供試体は打込み日ごとに3個採取
	形状・寸法	鋼尺・ノギスなどによる測定 10枚を1ロットから1枚部材を抜き取る	部材が(参考文献1の表5.3)の許容差以内であればその適合ロットを合格とする不合格の場合は残りの全数について検査を行い,適合したものを合格とする	長時間にわたって寸法精度が安定した場合,型枠精度の検査結果を考慮して1ロットの製品枚数を増やすことができる
	取付け位置先付け金物先付け材料あと付け材料	各種ゲージによる測定 目視	(参考文献1の5.3.4.6)による	
	表面仕上げ	目視,打診	(参考文献1の5.3.4.6)によるほか,仕上材料の検査基準による	

- コンクリートの4週強度は,ロットは1日1回3体とし,JASS 5 T-603(構造体コンクリートの強度推定のための圧縮強度試験方法)による.
- 形状・寸法は,スチールテープ,ノギスなどによる抜取り検査とし,10枚を1ロットから1枚部材を抜き取る.ただし,製作側は全数検査とする.
- 先付け金物の取付け位置,先付け材料,後付け材料は,目視により全数確認する.
- 表面仕上げの状態にひび割れ,破損がないか,またコンクリート面の仕上がり,表面仕上材の位置などを目視により全数確認する.
- タイルなどの仕上材を使用した場合は浮きを全数検査する.

なお,補修を要する例を図2.1-3に示す.

(1) 壁上部コッター・接合用鉄筋回りのひび割れ
$\begin{pmatrix} w = 0.3 \text{ mm を超えるもの} \\ w = 0.3 \text{ mm 以下でも } l = 100 \text{ mm 以上} \end{pmatrix}$

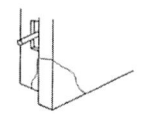

(2) 壁隅角部回りのひび割れ
$\begin{pmatrix} w = 0.3 \text{ mm を超えるもの} \\ w = 0.3 \text{ mm 以下でも } l = 500 \text{ mm 以上} \end{pmatrix}$

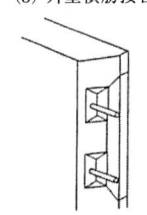

(3) 外壁横筋接合部のひび割れ
$\begin{pmatrix} w = 0.3 \text{ mm を超えるもの} \\ w = 0.3 \text{ mm 以下でも鉄筋2段以上にまたがる場合} \end{pmatrix}$

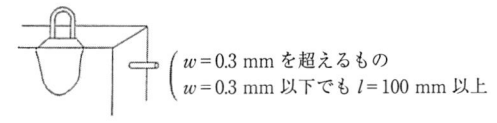

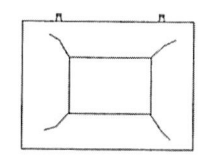

(4) 開口部周囲のひび割れ
$\begin{pmatrix} w = 0.3 \text{ mm を超えるもの} \\ w = 0.3 \text{ mm 以下でも貫通しているもの} \end{pmatrix}$

(5) 壁部材一般のひび割れ
$\begin{pmatrix} w = 0.3 \text{ mm を超えるもの} \\ w = 0.3 \text{ mm 以下でも貫通しているもの} \end{pmatrix}$

(6) 床版コッター回り・貫通穴回りのひび割れ
$\begin{pmatrix} w = 0.1 \text{ mm を超えるもの} \\ w = 0.1 \text{ mm 以下でも } l = 300 \text{ mm 以上} \end{pmatrix}$

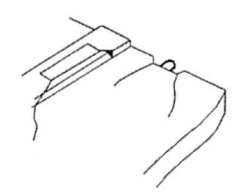

(7) 屋根板・バルコニー床板の素地仕上げの部分
$w = 0.1$ mm 以下でも補修する

$\begin{pmatrix} w : \text{ひび割れ幅} \\ l : \text{ひび割れの長さ} \end{pmatrix}$

図 2.1-3 補修を要する部材例 [6), p.90]

(7) 躯体側金物の取付け位置と強度の確認

取付け金物の位置関係は，PCa版の施工図による取付け基準墨をスチールテープなどで実測し，取付け位置の寸法許容差が特記によるものに納まっていることを確認する．特記のない場合，躯体付け金物の取付け位置の寸法許容差は，JASS 14[1)]に準じ，鉛直方向：±10 mm，水平方向：±25 mm とする．

躯体付けの溶接は方法，技量，検査，補修などを含め，JASS 6「鉄骨工事」に準じる．

躯体とファスナーとの位置関係では，高さ方向の位置は，水平ジョイントを躯体スラブ天端よりかなり上に設置すると下部ファスナーを取り付けるための躯体が必要となるので留意する．幅方向の位置は，躯体の柱や耐力壁とPCa版との隙間の大小による取付け作業のしやすさが重要なためファスナーの位置関係は，躯体精度を考慮して決めておく．

取付け方法は，図 2.1-4 に示すように A，B，C，D のタイプに分けられ，取付けに際しては層間変位を吸収する取付けが実施されていることを確認する．

PCa 版の取付け位置についての寸法の許容誤差は特記によるものに納まっていることを確認する．特記のない場合は下記の表 2.1-3 による．

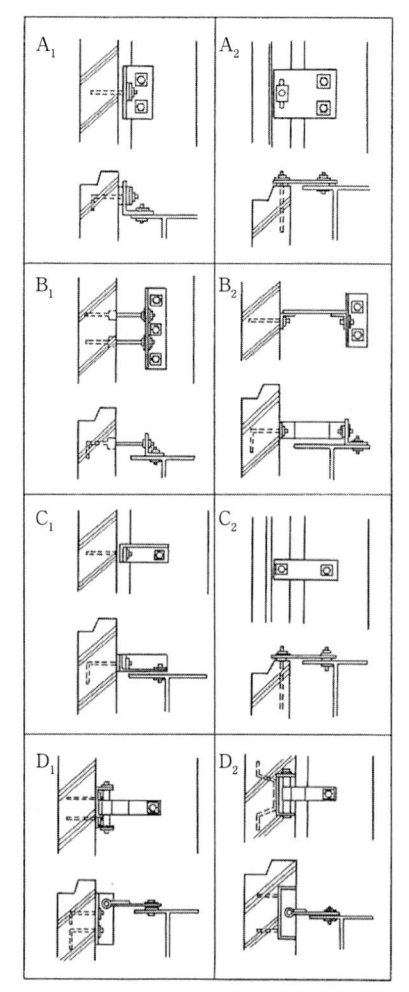

図 2.1-4 スライディングファスナーの分類 [12), p.25]

表 2.1-3 取付け位置の寸法許容差の標準値 [1), p.27]

(単位：mm)

	メタル カーテンウォール	アルミニウム合金鋳鉄製 カーテンウォール	プレキャストコンクリート カーテンウォール
目地の幅の許容差*1	±3	±5	±5
目地心の通りの許容差*2	2	3	3
目地両側の段差の許容差*3	2	4	4
各階の基準墨から各部材までの距離の許容差*4	±3	±5	±5

［注］ *1 右図(上)参照
　　　*2 目地の交差部で確認する．
　　　　 右図(下)の a，b 寸法
　　　*3 右図(上)参照
　　　*4 部材の出入りに関して部材の内面または外面の一定の位置を決めて確認する．
　　　　 左右方向は部材の中心を基準とする．
　　　　 上下方向(レベル)は窓台の高さなどを基準とする．

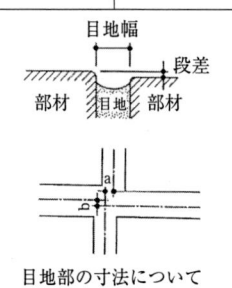

目地部の寸法について

2.1 PCa版

(8) スライドメカニズムの機能の確認

変形追従性を考慮した取付け方式は，(a) スライド方式，(b) ロッキング方式，(c) 併用方式がある (図 2.1-5)．

各々の方式について，パネル端部からファスナー中心までの寸法は，変形が出やすくならないように，それぞれの方式の目安内かどうかを確認する．

目安は，スライド方式で 100〜300 mm，ロッキング方式でパネル幅の約 1/5，はね出し寸法は 1 m 以下とされている．スライド方式，ロッキング方式の限界状態を図 2.1-6 に示す．

いずれの場合でも，ボルトのセット位置の精度が可能となる移動量に大きな影響を与えるので，スライドホール内でのボルト位置に注意が必要となる．

また，スライドのしやすさはボルトの締付け力にも左右されるため，締付け力の管理を十分注意して行う必要がある．

(9) 摩擦低減材（すべり材）の確認

可動部に挿入するフッ素樹脂板などの摩擦力の低減材料は，地震時などに層間変位が生じた場合に，カーテンウォールの動きを拘束する力を低減する効果があるため，その有無を確認しておく．また，低減材料には連結用金物の可動部の錆び付き防止効果もある．

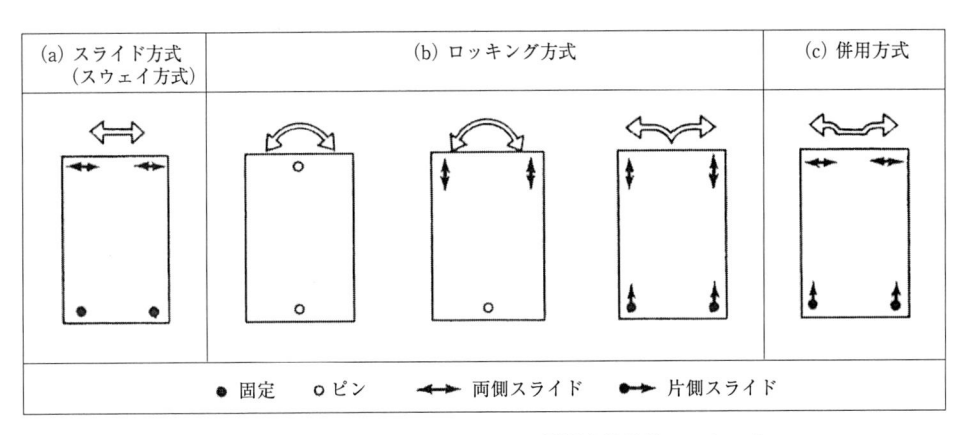

図 2.1-5　PCa 版カーテンウォールの層間変位追従のメカニズム

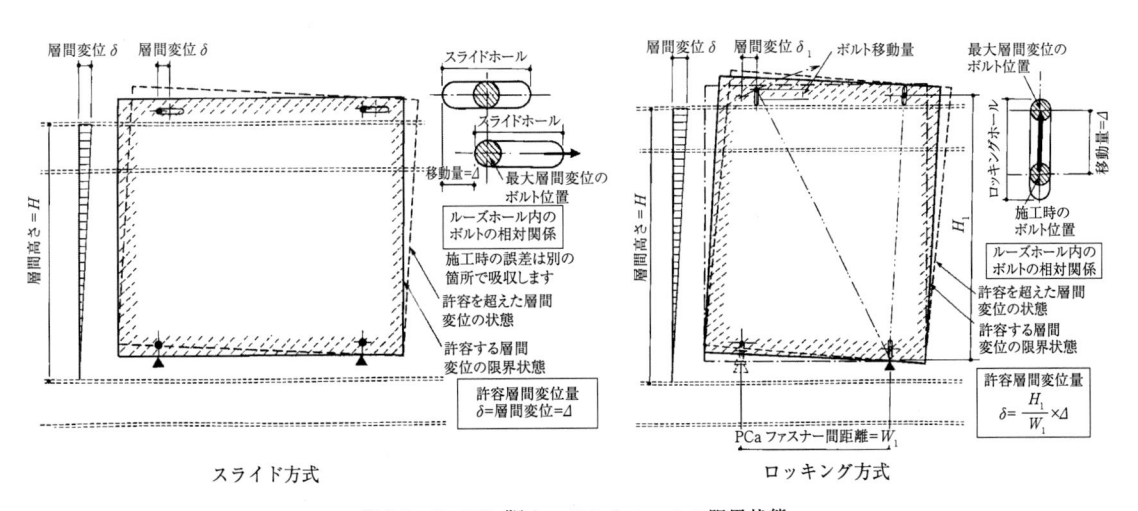

図 2.1-6　PCa 版カーテンウォールの限界状態

第2章 PCa版工事

表 2.1-4 取付け方式一覧（提供：コンクリートカーテンウォール工業会）

No.	構成	名称	変位追従性	固定度	手法	原理図
1	パネル方式	スライド（スラブ上取付け）	水平移動	上部　ルーズ 下部　ピン	ボルト締め	
2		スライド（梁下取付け）	水平移動	上部　ルーズ 下部　ピン	ボルト締め	
3		吊り下げ	水平移動	上部　ピン 下部　ルーズ	ボルト締め	
4		だぼ（落し込み）	回転	上部　ピン 下部　だぼ	ボルト締め だぼ （落し込み）	
5		ロッキング	回転	上部　ルーズ 下部　ルーズ	ボルト締め	
6		ばね	回転	上部・下部両端固定 （ばね） 下部中央　ピン	ばね ボルト締め	
7		併用（スライド＋ばね）	主として水平移動	上部　スライド＋ばね 下部　ピン	ばね ボルト締め	
8	柱型・梁型方式	柱通し式	柱型　回転 梁型　固定	柱型　ルーズ 梁型　ピン	ボルト締め	
9		梁通し式	柱型　回転 梁型　固定	柱型　上部　ピン 　　　下部　ばね 梁型　一端　ピン 　　　他端　ローラー	ボルト締め ばね ボルト締め	

△：自重支持点　　○：ピン　　↔：ローラー　　┴：だぼ　　⇞：上向きローラー　　—：ばね

2.1 PCa版

(10) トルク管理の確認

建入れ調整が終了後，ボルトおよびナットの本締めを行うが，ボルトやナットは，ごみ・錆びのない清潔なものを使用し，ワッシャーまたはライナーとファスナー間は隙間のないようにする．ごみの付着があると締付け力の低下を招き，隙間があるとトルクが入りにくいうえ，長期的には軸力が低下するため事前の確認を行う．

締付けは所定の工具で一杯に締め付ける．特定の軸力が必要な場合は，ゲージ付きのトルクレンチを使用して所定のトルクまで締め付け，その確認をする．

本締めを終了した段階でパネルの取付け位置を確認し，許容差内に納まっていない場合は直ちにボルトを緩めて再調整する．

ルーズホール部ではスライドのしやすさはボルトの締付け力にも左右されるため，締付け力の管理を十分に行う．

また，ボルト締付け後，緩み止め防止を適切に行う．

(11) ショートビード溶接残りの確認

PCa版のボルト本締めをし，確認終了後に溶接が必要な場合は，できるだけ速やかに溶接を行う．

溶接工は有資格者とし，脚長や溶接長は必ず図面に特記した値以上としなければならない．

不要な溶接は防止しなければならないが，所定の溶接がなされていないときは是正が必要となる．その欠陥の種類と補修方法を**表 2.1-5** に示す．

ビード表面の不整については，表面の凹凸の高低差は溶接の長さ 25 mm の範囲で 2.5 mm 以下，ビード幅の不整については，溶接の長さ 150 mm の範囲で 5 mm 以下とする．

溶接部の検査は，ビードの表面の整・否，ピット・アンダーカット・オーバーラップの有無，クレーターの状態，脚長と溶接長などで，全数目視検査とする．

表 2.1-5 溶接部の欠陥の種類と補修方法 [11], p.163,164

欠陥の種類			補修方法
割れ	割れ	ストップホール	割れの両端にストップホールをあけてから割れた部分をはつり取り再溶接する．
アンダーカット	アンダーカット	再溶接部 はつり取り部分	アンダーカットした部分をはつり取り再溶接する．
オーバーラップ	著しいオーバーラップ	はつり取り部分	余分な溶着金属をはつり取る．
ビード表面の不整	25 mm, 150 mm, $e_2=b_1-b_2$	不整部分をグラインダーなどで整形するかまたは補修溶接で整形する．この場合過大な余盛に注意する．
ブローホールおよびピット	ピット,ブローホール	はつり後，再溶接部	ブローホールまたはピット部分をはつり取り再溶接する．
クレーター部の著しいへこみ	著しいへこみ	著しいへこみ	著しいへこみ部分を付加溶接する．

第2章 PCa版工事

(12) 外部に面した金物の防錆措置の確認

コンクリートに埋め込まれない鋼材は，溶融亜鉛めっき，電気亜鉛めっき，防錆塗料などの防錆措置が施してあることを確認する．

重要な金物に対する防錆処理や溶接部の防錆塗装についても同様に確認する．

防錆塗料は，JIS K 5674（鉛・クロムフリーさび止めペイント）に規定するものを使用することを原則とする．ごみ・スラグ等を完全に除去し防錆塗料を塗布することとするが，処理の検査は目視確認とする．防錆処理は，電気亜鉛めっきの使用が一般的になっている．

(13) 耐震性能にかかわる施工の確認

耐震性を確保した設計を忠実に施工していくことが基本である．

現場施工で必ずしも設計図どおり施工できない場合もあるが，その差を許容誤差以内に納められるかどうかが重要である．施工者側での検査票の一例を図 2.1-7 に示す．

特に耐震性能にかかわるものは，現場における施工精度の確保であるため，その精度が許容誤差以内でない場合の措置は，設計者を交えて協議する．

その他，現場においては不要な溶接，耐震性を阻害するような耐火被覆，耐震性にかかわる取合いの確実な施工をチェックしていくことが重要となる．

(14) シーリング材の確認

シーリング材は，JIS A 5758（建築用シーリング材）に規定される性能を満たすほか，層間変位，風圧，および目地の変形に対して追従可能であり，かつ耐久性に優れたものを用いる．

シーリング材については，不定形のものと定形のものがある．

不定形シーリング材については，JASS 8「防水工事」4節（シーリング工事）に詳述されており，JIS A 5757（建築用シーリング材の用途別性能），JIS A 5758 の規格に合格するものを採用する．

定形シーリング材については，JASS 17「ガラス工事」および JIS A 5756（建築用ガスケット）の規格に合格するものを採用する．

カーテンウォールの水密性を満たすためには，目地や部材ジョイントのシーリングに剥離を生じてはならないため，実際に使用する材料を用いて接着性試験を実施し，シーリング材と被着体との接着性について確認する．

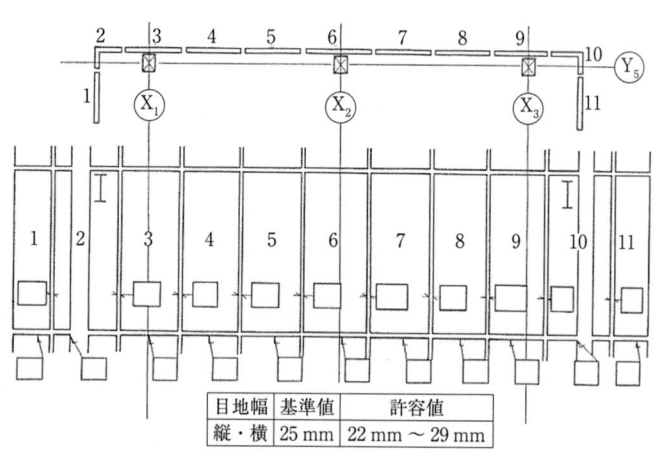

図 2.1-7　検査票の例 [1], p.299

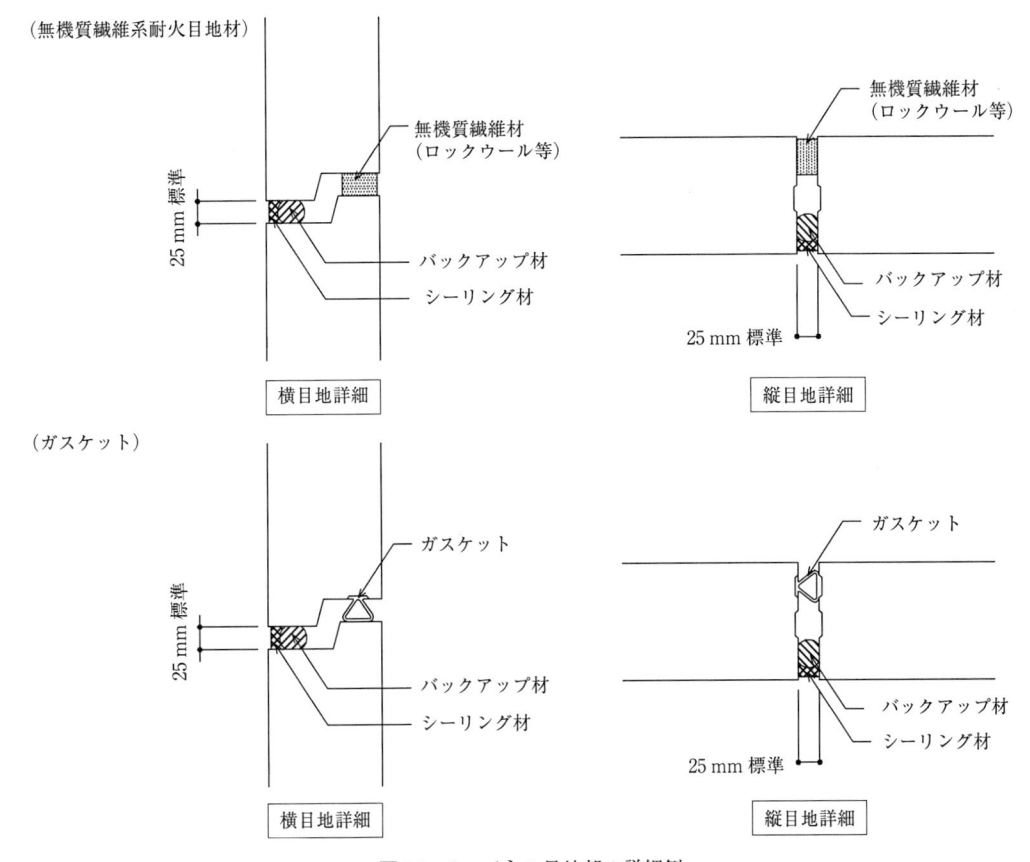

図 2.1-8 パネル目地部の詳細例

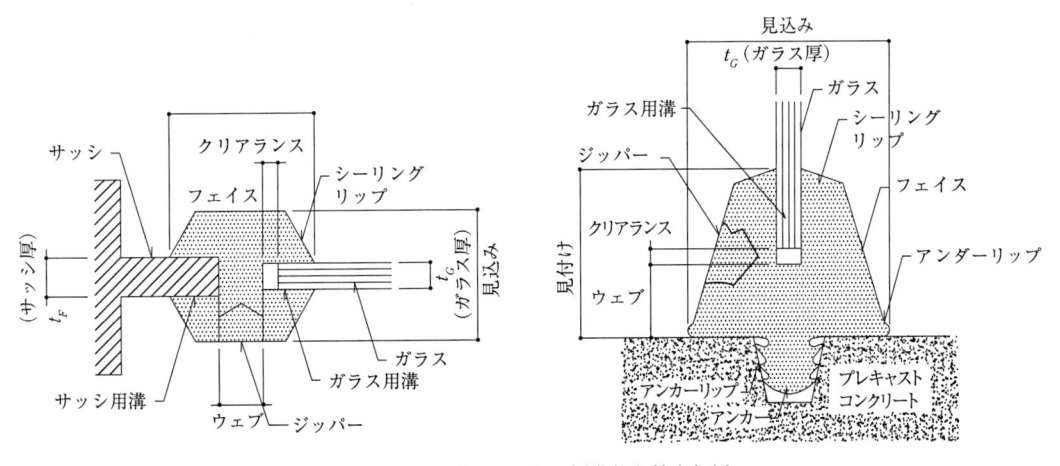

図 2.1-9 ガスケットの標準的な納まり例

工事に関しては，シーリング材の充填箇所，目地寸法，被着面ならびにシーリング材の施工順序によって付着性が異なるので十分注意する．

シーリング材に起因する目地周辺の薄黒い汚れ，シーリング材自身の表面の汚れ，副資材によるシーリング材の変退色，軟化，接着不良などの現象について十分な処置をする．

パネル目地部の標準的な納まりの例は図 2.1 -

第2章 PCa版工事

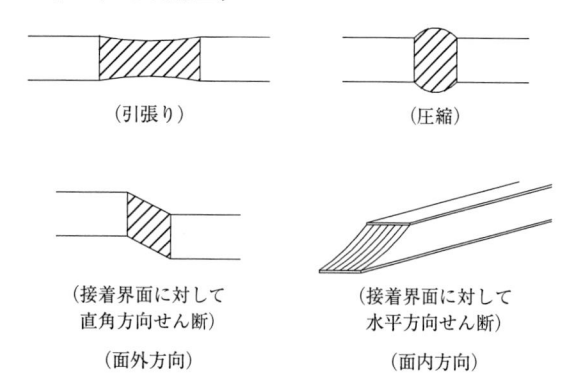

図2.1-10 シーリング材の伸縮・ねじれ・せん断変形例

（引張り）
（圧縮）
（接着界面に対して直角方向せん断）（面外方向）
（接着界面に対して水平方向せん断）（面内方向）

8に，ガスケットの標準的な納まり例は図2.1-9に，シーリング材に配慮すべきひずみなどについては図2.1-10に示す．

また，目地部への浸入水に対する排水経路が確保されているか確認する．

2.1.6 実験による確認事例

(1) 構面方向変形追従限界と限界後の挙動

文献[7]では，変位追従方式としてロッキング方式を取り上げ，構面方向の変形を受けて建物が倒壊に至ったとみなせる層間変形角までを実験的に検証し，層間変位追従限界を超えた領域での破壊挙動を把握し，層間変形角と損傷の関係を明らかにして破壊発生時の変位予測法について検討している．

載荷フレームはH鋼による3層1スパンの平面骨組で階高が1750 mmあり，柱脚および柱梁接合部はピン接合されている．

載荷方法は，はじめに層間変形角0.01 radの繰返し載荷により変位追従時の挙動を確認し，次に一方向に0.2 rad以上の層間変形角まで単調載荷している．

表2.1-6 シーリング材の設計伸縮率・設計せん断変形率の標準値[1), p.184]

（単位：％）

シーリング材の種類 主成分・硬化機構	記号	伸縮 M1[*1]	伸縮 M2[*2]	せん断 M1[*1]	せん断 M2[*2]	耐久性の区分[*3]
2成分形シリコーン系	SR-2	20	30	30	60	10030
1成分形シリコーン系（低モジュラス）	SR-1 LM	15	30	30	60	10030, 9030
1成分形シリコーン系（高モジュラス）	SR-1 HM	(10)	(15)	(20)	(20)	9030G
2成分ポリイソブチレン[*4]	IB-2	20	3	3	6	10030
2成分形変成シリコーン系	MS-2	20	30	30	60	9030
1成分形変成シリコーン系	MS-1	10	15	15	30	9030, 8020
2成分形ポリサルファイド系	PS-2	15 10	30 20	30 20	60 40	9030 8020
1成分形ポリサルファイド系	PS-1	7	10	10	20	8020
2成分形アクリルウレタン系	UA-2	10	20	10	20	9030
2成分形ポリウレタン系	PU-2	10	20	20	40	8020
1成分形ポリウレタン系	PU-1	10	20	20	40	9030, 8020
1成分形アクリル系	AC-1	7	10	10	20	7020
備考	［注］ *1：温度ムーブメントの場合 *2：風・地震による層間変位ムーブメントの場合 *3：JIS A 5758-2004による耐久性区分 *4：実績が少なく事前の検討・確認が必要 （ ）：ガラスまわり目地の場合					

2.1 PCa版

　実験では，層間変形角とパネルの回転角，目地のずれと伸縮の定量的関係を明らかにし，その妥当性を確認している．

　また，パネルの回転角を予測する近似モデルを提案し，目地のずれ，伸縮および対角方向のパネルが衝突するときの層間変形角を予測し，ファスナーの破壊，パネルの衝突が生じる可能性のある層間変形角の大きさを示している．

　なお，文献[8]では構面外方向の実験についても示されている．

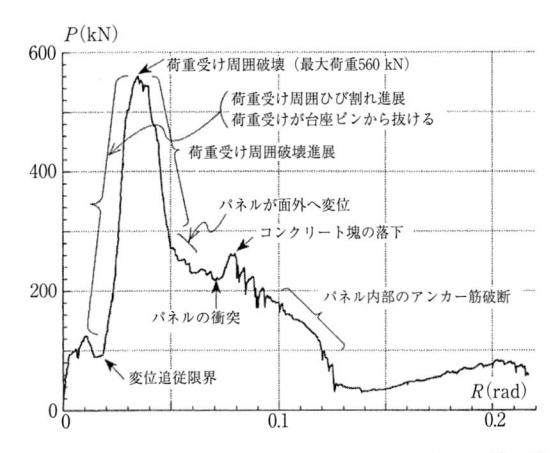

図 2.1-13　大変形領域載荷による荷重 - 層間変形角関係[7], p.1846

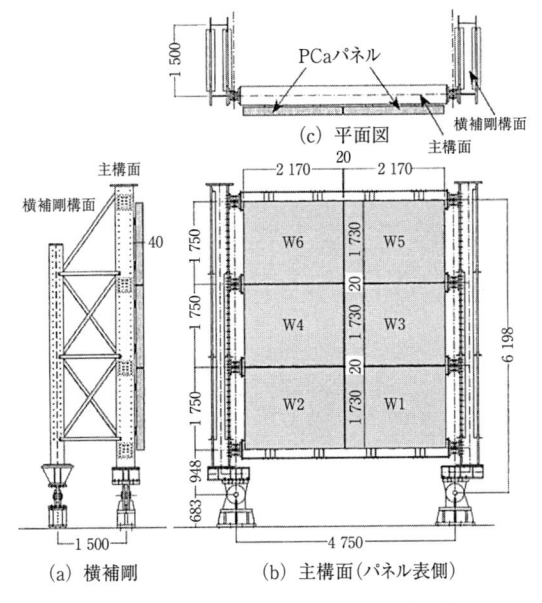

図 2.1-11　試験体（単位：mm）[7], p.1843

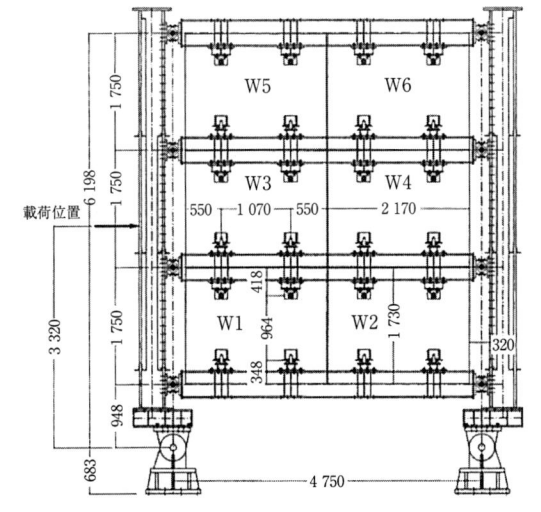

図 2.1-12　パネル取り付け状況（単位：mm）[7], p.1843

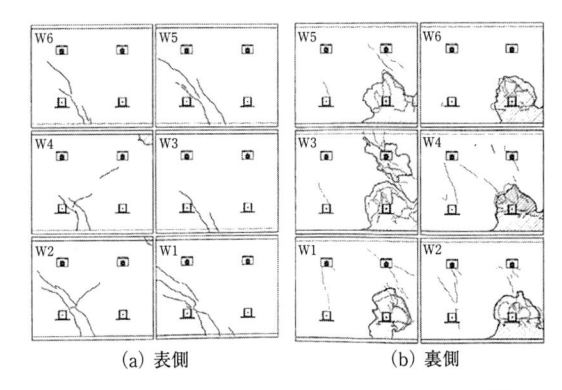

図 2.1-14　実験後のパネルのひび割れ状況[7], p.1846

(2) シーリング交差目地部の耐疲労性の評価

　文献[9]では，シーリング交差目地の中で最も多く見られる十字型目地を取り上げ，ロッキング変形したときの目地の動きとその要因となるパラメータについて調べており，同時に十字目地の疲労特性について検討し，一般目地との差異を明らかにしている．

　試験体では目地幅は20 mm，目地深さは13 mmとしている．また，十字目地では，縦目地のみムーブメントが生じる場合と，両目地に同一ムーブメントが生じる場合の2種類とし，一般目地では縦目地のみのムーブメントが生じる場合としている．

　繰り返し疲労試験結果から，十字型隅角部では一般部に比べて早い段階で亀裂が発生したこと，十字目地の耐疲労性は，横目地の動きの影響を受

63

第2章 PCa版工事

け，縦目地と横目地が同一変位量となる場合に最も耐疲労性が低下することを示している．

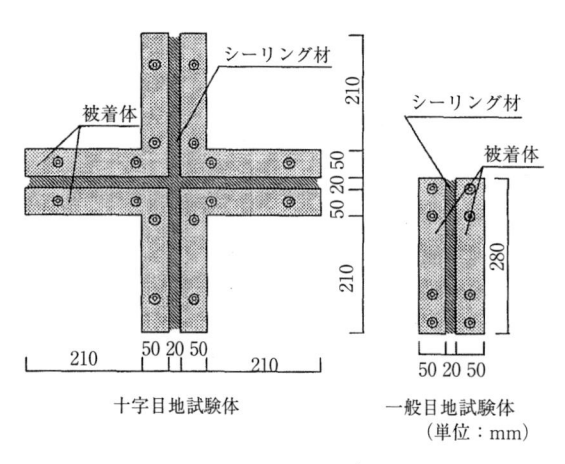

図 2.1-15 試験体 [9), p.32]

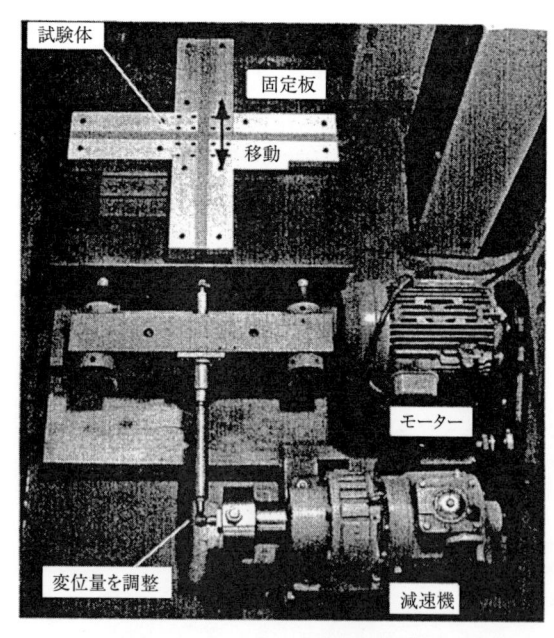

写真 2.1-6 せん断疲労試験機 [9), p.33]

表 2.1-7 疲労試験における主な条件 [9), p.33]

試験体	十字目地試験体		一般目地試験体
ムーブメントのタイプ	縦目地のみのムーブメント	両目地に同一ムーブメントが生じる場合	縦目地のみのムーブメント
動きの概念図	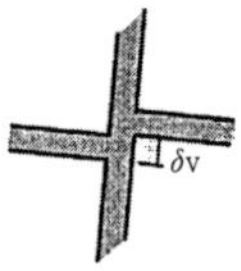 δv	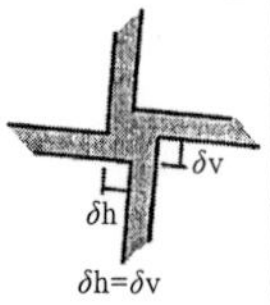 $\delta h = \delta v$	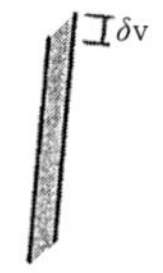 δv
検討箇所	十字部	十字部	一般部
使用する試験機	せん断疲労試験機	ロッキング変形用疲労試験機	せん断疲労試験機

十字目地（縦目地のみのムーブメント）（縦目地のムーブメント:±60%）

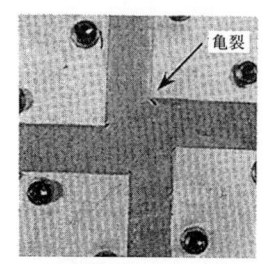

十字目地（同一ムーブメント）（両目地のムーブメント:±60%）

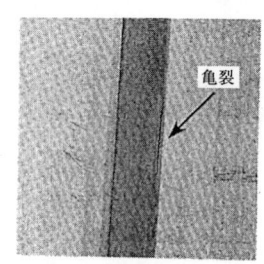

一般目地（せん断ムーブメント:±60%）

写真 2.1-7 亀裂発生状況 [9), p.33]

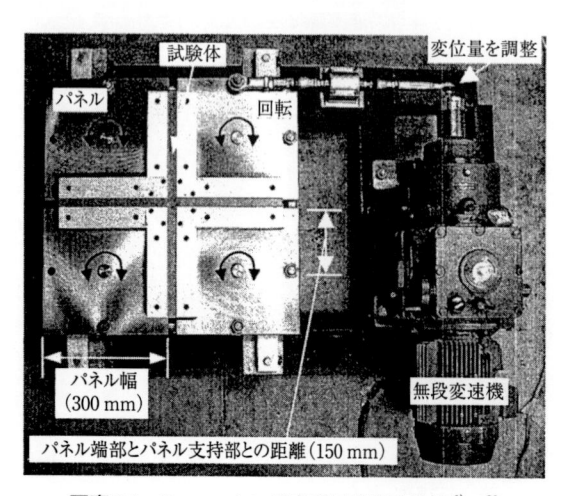

写真 2.1-5 ロッキング変形用疲労試験機 [9), p.33]

参考文献

1) 日本建築学会：建築工事標準仕様書・同解説 JASS 14 カーテンウォール工事　第3版，2012
2) 日本建築学会：2011年東北地方太平洋沖地震災害調査速報，2011.7
3) 日本建築学会：非構造部材の耐震設計施工指針・同解説および耐震設計・施工要領，1985
4) 日本建築学会：建築物荷重指針・同解説（2004）
5) 日本建築学会：プレキャスト鉄筋コンクリート構造の設計と施工，1986
6) 日本建築学会：建築工事標準仕様書・同解説 JASS 10 プレキャスト鉄筋コンクリート工事，2013
7) 吹田啓一郎，平郡竜志，高　宏周，聲高裕治，狗飼正敏，佐々木哲也：ロッキング方式PCaカーテンウォールの構面方向変形追従限界と限界後の挙動，日本建築学会構造系論文集，第78巻第693号，2013.11，pp. 1841-1850
8) 高　宏周，吹田啓一郎，狗飼正敏，佐々木哲也：ロッキング形式PCa帳壁の構面外方向変位追従性能，日本建築学会大会学術講演梗概集（近畿），2014.9
9) 宮内博之，田中享二：カーテンウォールのロッキング変形に対するシーリング交差目地部の対疲労性の評価，日本建築学会構造系論文集，第558号，2002，pp. 31-38
10) 安部一郎，相場新之輔：わかりやすい建築技術　PCカーテンウォールの設計と施工，鹿島出版会，1984
11) プレハブ建築協会：プレキャスト鉄筋コンクリート工事施工技術指針，2005
12) 松本信二編：PCカーテンウォール　改訂版，建設経営社，1975

第 2 章　PCa 版工事

工種　PCa 版工事　　　　　　　　　工事名：　　　　　新築工事

部位：外壁（外壁パネル）　　　　　　　年　　月　　日　記録：

\multicolumn{5}{c	}{工事監理チェックリスト}
No.	監　理　項　目	確認事項	記　録	備　考
1	PCa 版の材料規格（コンクリート・鉄筋）			
2	PCa 版の割付け			
3	部材寸法・目地幅のチェック			
4	部材埋込み金物の取付位置と強度の確認			
5	部材の出来形確認			
6	躯体側取付け金物の位置と強度の確認			
7	スライドメカニズムの機能の確保			
8	摩擦低減材（すべり）の挿入の有無			
9	トルク管理の確認			
10	ショートビード溶接残りの有無			
11	外部に面した金物に対する防錆措置の有無			
12	耐震機能にかかわる施工の適否			
13	シーリング材の確認			

略　図

確認印	現場代理人	担　当　者	工　事　監　理　者

2015 JSCA

2.2 パラペット

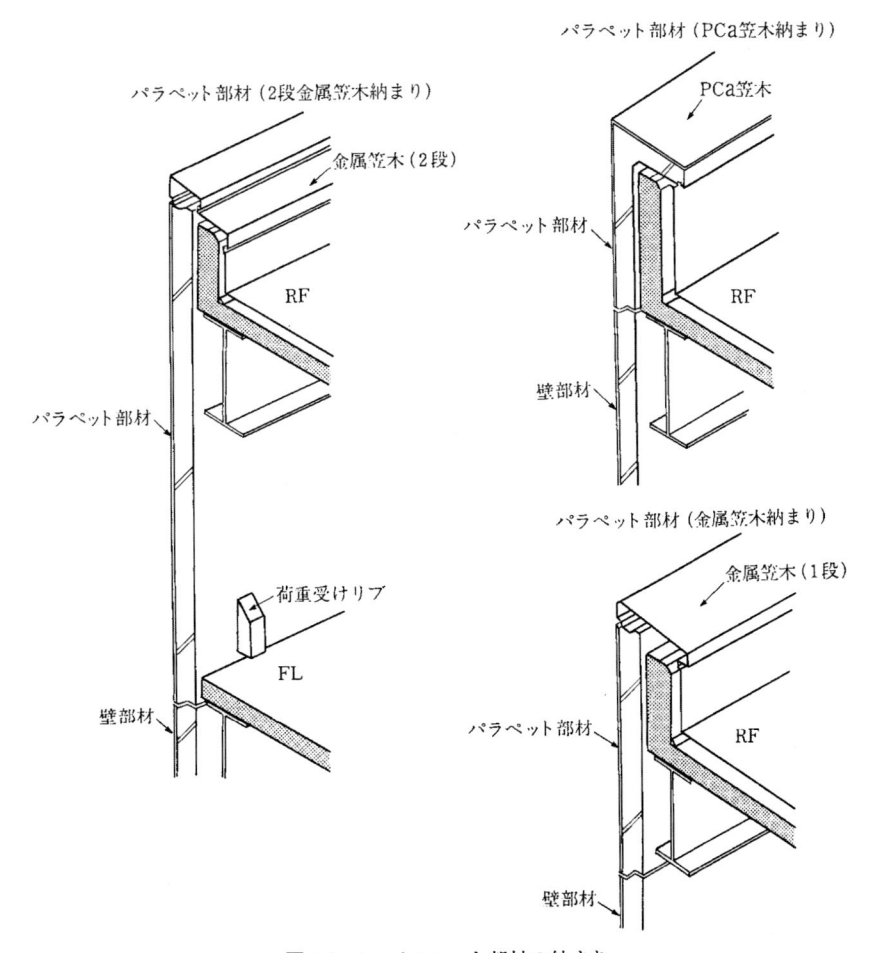

2.2.1 パラペットの概要

パラペット部材の納まりは，躯体の条件，部材形状，屋根防水層の納まり，施工性などを考慮して，一般的に図2.2-1に示すような3種類が考えられる．

2.2.2 パラペット部材の取付け

屋根防水用の立上りコンクリートは，PCa部材の取付けより先行する場合と，あと打ちとなる場合とがあるが，PCa部材の挙動を拘束しないように，緩衝材が効果的に配されているかどうかを確認する．

パラペット付き部材は，一般階の部材より部材長が大きくなることが多いため，部材の強度管理ならびにその工事の揚重能力についての検討を十分にしておく．

2.2.3 雨仕舞い

屋上階の防水層と取り合うパラペット部材は，笠木部分をPCa部材で一体成形する場合と，金属等で製作する場合とがあるが，ともに部材の挙動に支障がないか確認する．

PCa部材の挙動は，目地との関係が密接であり，シールの施工や目地部への浸入水に対する排水経路が確保されているか確認する．

図2.2-1 パラペット部材の納まり

2.3 目隠し部材

2.3.1 目隠し部材の概要

目隠し部材が設置される場所は屋上階であり，その納まりの代表的なものを図2.3-1に示す．

2.3.2 目隠し部材の取付け

目隠し部材は金物が露出となることが多いため，金物の防錆と固定方法の管理は重要である．

最近では，取付け金物は溶融亜鉛めっきを施し，溶融亜鉛めっき高力ボルトを使用して固定する施工法が一般的であるが，ねじ部を有する部分についてはステンレスを使用することもある．

目隠し部材を支える躯体が鉄骨造の場合で，ウェブのみボルト接合されている小梁などにより支持させる場合は，PCa部材の自重によるねじれやたわみの影響に十分注意する必要がある．

2.3.3 雨仕舞い

目隠し部材が独立の場合は，下階と縁が切れるため特に止水についてのチェックは必要でないが，壁面が下階へ連続する場合は，目隠し部材と下階PCa部材との境界部分のシールの連続性と，目地への浸入水の排水方法に注意する．

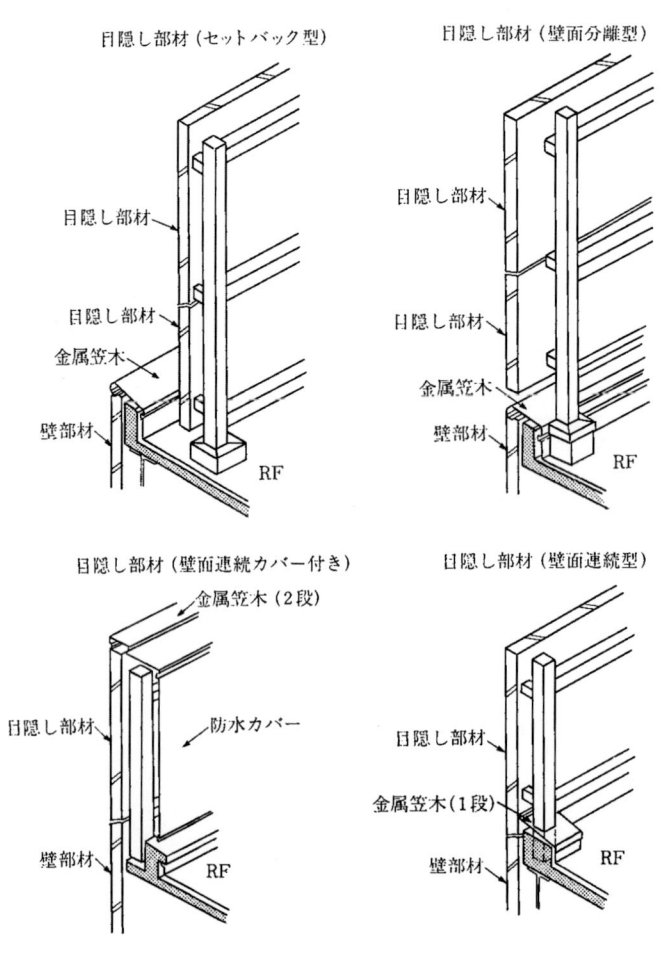

図2.3-1 目隠し部材の納まり

2.4 最下段部材

2.4.1 最下段部材の概要

最下段部材は，躯体との取合いや防水層の納まりなどの違いにより，一般的には図2.4-1に示すように分類される．

2.4.2 最下段部材の取付け

最下段部材となる足元部分の一次ファスナーは，現場で打設されたコンクリート部分に打ち込まれた金物の精度が悪いため，PCa部材を取り付ける二次ファスナーは躯体誤差を前提にそのルーズホールを設定しておく必要がある．誤差の方向は，X，Y方向に限らず，高さ方向，傾きなどについても考慮する．

また，足元部分の荷重受けリブが適正かどうか確認する．

2.4.3 雨仕舞い

足元部分はPCa部材の最下段となるため，シール切れなどによりPCa部材間の目地内に浸入した雨水を排水するための排水口が確保されているか確認する．

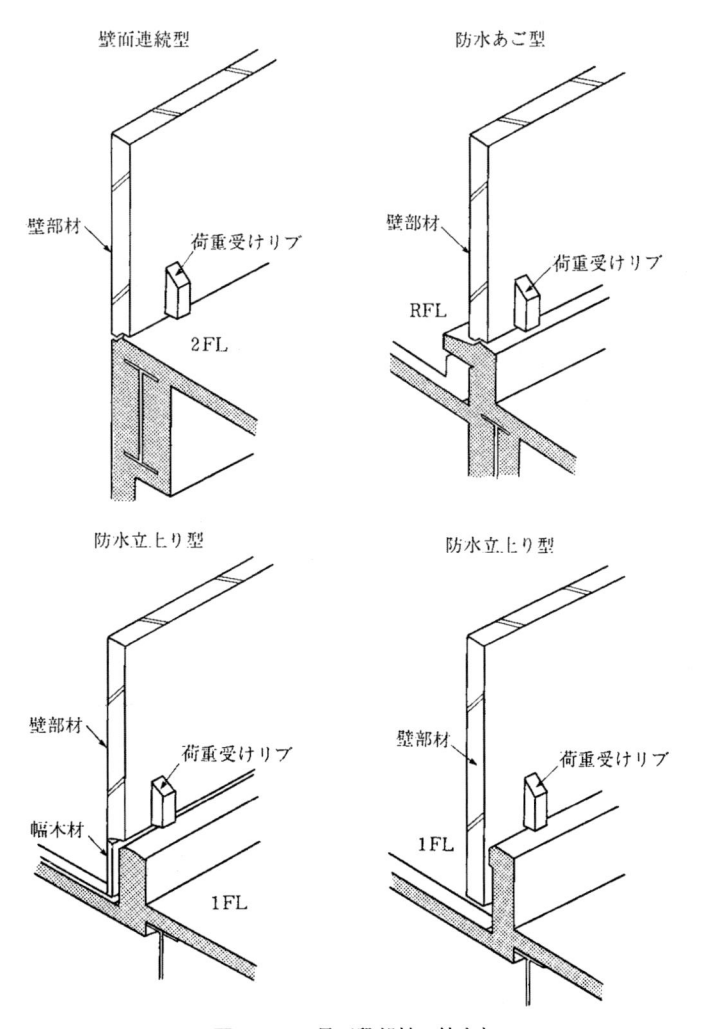

図2.4-1 最下段部材の納まり

2.5 出隅・入隅コーナーパネル

建物には必ず出隅・入隅等があり，外壁のPCa版工事においても，その部分は基準のパネルと異なった形状のパネルを製作し施工する．

出隅・入隅コーナーパネルの主な形状と割付けを実施していく場合，表2.5-1に示す点に注意する．

参考文献

1) 安部一郎，相場新之輔：わかりやすい建築技術　PCカーテンウォールの設計と施工，鹿島出版会，1984

表2.5-1　出隅・入隅コーナーパネル [1], p.22,23

略図	注意点（数字の単位 mm）	略図	注意点（数字の単位 mm）
a	・寸法Aは，ファスナーが納まり，取付けの作業性が落ちない寸法とする． （寸法目安：$B < 600$ のとき $A \geq 400$，$B \geq 600$ のとき $A \geq 450$）	g	・寸法Aは，前記a.に準ずる．
b	・はね出し寸法Aは，下図に従って決める．	h	・はね出し寸法Aは，下図に従って決める．
c	・寸法Bの目安は200以上． ・ファスナーは柱付けとする．	i	・寸法lは，ファスナーが平面的に納まる寸法とする． （寸法目安：ファスナーが上下3点のとき $l \geq 750$，ファスナーが上下4点のとき $l \geq 1400$）
d	・はね出し寸法Aは，下図に従って決める． ・寸法Bの目安は200以上．	j	・寸法lは，ファスナーが平面的に納まる寸法とする． （寸法目安：$B = 50$ のとき $l \geq 850$，$B \geq 200$ のとき $l \geq 600$）
e	・はね出し寸法Aは，下図に従って決める．	k	
f	・寸法Bの目安は400以上．		

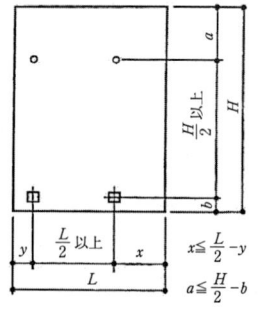

$$x \leq \frac{L}{2} - y$$
$$a \leq \frac{H}{2} - b$$

第 3 章
ALC 版・押出成形セメント板工事

3.1 ALC 版
3.2 押出成形セメント板

第3章 ALC版・押出成形セメント板工事

3.1 ALC版

3.1.1 ALC版の概要

ALC版は，日本工業規格 JIS A 5416（軽量気泡コンクリートパネル）が定められている．壁として使われる場合，防錆処理を施した鉄筋格子をALCでパネルに成形したものである．

厚さ75 mm以上の「厚形パネル」と厚さ35 mm以上75 mm未満の「薄形パネル」とがあり，薄形パネルは木造戸建住宅の外壁下地等に用いられている．ここでは厚形パネルを対象とする．

ALC版は軽量・耐火・耐熱など優れた特性を持つが，水を吸いやすい弱点もあるため，寒冷地で用いる場合には，凍害対策として十分な吸水，吸湿対策を行う．

ALC版を外壁として用いる取付け構法は，大きく分けて表3.1-1に示す構法があり，現在は事務所建築では主に縦壁ロッキング構法が用いら

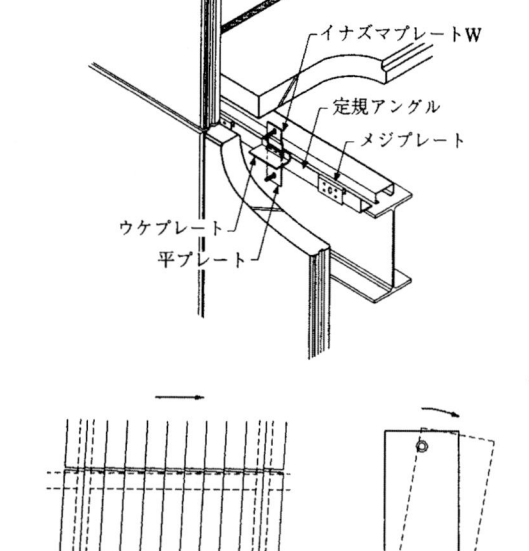

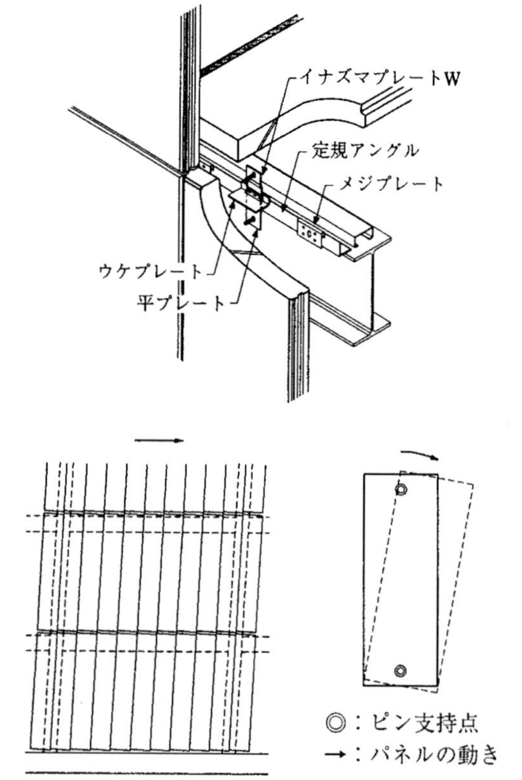

図3.1-1 縦壁ロッキング構法の取付け例と層間変形時のパネルの動きの概念図（JASS 21）[1], p.23,41

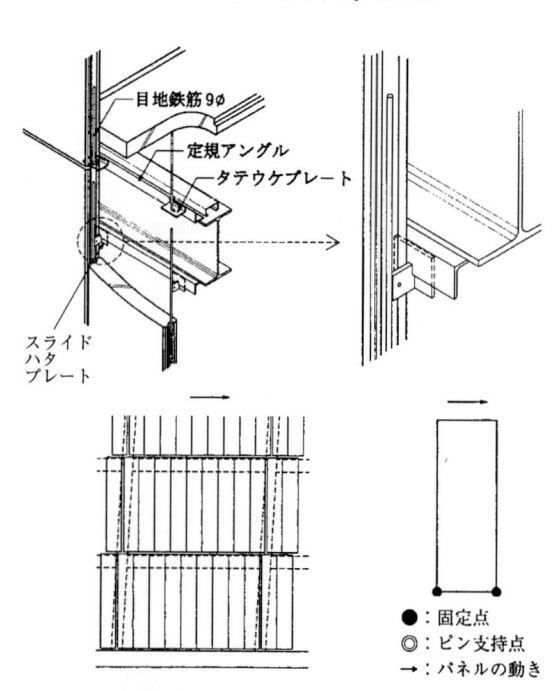

表3.1-1 外壁ALC版の取付け構法の種類

縦張り壁（縦壁）	ロッキング構法
	挿入筋構法[*1]
	スライド構法[*1]
横張り壁（横壁）	アンカー構法（ボルト止め構法[*2]）
	カバープレート構法[*1]

[*1]：過去にあった構法で，現在は廃止されている
[*2]：「ボルト止め構法」の改良型として「アンカー構法」があり，現在は「アンカー構法」が主流となっている．

表3.1-2 間仕切壁の取付け構法の種類

縦張り壁（縦壁）	フットプレート構法
	アンカー筋構法[*1]
	ロッキング構法
横張り壁（横壁），横層壁	外壁構法に準ずる

[*1]：過去にあった構法で，現在は廃止されている

図3.1-2 縦壁スライド構法の取付け例と層間変形時のパネルの動きの概念図（JASS 21）[1], p.23,42

3.1 ALC版

れている．工場などでは横壁構法が主に用いられている．ALC版を間仕切壁として用いる場合の取付け構法の種類を表3.1-2に示す．

なお，ここで示す取付け構法には現在廃止されているものも含むが，これらが既存建物に採用されていることを加味し，説明を行う．

i) 縦張り壁

① ロッキング構法

ロッキング構法は，図3.1-1に示すように，ALC版の上部および下部に内設したアンカーに固定した取付金物を，パネルが回転可能なピン支持となるように下地鋼材へ溶接等により固定し，ALC版の質量を版下中央部に位置する自重受け金物により支持する．ロッキング構法は，層間変形追従性が高く，最も新しい外壁用ALC版の取付け構法である．

② スライド構法

スライド構法は，図3.1-2に示すように挿入筋構法の変形追従性能を高めた改良型取付け構法で，ALC版下部は，版間の縦目地空洞部に配置した目地鉄筋を，下地鋼材に固定したタテウケプレートなどの取付金物を介して下地鋼材に取り付け，パネル上部が面内方向に可動となるように取り付ける，外壁用ALC版の取付け構法である．

③ フットプレート構法

図3.1-3に示すように，パネル長辺側面に目地加工したパネルを用い，床面にピンを打ち込んで固定したフットプレートにより，パネルの下部を取り付ける間仕切り壁に用いる構法である．

④ アンカー筋構法

図3.1-3に示すように，床面に固定された目地鉄筋を縦目地空洞部に配置し，目地部にモルタルを充填する構法である．パネル上部の取付け方法も同図に示す．

ii) 横張り壁

① アンカー構法（ボルト止め構法）

ボルト止め構法は，図3.1-4に示すように，パネル両端部に座堀り加工を施し，定規アングル

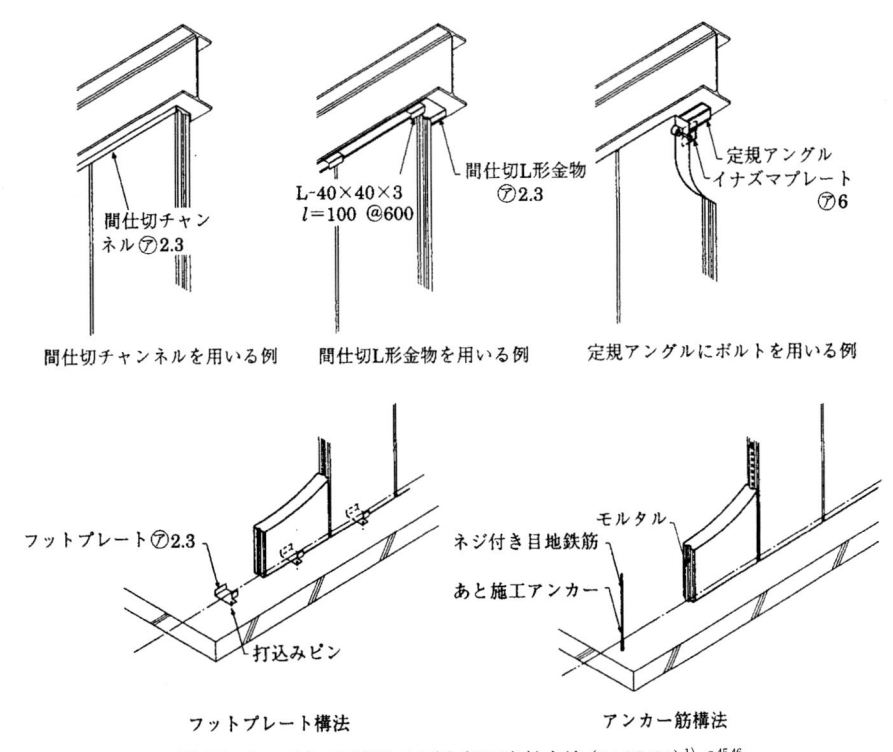

図3.1-3 パネル下部および上部の取付方法 (JASS 21)[1], p.45,46

などの下地鋼材に対し，フックボルトあるいはイナズマプレートとボルトにより取り付ける外壁用ALC版の取付け構法である．なお，アンカー構法はボルト止め構法の改良型で，縦壁ロッキング構法と同様に，パネル内部に設置したアンカーを用いて取付けを行うため，座掘りが不要でよりスムーズな取付け部の可動性を有し，現在，主流となっている．

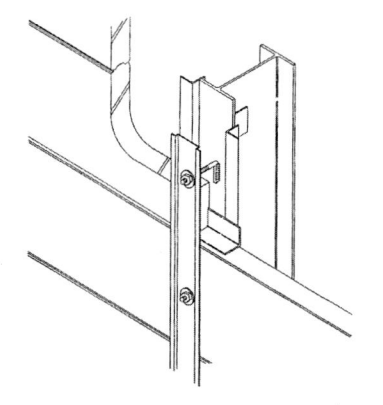

図3.1-5 横壁カバープレート構法[2), p.91]

② カバープレート構法

カバープレート構法は，図3.1-5に示すように，パネル両端をカバープレートで押えるもので，パネルは面内方向にルーズに止めつけられていることになり，ボルト止め構法よりさらに層間変形追従性が高い．

3.1.2 東日本大震災からの教訓

(1) ALC帳壁被害概況

外壁ALCパネルの被災状況は，パネル取付け構法の違いにより，大きく異なることがALC協会で行われた被害調査（震度6弱以上を記録した茨城県水戸市，栃木県宇都宮市で実施）で報告されている．[3)]

ALC帳壁の取付け構法は，かつては縦壁挿入筋構法が主流であったが，兵庫県南部地震を境にして，現在では躯体の変形に対して高い追従性能を有する縦壁ロッキング構法に全面的に切り替わっている．ALC協会で行われた被害調査では，縦壁挿入筋構法による帳壁の被害が数多く確認され，パネルの脱落および取り替えが必要な被害も確認されている．

縦壁ロッキング構法による帳壁の被害は少なかったが，大きな被害が生じた建物もある．それらの建物ではALCパネルの支持部材が大きく変形し，ALCパネルが脱落した可能性もあると考えられている．間仕切ALCパネルでは，階高が

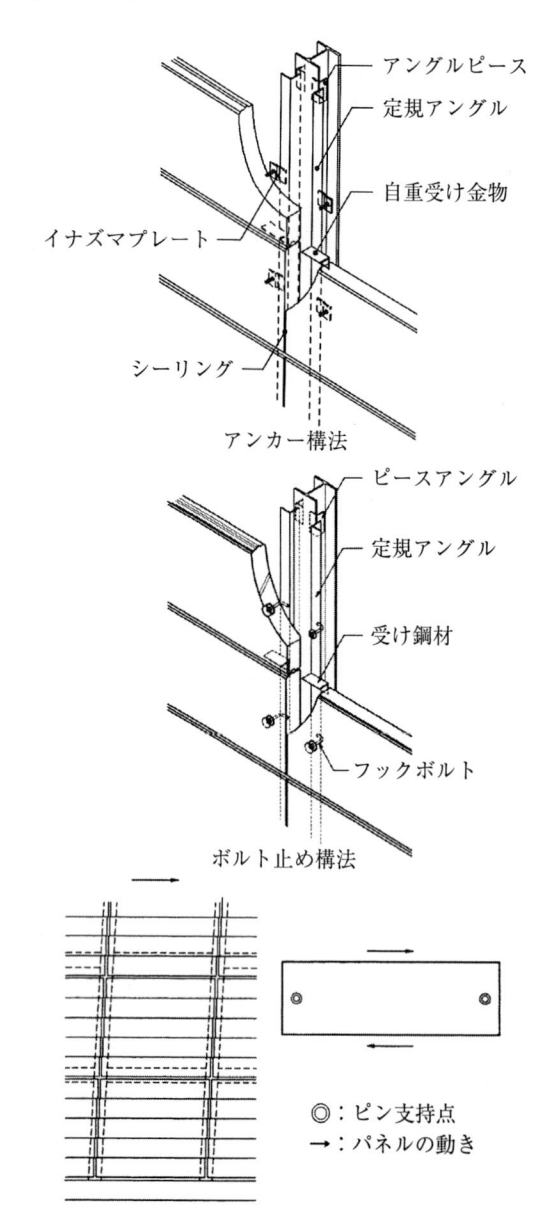

図3.1-4 アンカー構法およびボルト止め構法の取付け例と層間変形時のパネルの動き（JASS 21）[1), p.23,44]
ALCパネル取付け構法標準[13), p.20]

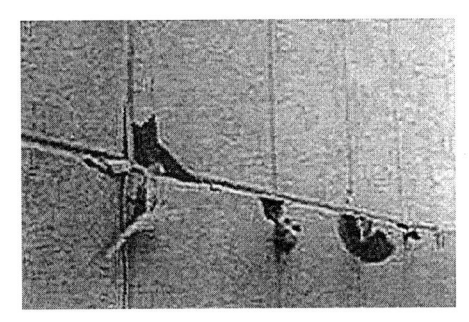

写真 3.1-1　外壁 ALC パネル目地部の亀裂[3]

写真 3.1-2　外壁 ALC 下地構造部材の破損[3]

写真 3.1-3　2 段積み ALC 間仕切壁の被害事例
（提供：ALC 協会）

高く，横使いの中間つなぎ梁で支持された 2 層積みされた間仕切壁などに被害が見られる．（**写真 3.1-3**）

中間つなぎ梁の過度な面内・面外変形，回転およびねじれによる取付部の損傷が主な原因と考えられる．[7]

3.1.3　関連法規および基・規準の現状

(1) 関連法規
・建築基準法施工令 39 条
・平成 12 年 5 月 31 日建築基準法施工令第 1454 号，第 1458 号，第 1461 号

(2) 関連基・規準の現状
・非構造部材の耐震設計施工指針・同解説および耐震設計・施工要領：日本建築学会
・ALC 取付け構法標準・同解説：ALC 協会
・建築工事標準仕様書・同解説 JASS 21 ALC パネル工事：日本建築学会

3.1.4　設計図書に関する留意点

(1) 要求性能

ALC 版の要求性能としては，建築基準法施行令に定める荷重および外力によって算定される面外方向の荷重に対し，安全であるように設計する．

ALC パネルの構造設計は，2 点支持の単純梁として面外方向荷重に対して行い，安全性を確認する．

ALC パネルの最小厚さと最大支点間距離は，帳壁の場合，最少厚さは 100 mm 以上とし，最大支点間距離は厚さの 35 倍以内とする．ALC パネルは，設計荷重時に発生する曲げモーメントによりひびわれが発生しないようにする．

地震時の躯体の変形が大きい場合（1/150 程度以上，微小なひび割れを許容しない場合は 1/300 程度以上）は，躯体の変形に対して高い追従性能（1/120 まで無被害，1/50 まで追従可能）を有する縦壁ロッキング構法または横壁カバープレート構法とするよう意匠設計者にアドバイスする．

(2) 外力に関する留意点

ⅰ）地震力

地震力は，『非構造部材の耐震設計施工指針・同解説および耐震設計施工要領』[2]の算出方法を参考にして，適宜設定する．一般的には水平震度 $K_H=1.0$，$K_V=0.5$ とする場合が多いが，2 段積み ALC 間仕切壁の場合は，支持部材の剛性を高めるため，適宜割増しして地震力を決定するなどの設計上の配慮も必要である．

ⅱ）風圧力

平成 12 年（2000 年）6 月 1 日施行の改正建築基

第3章　ALC版・押出成形セメント板工事

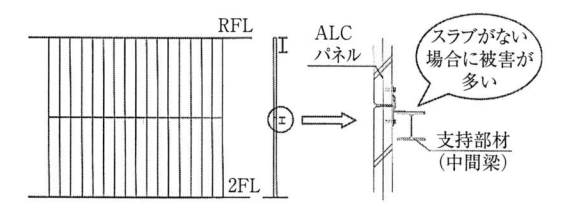

図3.1-6　2段積みされた間仕切り壁

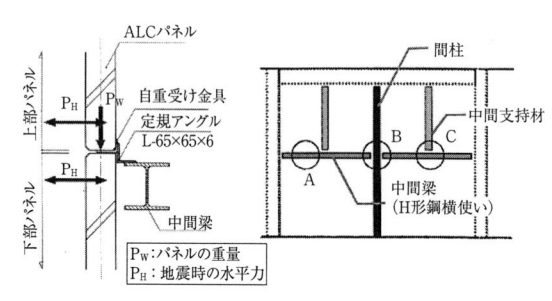

図3.1-7　中間梁に作用する荷重

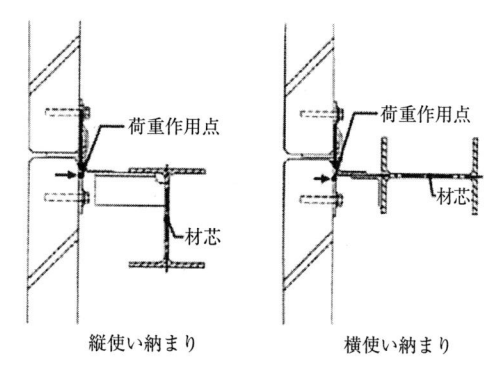

図3.1-8　中間梁H形鋼の縦使いと横使いの納まり

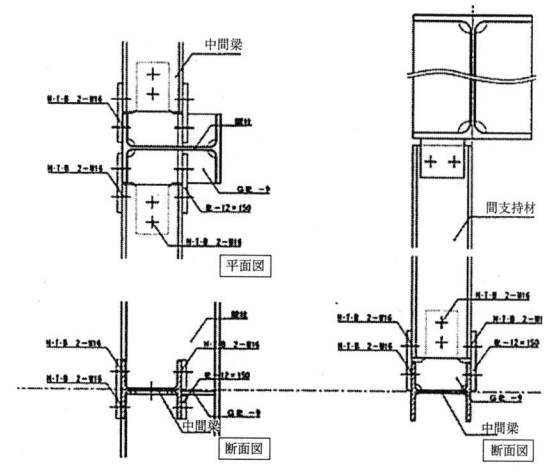

図3.1-9　中間梁―間柱接合部と中間梁―中間支持材接合部例

準法により，風圧力の算定方法は変更になった．

告示で規定される基準風速 (V_0) は，概ね再現期間50年の風速に相当する．建物の重要性，耐用年数などを考慮し，必要に応じて基準風速 (V_0) を適宜割り増して風圧力を決定するなど，設計上の配慮が必要である．風圧力に対して，取付け金物と下地鋼材との緊結部などの取付部および下地鋼材が十分な強度を有し，ALCパネルにひびわれなどの局部破壊あるいは脱落などが生じないよう，パネルの取付け強度上の安全性を確保して支持構造部材に取り付ける．

(3) 変形に関する留意点

ALCパネルはその取付け部を可動とし，構造躯体の層間変形角に対して脱落および取付耐力上支障のあるひびわれを生じさせないよう，支持構造部材に取り付ける．また，設計荷重時におけるALCパネルの面外方向たわみは，帳壁に使用する場合にあっては支点間距離の1/200以下とする．

(4) 構成部位に関する留意点

2段積みされた間仕切り壁や吹抜けに面した外壁では，支持部材が必要となる．構造設計者が，

ALC支持部材に作用する荷重を適切に評価し設計する．通常，2段積みされた間仕切壁中間梁や吹抜けに面した外壁の支持部材は材芯に対して荷重の作用点が離れるため (図3.1-8)，ねじれを考慮して検討する．端部もねじれを考慮した接合部とする (図3.1-9)．または間柱を設け，横張りとすることも考えられる．

開口部の周囲には開口補強鋼材を配置し，開口部にかかる風圧力などの外力はALCパネルを介することなく支持構造部材に伝達する．

(5) 設計図書への記載事項

・設計外力 (設計震度)

・取付け構法，追従すべき層間変位量 (レベル1，レベル2) と損傷，脱落の有無

・多段積み間仕切り壁を支持する中間梁や吹抜け部の支持部材と接合部詳細
・開口補強要領，開口位置

3.1.5 工事監理段階での確認事項

(1) 支持鉄骨部材の確認

ALC版を支持する鉄骨部材が適切かを確認する．床スラブが取り付かない外壁用の支持部材や階高が大きい階の間仕切り壁受け用中間梁は，ねじれやすいので，端部を剛接合にする等のねじれ防止が必要である．またH形鋼は横使いとしたほうが，面外方向の剛性が高くなる．

マンションの掃出し窓面は，窓幅が大きいため垂れ壁下端の開口部補強を方杖で支持する場合がある．その際スラブへの取付けピースのアンカーが**写真3.1-4**のように1本のみで支持している場合がある．方杖の重心とアンカーが離れていれば水平力が作用した場合，ピースがアンカーを中心に回転するため，方杖の支点が動き内装材への影響が出る可能性がある．したがって，アンカーは2本以上として偶力で抵抗するようにしなければならない．**写真3.1-5**は，アンカーとピースを追加した是正例である．

開口補強のアングルは，ALC版の荷重受けアングルと上階の梁やRC壁へ鉛直に取り付けるが，

写真3.1-4 方杖ピースのアンカーが1本打ち

写真3.1-5 アンカーを2本打ちとした是正例

写真3.1-6 ウェブを切り欠いた開口補強の仕口

写真3.1-7 添板で補強した是正例

アングルの仕口において**写真3.1-6**のように，荷重受けアングルのウェブ天端で切断し，開口補強アングルのウェブがないまま，荷重受けアングルのウェブ天端で水平にⅠ形溶接とする施工が一般化している．

壁や窓からの水平力をこのⅠ形溶接のみで負担することは危険なため，**写真3.1-7**に示すように添板を当てて補強し，全周溶接とした是正例である．

(2) 取付け構法の確認

ALC版の取付け構法は，大きく分けて**表3.1-1**(外壁)，**表3.1-2**(間仕切り壁)に示す構法を基準とし，どの構法によるかを確認する．

ⅰ) 割付け方向と墨出し

ALC版工事の施工図は，割付図と詳細図などで構成される．割付図は平面図と立面図からなり，基準線，基準線からのパネル位置，開口部の位置と大きさ，版の寸法，種類，許容荷重，パネル表裏等をチェックし，施工図と照合のうえ，割付け方向を決定していく．併せて割付け墨出しは，基準墨に従い施工図に基づいて正確に行っているかチェックする．

ⅱ) スリーブの確認

ALC版は，製品幅が600mmのため端数が生じた場合，壁の端部に配置することを避けることはもちろんであるが，設備のスリーブ位置を考慮して決めなければならない．

写真3.1-8は，半端材にスリーブの孔を開けたため，ALC版のへりあきが不足した例である．**写真3.1-9**は，スリーブの位置は600幅のALC版とし，割付けを変えて孔をあけ替えた是正例である．

ⅲ) 埋込み金物の適否

マンションの外壁には，エアコンの室外機やボイラー等のスリーブが必要なため，ALC版の短い壁は強度確認が重要である．

躯体に埋め込まれた金物は，位置が狂っている場合があるため，内装材で覆われる前までに躯体との取付け状況を確認することが重要である．

写真3.1-10は，躯体に埋め込まれたコーナーアングルからの離れが大きいため，ファスナーの持ち出し長さが大きくなり不安定になった例である．このままではファスナーの曲げモーメントが

写真3.1-9 ALC版の割付けを替えて孔あけ

写真3.1-8 スリーブのへりあき不足

写真3.1-10 壁面より後退して埋め込まれた金物

大きくなるため，ファスナー下部にモルタルを充填して補強しなければならない．

iv）取付け検査

ALC版の取付け検査は，パネル取付け終了後，施工計画書および施工図に適合していることを下記の項目ごとに実測や目視により確認する．

① パネルの取付け精度を実測
② 取付け金物など溶接部の長さ，位置・精度を実測
③ 溶接部の指定，錆止め塗料の仕様
④ 開口の位置・大きさを実測
⑤ 取付け構法に応じた開口補強材の取付け方を目視で確認
⑥ 開口補強材は，指定されたメンバーの直物使用を目視で確認
⑦ パネルの切断・溝掘り・孔あけ寸法を実測
⑧ パネルの外観・欠け・表面のキズを目視で確認

写真3.1-11は，外装サッシを支持している吊束のガセットプレート下端に鉄骨と取り合う部分の欠込みを入れる際に，ALC版にノッチを付けた不具合である．

ALC版に限らず，RC造のスラブや鋼板に入隅を設ける場合は，応力集中を避けるためドリルで孔を開けた後，孔の接線で切込みを止めなければならないが，無造作に加工したためALC版の表面に長いノッチを入れた不具合である．

ノッチは地震時の揺れで破壊するおそれがあるため，写真3.1-12のようにアングルを当てて補強した是正例である．

ELVシャフトの壁に面するPSにおいて，パイプの振れ止めが写真3.1-13のようにALC版にあと施工アンカーで支持されていた．ELVシャフトの検査において写真3.1-14のように，ALC版にパンチングシヤーによる破損が発見された．

ALC版は薄くて弱い材料であるため，あと施

写真3.1-12 アングルで補強した是正例

写真3.1-11 ALC版の入隅加工で付けたノッチ

写真3.1-13 ALC版にあと施工アンカーの振れ止め

写真 3.1-14　ALC 版のパンチングシヤー破壊

エアンカーではなく，通しボルトにしなければならない．

v）目地モルタル充填

目地モルタルの調合は，仕様書に基づき調合は適正かをチェックする．

十分に充填したか否か，目地モルタルの充填によりパネルを見苦しいほど汚していないか，モルタルの漏れ押さえの布，紙，当て板等はモルタル充填後取り除いたか，モルタル充填の忘れ箇所はないか否かを検査する．

vi）補修

補修材の使用方法は適正か否か検討する．補修箇所，座掘り箇所はシーラー塗布のうえ補修を行ったか，補修箇所に亀裂はないか目視で確認する．補修に面一に行ったか，またパネルの目地の通りは正しいか否か検査する．

vii）シーリング材の確認（外壁，水廻り）

シーリング材は，縦張り壁・横張り壁に対応する，各構法に指定された材料を使用しているか確認する．シーリング目地寸法は適正か否かの判断をする．シーリングの目地底が深い場合は，バックアップ材を用い目地調整を行っているかチェックする．

専用プライマーを十分塗布したかを確認する．シーリング材は目地に十分加圧充填したか，かつ押さえは行ったかをチェックする．

肌分れ，有害な亀裂が生じていないかを確認する．シーリング充填忘れ箇所はないか全体的に確認する．

viii）完了検査

パネル工事完了後，下記項目について完了検査を行い，施工計画書および施工図に適合していることを確認する．また，検査による指摘事項と是正写真をまとめた是正報告書の提出を施工者に求める．

① パネルの取付け検査

パネルの取付け面精度が，太陽の斜光で陰むらが甚だしくないこと，パネルの欠け・表面のキズ・開口位置・取付金物の開口部処理等を目視またはスケールにより確認する．

② シーリング材の外観を目視により確認する．

③ パネル全体の外観検査は，遠方から目視により確認する．

3.1.6　実験による確認事例

ALC パネル帳壁の層間変位追従性に関する実験としては，縦壁スライド構法と横壁カバープレート構法を対象としたもの[4]がある．

縦壁スライド構法では，1/60 でシーリング材に切れ目が生じ，ALC パネルのひび割れは 1/90 のときに 5 階下部固定用ボルトの座堀り補修部に発生している．

横壁カバープレート構法では，間柱間隔が広く ALC パネルの長い部分で階段状にずれて層間変位を吸収している．間柱間隔が狭く ALC パネルの短い部分では，短板が回転し最下段パネルの自重受金物にあたる部分が欠けている．長板では，1/40 のときにひび割れを生じている．シーリング材はカバープレートと ALC パネルの間で 1/40 のときに切れている．縦壁ロッキング構法については，旧建設省建築研究所で実大鉄骨造 3 層フレームに ALC パネルをロッキング構法で取付け，最大 1/50 の層間変形角まで変形追従性試験が行われている[4]．この報告によると，±1/100 まで

パネルに強度上有害なひび割れがなく，層間変形角に追従することが確認された．

層間変形角±1/50時において，パネルの角部を中心にひび割れが伸びたが，パネルの取り替えが必要となるような強度上有害なひび割れや脱落は生じなかった．

最も震害例の多い縦壁挿入筋構法に関しては，二，三の実験例から，層間変位約1/300程度に対しては目地にひび割れが生じるが，十分補修可能であること，同じく数十分の一に対しても脱落はしないこと，などがわかっている．

東日本大震災で被害が見られた2段積み間仕切壁のALCパネルについては，実建物での常時微動測定結果[8]や地震観測結果[9]および地震時面外挙動に関する実験[10]〜[12]が行われている．

地震時面外実験[10]〜[12]は，中間梁のH鋼の向き（縦使い・横使い）および中間梁の端部接合条件をパラメータとしている．

ALCパネルを支持する中間梁を横使いにした場合，縦使いに比べ，剛性が増し応答加速度が半減すること[11]や脱落防止には埋設アンカーを高荷重タイプとすることが有効である[12]ことが示されている．

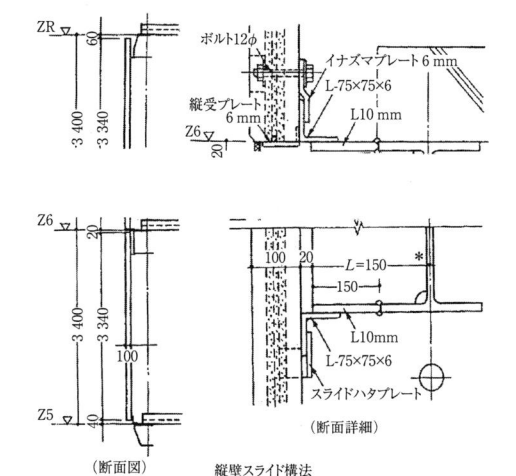

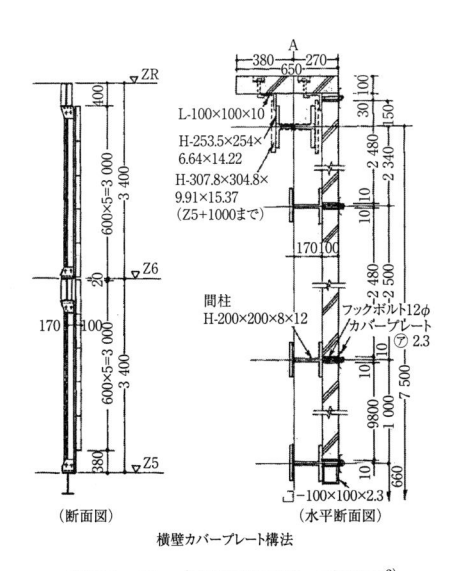

図3.1-10　各構法断面図・詳細図[2]

表3.1-3　試験体のパラメータ[10], p.446

No.	中間梁 向き	中間梁 端部	ALCパネル 埋設アンカー	ALCパネル 重量 (N/枚)	振動数 (HZ)
1	縦	ピン	標準	1 343	4.3
2	横	ピン	標準	1 273	5.5
3	縦	剛	高荷重	1 277	4.5

表3.1-4　取付部強度試験結果[10], p.446

埋設アンカー	最大荷重*(kN)	取付け部強度 *(kN/箇所)
標準	13.7	6.9
高荷重	16.1	8.0

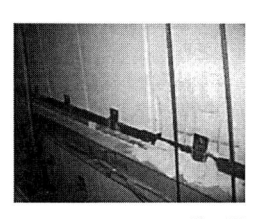

写真3.1-15　試験体No.1のパネル脱落状況[10], p.445

表3.1-5 各試験体の損傷・破壊状況 [12]

| 加振ケース ||| 試験体の損傷・破壊状態 |||
番号	周期 T(s)	倍率	No.1	No.2	No.3
[1]	0.4	40 %	異常なし A14 = 1 371 cm/s/s, D5 = 22.1 mm	異常なし A14 = 596 cm/s/s, D5 = 5.1 mm	異常なし A14 = 1 371 cm/s/s, D5 = 22.1 mm
[2]	0.4	45 %	異常なし A14 = 1460 cm/s/s, D5 = 24.5 mm	異常なし A14 = 687 cm/s/s, D5 = 5.9 mm	異常なし A14 = 1 371 cm/s/s, D5 = 22.1 mm
[3]	0.4	100 %	ひび・欠け (取付け部破壊なし) A14 = 3 963 cm/s/s, D5 = 45.5 mm	異常なし A14 = 2 804 cm/s/s, D5 = 24.4 mm	ひび・欠け (取付け部破壊なし) A14 = 4 567 cm/s/s, D5 = 51.5 mm
[4]	0.25	35 %	取付け部破壊 A14 = 7 942 cm/s/s, D5 = 96.0 mm	異常なし ([3]の前に実施) A14 = 998 cm/s/s, D5 = 8.3 mm	取付け部破壊, 縦目地欠け A14 = 7 917 cm/s/s, D5 = 91.0 mm
[5]	0.25	50 %	脱落 A14 = 8 441 cm/s/s	異常なし A14 = 1718 cm/s/s, D5 = 13.1 mm	上段パネル上側 取付け部破壊 A14 = 1 1183 cm/s/s
[6]	0.25	75 %	—	—	上段パネル破壊 (中間梁付近) A14 = 10 836 cm/s/s
[7]	0.2	100 %	—	パネル取付け部破壊 A14 = 4 598 cm/s/s, D5 = 25.9 mm	—
[8]	0.2	100 %	—	脱落 A14 = 7 470 cm/s/s, D5 = 39.6 mm	—

参考文献

1) 日本建築学会：建築工事標準仕様書 JASS 21 ALC パネル工事，2005
2) 日本建築学会：非構造部材の耐震設計施工要領，2003
3) ALC協会：2011年東北地方太平洋沖地震におけるALC帳壁地震被害調査報告書，2011
4) 日米共同大型耐震実験研究国内委員会：大型実験施設利用による日米共同耐震実験研究－鉄骨造研究その4－（非構造部材の実験），季刊カラム，No.96，1985
5) 伊藤弘ほか：ALCロッキング構法実大変形追従性試験（その1～7）実験概要，日本建築学会大会梗概集，1993
6) 寺本隆幸ほか：ALC間仕切壁の地震被害と今後の対策 その1 東日本大震災におけるALC帳壁の地震被害と課題，日本建築学会大会梗概集，2013，pp.1421-1422
7) 渡辺貴樹ほか：ALC間仕切壁の地震被害と今後の対策 その2 限界性能からみた被害要因推定，日本建築学会大会梗概集，2013
8) 伊藤真二ほか：ALC間仕切壁の地震被害と今後の対策 その5 常時微動測定，日本建築学会大会梗概集，2013
9) 石原直ほか：ALC間仕切壁の地震被害と今後の対策 その6 地震観測，日本建築学会大会梗概集，2013
10) 石原直ほか：中間梁に支持された2段積みALC間仕切壁の地震時面外挙動に関する実験 その1 振動台実験の計画とALCパネルの強度，日本建築学会大会梗概集，2014，pp.445-446
11) 石田琢志ほか：中間梁に支持された2段積みALC間仕切壁の地震時面外挙動に関する実験 その2 中間梁の向きと接合方法による振動特性の差異，日本建築学会大会梗概集，2014
12) 渡辺貴樹ほか：中間梁に支持された2段積みALC間仕切壁の地震時面外挙動に関する実験 その3 中間梁の向きと接合方法による損傷等の差異，日本建築学会大会梗概集，2014
13) ALC協会：ALCパネル取付け構法標準，2013

3.1 ALC版

| 工種 | ALC版工事 | 工事名： | 新築工事 |

部位：　　　　　　　　　　　　　　　　年　月　日　記録：

No.	監 理 項 目	確認事項	記　録	備　考
	工事監理チェックリスト			
1	取付け構法の確認			
2	割付け方向と墨出し			
3	埋込み金物の適否			
4	方杖取付けピースの確認			
5	開口部の補強			
6	取付け検査			
7	目地モルタル充填			
8	補修			
9	シーリング材の確認（外壁・水廻り）			
10	完了検査			
11				
12				
13				

略　図

確認印	現場代理人	担　当　者	工 事 監 理 者

2015 JSCA

3.2 押出成形セメント板

3.2.1 押出成形セメント板の概要

外壁・間仕切壁に使用される押出成形セメント板は，セメント・ケイ酸質原料および繊維質原料を主原料として，真空押出し成形法によって中空を有するパネル状に成形した板である．

表3.2−1は，縦張り構法と横張り構法の層間変形時にパネルの動く概念を示したものである．

表3.2−1 層間変形時のパネルの動き[1), p.111]

	縦張り構法	横張り構法
構法	パネル四隅の取付金物で支持部材に取り付け，躯体の層間変形に対し，ロッキングにより追随させる構法 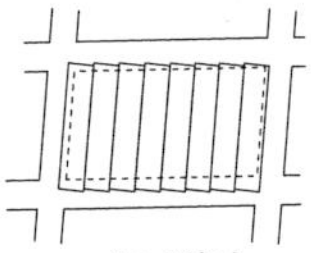　ロッキング方式	パネル四隅の取付金物にて支持部材に取り付け，躯体の層間変形に対し，スライドすることにより追随させる構法 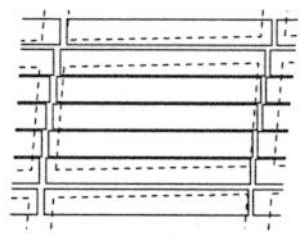　スライド方式
荷重受け	各段ごとに荷重受け部材が必要	パネル2〜3段ごとに荷重受け部材が必要

3.2.2 東日本大震災からの教訓

(1) 押出成形セメント板の被害概況

開口部に亀裂が入った事例が多く見られた．写真3.2−1に示す．

現場タイル張りの場合，張り付けモルタルを，目地部分で分離させないために，目地部に応力が発生し，タイルの浮きや剥離等が生じた例を**写真3.2−2**に示す．

押出成形セメント板の構法は，留め付け金物(Zクリップ)のルーズホールにより，変位を吸収する構造となっている．その変位吸収機能を阻害すると，押出成形セメント板留め付け部付近で亀裂が発生した例を**写真3.2−3**に示す．

天井材全体が水平に揺れ，外壁に横張り構法で

開口部に亀裂が入った例① 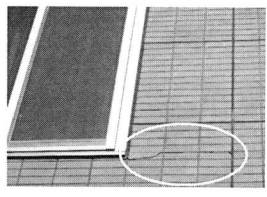　開口部に亀裂が入った例②

欠き込み部に亀裂が入った例①　欠き込み部に亀裂が入った例②

写真3.2−1 開口部に亀裂が入った例[2)]

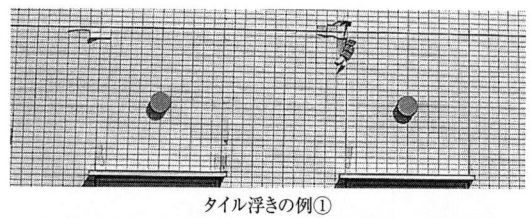

タイル浮きの例①

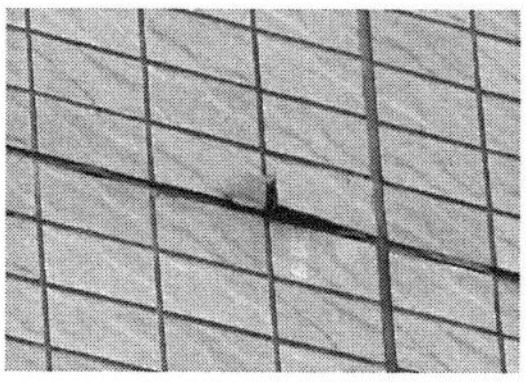

タイル浮きの例② 　目地をまたいでタイルを張った例

写真3.2−2 タイル浮きの例[2)]

モルタルで埋め込まれた例 　ボルト位置不良の例（新潟県中越地震の例）

サッシ枠にモルタルを充填した例 　樋を取り付けた例

写真3.2−3 変位吸収機能を阻害の例[2)]

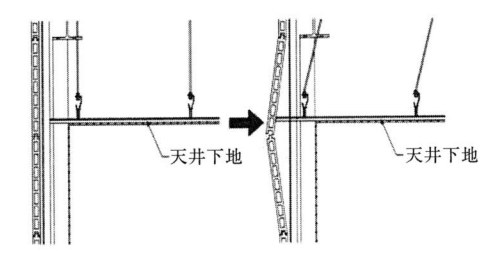

図 3.2-1 天井材が押出成形セメント板を押し出した例[2]

取り付けてあった押出成形セメント板の一列に集中的にぶつかり，押出成形セメント板が破損（一部脱落）した例がある．天井下地材に適正な振れ止めを設けていない場合，図 3.2-1 に示すように天井材が押出成形セメント板を押し出した例である．

(2) 押出成形セメント板に対する提言

開口部は長さ方向の中央部で幅寸法の半分を切り欠くと，ほとんどの場合強度計算上不可である．したがって，欠き込み部の強度確保することが重要である．押出成形セメント板の目地をまたいで張り付けモルタルを塗らない，また，タイルもまたがないようにする．

留め付け金物（Z クリップ）はルーズホールの中心に位置するよう取り付ける．ボルトを締めすぎないこと，トルク値の目安は 15～20N・m とする．Z クリップ周りを，モルタル等固めない．天井下地材に適正な振れ止めを設ける．

層間変位追従性能を確保するためには次による．建築基準施行令第 82 条 2 によれば，地震時の躯体の層間変形角は 1/200（地震力による構造耐力上主要な部分の変形によって特定建築物の部分に著しい損傷が生じるおそれのない場合にあっては，1/120）以内であることを確認する．高層建築技術指針（日本建築学会）によれば健全で再使用できる層間変形角は 1/300 であり，主要構造部が破損しない程度として 1/150 を規定している．以上の規定を満足し，押出成形セメント板としては，JASS 27 では縦張り構法・横張り構法ともに層間変形角 1/100 の変位に対し，破損・脱落がないこ

とを確認して対応することを提言する．

3.2.3 関連法規および基・規準の現状

(1) 関連法規
・建築基準法施行令第 39 条
・平成 12 年 5 月 31 日建設省告示等第 1454 号，第 1458 号，第 1461 号
・建築基準法施行令第 82 条 2

(2) 関連基・規準の現状
・高層建築技術指針：日本建築学会
・JASS 27 乾式外壁工事：日本建築学会
・非構造部材設計施工要領：日本建築学会
・官庁施設の総合耐震計画基準及び同解説：公共建築協会
・建築物荷重指針・同解説：日本建築学会
・押出成形セメント板 Q&A：押出成形セメント協会[3]
・アスロック handbook：(株)ノザワ[4]

3.2.4 設計図面に関する留意点

(1) 要求性能
押出成形セメント板の要求性能は，耐火，耐風圧，耐震，耐水，変形追従，断熱，遮音等である．

(2) 外力に関する留意点
ⅰ）地震力
各階の設計震度は，建築物の高さが 45 m 以下の場合，設計用水平震度 kh=1.0，設計用鉛直震度 kv=0.5（建築物の高さが 45 m 以上 60 m 以下の場合 kv=1.0）にてパネル留め付け部損傷なしとする．

ⅱ）風圧力
日本建築学会「建築物荷重指針・同解説」の設計用再現期間，建築物高さ 31 m 以下は 50 年，31 m 以上の場合は 100 年を用いて算出した風圧力に対し，パネルの安全が確保されることを確認する．

(3) 変形に対する留意点

設計要求値の層間変形角に対し，要求条件を満たすことと，層間変形角 1/300 rad で無補修限界，層間変形角 1/100 rad で脱落・致命的な損傷がないこととする．

(4) 構成部材に関する留意点

留め付け部のボルトは，ルーズホールの中心に位置させる．

(5) 設計図書への記載事項

・設計外力（設計震度）
・取付け構法の指示，層間変形量と損傷，脱落の有無
・開口部の欠き込部の強度確保
・留め付け部の変形吸収機能の指示

3.2.5 工事監理段階での確認事項

(1) 支持鉄骨部材の確認

押出成形セメント板を支持する鉄骨部材が適切かどうかを確認する．併せて鉄骨部材に取り付くアングル・接合金物を確認する．

(2) 取付け構法の確認

取付け構法には，外壁または間仕切壁として使用される場合について述べる．

i) 外壁パネル構法

外壁パネルの取付け構法は，図 3.2-2 に示す縦張り構法，図 3.2-3 に示す横張り構法の 2 種類がある．パネルの取付け方法は Z クリップ構法を標準とする．

縦張り構法は，パネルを縦使いに使用し，層間変形をロッキングにて吸収する構法である．パネルの取付け構法は図 3.2-2 に示すように各段ごとに躯体に取り付けた下地鋼材でパネルを受け，Z クリップでパネルを取り付ける．

横張り構法は，パネルを横使いに使用し，層間変形をスライドにて吸収する構法である．パネルの取付け構法は図 3.2-3 に示すように，積上げ板数 3 枚以下ごとに，躯体に取り付けられた下地鋼材に重量受け金物を施し，パネルを Z クリップで取り付ける．

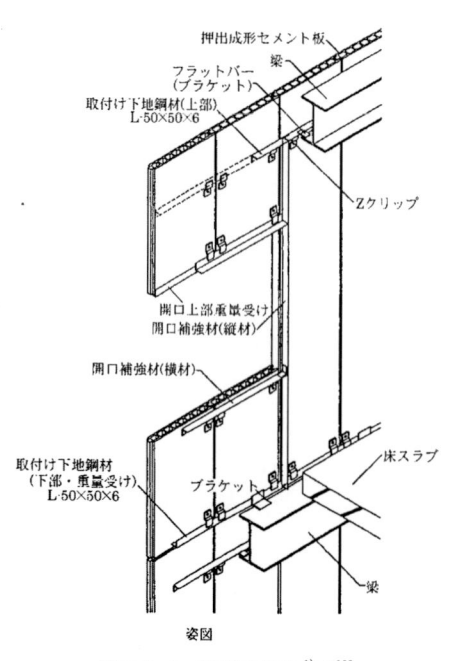

図 3.2-2 縦張り構法 [1], p.108

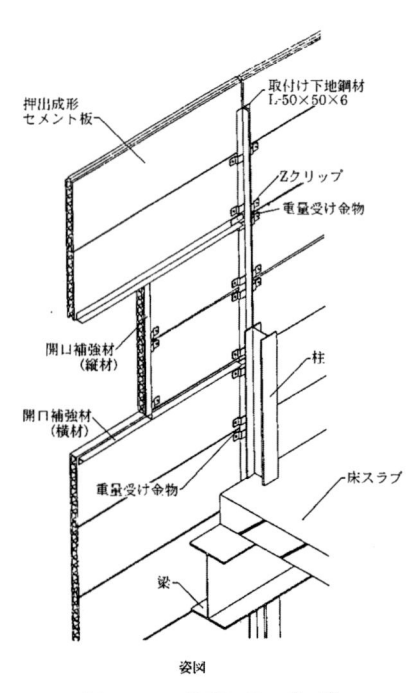

図 3.2-3 横張り構法 [1], p.109

3.2 押出成形セメント板

外壁パネルのコーナー部においては，出隅部はコーナーや役物パネルを使用し，入隅部においては目地を設けることを原則とする．

ii）間仕切壁パネル構法

間仕切壁パネルの取付け構法は，縦張り構法および横張り構法がある．

間仕切壁の縦張り構法は，パネル上端はZクリップ，下端はZクリップまたはL形金物を用いた構法による．縦張り構法の取付け例を図3.2-4に示す．横張り構法は，外壁パネル構法と同様にZクリップ構法とする．

iii）割り付け方向と墨出し

パネルの割付けは，柱間隔・階高・開口部の寸法・位置を考慮して設計される．

縦張り構法の場合は，各段ごとに躯体に固定した取付け鋼材でパネルを受けるため，ピースアングルを支持する取付け鋼材の割付けに合わせて墨出しする．

横張り構法は，積上げ枚数3枚以下ごとに躯体に取り付けられた下地鋼材に重量受け金物を取り付ける．構造体にUブラケットを通してアングルを下地鋼材と溶接し，パネルをZクリップで取り付ける．

iv）打ち込み金物と壁面位置の確認

写真3.2-4は，床スラブの先端に打ち込んだコーナーアングルの位置が外壁面から離れすぎているが，セメント中空版の荷重受けアングルを普

写真3.2-4　ピースアングルをサイズアップした是正例

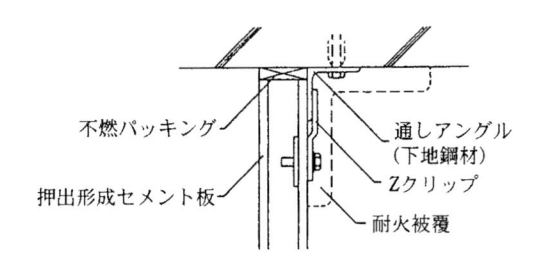

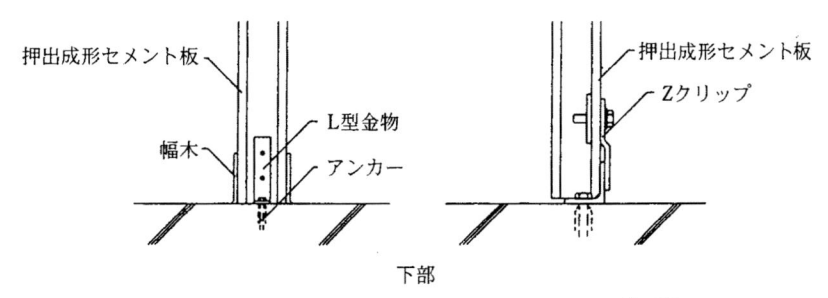

図3.2-4　間仕切壁パネル構法による縦張り構法[1], p.112

第3章 ALC版・押出成形セメント板工事

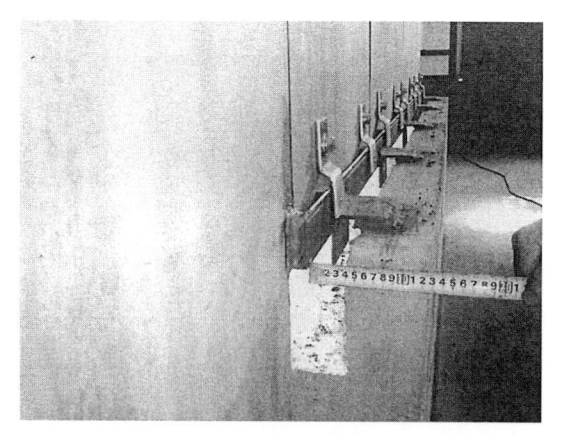

写真3.2-5 壁面より著しく後退しているコーナーアングル

写真3.2-7 開口部補強材を作り替え是正例

通サイズのピースアングルで取り付けたため，支点の強度不足となった不具合例である．

写真3.2-5は，壁面より著しく後退して打ち込まれていた金物が，通しアングルのためのピースアングルをサイズアップして補強した是正例である．

v）下地鉄骨の強度確認

写真3.2-6は，設計変更の決定が遅いため工期不足となり，請負者が下地の鉄骨を押出成形セメント板工事として発注した結果，貧弱な横長の開口部ができていた．不審を抱いて強度確認をした結果，部材断面が不足していることが判明した不具合例である．

写真3.2-7は開口部の補強強度不足を，間柱・窓台・まぐさをサイズアップして作り替えた是正例である．

vi）下地鉄骨溶接部の外観検査

9.3 「非構造部材の溶接」参照．

vii）製品の受入れ検査

承認された施工図により，材料発注され製品が完成した後，出荷時の製品検査が行われる．

viii）パネルの建込み

パネル建込みに先立ち，Ｚクリップを取付け重量受けアングル上にSUSなどの薄板を曲げ加工した内水切りを取り付け，その上にパネルを置く．その際，水切りが押し曲げられている場合があるため，水切りが正しくパネル下部に敷かれていることを確認しなければならない．

縦張り構法の場合，割付図に合わせてパネルを所定の重量受けアングルに置き，下地材にＺクリップの仮留めを行う．仮留め後のパネルの目地幅，出入りレベルの調整を行い，ボルトを本締めしてパネルを固定する．

横張り構法の場合，割付図に合わせてパネルを所定の位置に建て込み，Ｚクリップを下地材に仮留めする．目地幅，出入りレベルの調整をした後Ｚクリップを本締めし，下地材に溶接して回転を防ぐ．パネルは下段から上段に向かい重量受けのプレートを入れ，その中間の目地には目地幅を保持するパッキングを入れる．

間仕切壁の場合は，施工図を確認のうえ，墨だしに従い所定位置に建て込み，出入り，目地幅および垂直を調整した後，下地鋼材に固定する．

写真3.2-6 強度不足が確認された開口部補強

ix) 取付け検査

取付け金物は，下地鋼材に確実に30mm以上重なるように位置決めを行い，ボルトを締め付ける．層間変形時には変位を確実に吸収させるために，Ｚクリップに施されたルーズホールの中心にボルトの中心が位置するように検査する．

Ｚクリップの回転防止として，縦張り構法の上部取付金物および横張り構法の取付金物は，15mmの長さをもって溶接されているかを検査する．

建込み完了後，パネルに欠損および不備等がないか十分に調査した後，検査を受ける．

x) 補　修

現場に搬入されたパネルは，小運搬や取付けならびに養生には十分気を付けて取り扱い，欠損のないように注意する．

万一破損した場合，欠け落ちた破片のある場合は，あらかじめ補修基準を定めて補修する．

xi) シーリング材の確認（外壁，水廻り）

パネル間や他材との取合い部の目地幅は所定の寸法とし，層間変位時の変位の吸収およびシーリング材の性能を確保する．

パネルの長辺方向の嵌合の目地幅は10mmを標準とする．パネルの短辺方向，出隅・入隅・開口部廻りおよび他部材との取り合い部の目地幅は15mm以上を標準とする．

コーナー役物パネルは，柱部材にＺクリップを用いて取り付けるため，層間変形発生時にコーナー役物パネルは躯体と同じ挙動を示す．一方，隣接する外壁パネルは，縦張り構法はロッキングで，横張り構法はスライドでパネルの変位を吸収する．この挙動時に，縦目地の変形量が許容範囲に納まるように目地幅を設定し，シーリング材の性能が十分に確保されているか確認する．

xii) 完了検査

パネル工事完了後，施工計画書および施工図に適合していることを確認する．

完了検査として下記に示す項目について検査を行い報告する．

① パネルの取付け検査
　パネルの精度（スケールにより実測する）
　取付金物の検査（目視により確認する）
　開口位置，高さなどの位置
　開口部の処理（補強材の部材寸法の検査）
　パネルの欠け，表面のキズ（目視により確認する）
② シーリング材の外観
③ パネル全体の外観検査（遠方より目視により確認する

3.2.6 実験による確認事例

実験による確認事例を次頁以降に示す．

参考文献

1) 日本建築学会：非構造部材の耐震設計施工指針・同解説および耐震設計施工要領，2014
2) (株)ノザワ：NOZAWA news
3) 押出成形セメント板(ECP)協会：押出成形セメント板Q&A
4) (株)ノザワ：アスロックhandbook

第3章 ALC版・押出成形セメント板工事

アスロック handbook[4], p.242

1	試験名称	縦張り工法の面内動的層間変位試験
2	試験目的	アスロックを縦張り標準工法で取付けた壁体の層間変位追従性能を知るために行った.
3	試験体	商品名：アスロック AL6060 商品番号：AL26020 寸　法：厚さ(t)60 mm，働き幅(b)600 mm，長さ(L)上段1 400 mm，下段2 375 mm 数　量：10本1組×1体
4	試験方法	準拠規格：(財)建材試験センター規格(JSTM J 2001 非耐力壁の面内せん断曲げによる動的変形能試験) 概　要：繰返し時の層間変位角を1/500, 1/300, 1/200, 1/150, 1/120, 1/100, (1/75), ラジアンに設定し，これらの各部材角に達するまで加力し，その都度層間変位角が0に戻るまで減力した．変位測定は変位計およびデジタル多点ひずみ測定装置を使用して自動的に行った．
5	試験結果	<table><tr><th rowspan="2">層間変位角</th><th colspan="2">試験体の状況</th></tr><tr><th>パネルの状況</th><th>その他の状況</th></tr><tr><td>1/500</td><td>破損，脱落なし</td><td>異常なし</td></tr><tr><td>1/300</td><td>破損，脱落なし</td><td>異常なし</td></tr><tr><td>1/200</td><td>破損，脱落なし</td><td>異常なし</td></tr><tr><td>1/150</td><td>破損，脱落なし</td><td>異常なし</td></tr><tr><td>1/120</td><td>破損，脱落なし</td><td>異常なし</td></tr><tr><td>1/100</td><td>破損，脱落なし</td><td>下部Zクリップの傾き パネルの水平移動</td></tr><tr><td>(1/75)</td><td>破損，脱落なし</td><td>下部Zクリップの傾き パネルの相互の上下移動 シーリング材の切れ</td></tr></table>
6	考察	「建築工事標準仕様書・同解説 JASS27 乾式外壁工事（日本建築学会）」に示された「1/100においてECPの脱落が無いもの」に適合する
7	試験機関	一般財団法人　建材試験センター
8	試験実施	2013年4月

アスロック handbook[4], p.243

1	試験名称	横張り工法の面内動的層間変位試験
2	試験目的	アスロックを横張り標準工法で取付けた壁体の層間変位追従性能を知るために行った．
3	試験体	商 品 名：アスロック AL6060 商品番号：AL26020 寸　　法：厚さ(t)60 mm，働き幅(b)600 mm，長さ(L)3 600 mm 数　　量：6本1組
4	試験方法	準拠規格：(財)建材試験センター規格(JSTM J 2001 非耐力壁の面内せん断曲げによる動的変形能試験) 概　　要：繰返し時の層間変位角を1/500，1/300，1/200，1/150，1/120，1/100，(1/75)，(1/60)ラジアンに設定し，これらの各部材角に達するまで加力し，その都度層間変位角が0に戻るまで減力した．変位測定は変位計およびデジタル多点ひずみ測定装置を使用して自動的に行った．
5	試験結果	（下表参照）
6	考　察	「建築工事標準仕様書・同解説 JASS27 乾式外壁工事(日本建築学会)」に示された「1/100 において ECP の脱落が無いもの」に適合する
7	試験機関	一般財団法人　建材試験センター
8	試験実施	1993年3月

試験結果：

層間変位角	パネルの状況	その他の状況
1/500	破損，脱落なし	異常なし
1/300	破損，脱落なし	パネル相互の水平移動 及びボルトの回転方向へのずれ発生 上記の他異常なし
1/200	破損，脱落なし	上記以外なし
1/150	破損，脱落なし	上記以外なし
1/120	破損，脱落なし	パネル裏面側重量受け部で小口部に微小欠けが発生，パネル相互の水平移動及びボルトの回転方向へのすれ進展，上記の他異常なし
1/100	破損，脱落なし	上記以外なし
(1/75)	破損，脱落なし	前述の微小欠け進展，ボルトに緩み発生，パネルの水平ずれ，ボルトの回転方向へのずれ進展，上記の他異常なし
(1/60)	破損，脱落なし	上記以外なし

第3章　ALC版・押出成形セメント板工事

工種　押出成形セメント板	工事名：	新築工事
部位：外壁・間仕切壁	年　月　日	記録：

\multicolumn{5}{c}{工事監理チェックリスト}				
No.	監　理　項　目	確認事項	記　録	備　考
1	支持鉄骨部材の確認			
2	取付け構法の確認			
3	割付け方向と墨出し			
4	打ち込み金物と壁面位置の確認			
5	下地鉄骨の強度確認			
6	下地鉄骨溶接部の外観検査			
7	製品の受入れ検査			
8	パネル建込み			
9	取付け検査			
10	補修			
11	シーリング材の確認（外壁・水廻り）			
12	完了検査			
13				

略　図

確認印	現場代理人	担　当　者	工事監理者

2015 JSCA

● 第4章──
建具工事

4.1 扉・ガラス窓およびガラス壁
4.2 シャッター

第4章 建具工事

□ 4.1 扉・ガラス窓およびガラス壁

4.1.1 扉・ガラス窓およびガラス壁の概要

(1) 扉の構成

扉は材質による種別として木製建具，アルミニウム製・樹脂製建具，鋼製軽量建具・ステンレス製建具があり，機能による種別としては出入口用建具，窓用建具，区画用の建具がある．また性能による種別としては普通建具，防音建具，断熱建具，防火建具がある．鋼製建具・鋼製軽量建具・ステンレス製建具を構成する主な部材を以下に示す．

表 4.1-1 建具を構成する主な部材

区分	部材名	材料名
枠類	上枠・たて枠・無目・方立・押縁・腰板	鋼板・ステンレス鋼板
	下枠（くつ刷）	鋼板・ステンレス鋼板
戸	表面材・框	鋼板・ステンレス鋼板
	がらり	鋼板・ステンレス鋼板・アルミニウム形材
	力骨（中骨）	鋼板
	窓額縁・押縁	鋼板・ステンレス鋼板・アルミニウム形材
	召合せ目板	鋼板・ステンレス鋼板・アルミニウム形材
	心材	ペーパーコア・発泡材
	充填材	グラスウール・ロックウール
	ガラス	板ガラス
その他	補強板	鋼板

(2) ガラス窓およびガラス壁の構成

板ガラスの種類としては，フロート板ガラス（JIS R 3202）・熱線吸収板ガラス（JIS R 3208）・熱線反射板ガラス（JIS R 3221）・高遮蔽性能熱線反射ガラス・倍強度ガラス（JIS R 3222）・強化ガラス（JIS R 3206）・網入，線入磨き板ガラス（JIS R 3204）・熱吸網入，線入磨き板ガラス・合わせガラス（JIS R 3205）・複層ガラス（JIS R 3209）がある．

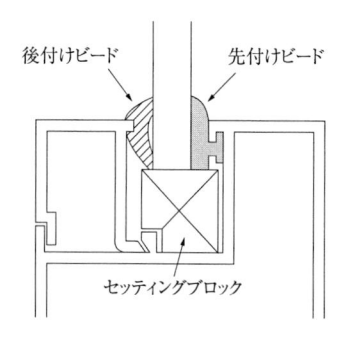

図 4.1-1 はめ込み構法（グレイジングガスケット構法）[6), p.140]

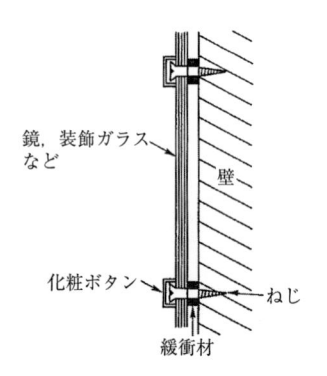

図 4.1-2 張付け構法 [6), p.144]

ガラス工事における一般的な工法は，枠に設けた溝にはめ込む「はめ込み構法」と，壁面などへ張付けるの「張付け構法」である．「はめ込み構法」には不定形シーリング材構法・グレイジングガスケット構法・構造ガスケット構法があり，「張付け構法」にはねじ止め構法・金物止め構法・接着構法・接着，支持金物併用構法・接着，隠し金物併用構法がある．

ガラス工事に使用する不定形シーリング材のうち，弾性シーリング材は JIS A 5758（建築用シーリング）に適合するものとし，JIS A 5758 では「主成分による区分」「硬化機構による区分」「耐久性による区分」によりその種類を区分する．

(3) ガラスブロック壁の構成

ガラスブロック壁はガラスブロック・モルタルおよび力骨により構成される．ガラスブロックには中空のものとプリズムガラスと呼ばれる非中空のものがある．躯体とガラスブロックはステンレ

4.1 扉・ガラス窓およびガラス壁

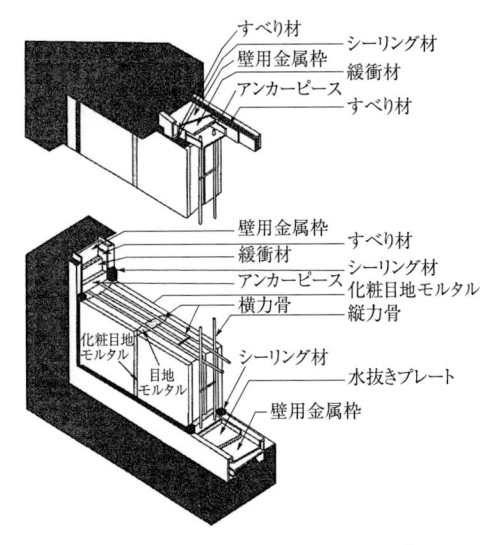

図 4.1-3 ガラスブロック積み構法 [4], p.278

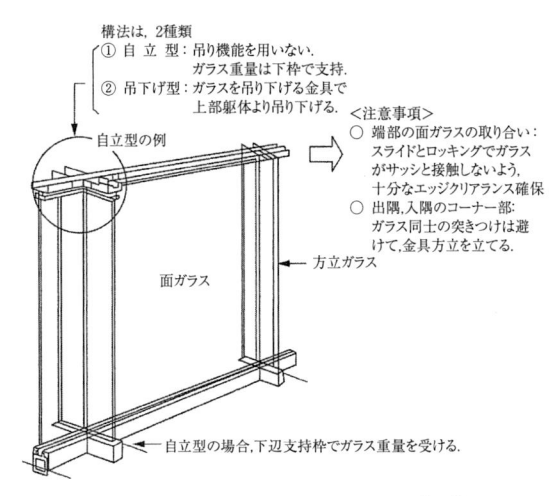

図 4.1-5 ガラススクリーン構法 [7], p.69

ス製やアルミニウム合金製の壁用金属枠を用いて取り付ける．開口部周囲の取り合い目地や伸縮目地には合成ゴム発泡材による緩衝材を設ける．地震時の層間変形によりガラスブロックに生じる応力を緩和するため金属枠溝内側に塩化ビニールやブチルゴムによるすべり材を設ける．

(4) ガラス防煙垂れ壁の構成

防煙垂れ壁は間仕切壁，天井面から 500 mm 以上下方に突出した垂れ壁として煙の流動を妨げる効力がある．ガラス防煙垂れ壁は火災時に発生する煙や有毒ガスの流動を防ぐとともに，ガラス製であることから視界を妨げない特徴がある．

(5) ガラス壁の構成

ガラス壁は床から天井までを大きなガラス面で構成し主にフロートガラスが用いられる．

方立ガラスを用いる場合は，ガラス厚，ガラス高さ，ガラス重量，施工性により自立型ガラススクリーン構法と吊下げ型ガラススクリーン構法の二つがある．自立型ガラススクリーン構法においてはスクリーンガラスと方立ガラスの間はシリコン系シーリング材を充填する．吊下げ型ガラススクリーン構法においては枠とガラスの間は弾性シーリング材を充填する．

4.1.2 東日本大震災からの教訓

(1) 扉・ガラス窓およびガラス壁の被害概況

東日本大震災における開口部やカーテンウォールなどに用いられるガラスの被害は，古い建物を中心にスチールサッシによるはめ殺しの窓ガラスに発生している．1978 年の宮城県沖地震においてはめ殺しのガラスに多数の被害が報告され，昭 46 年建告 109 において硬化性シール材の不使用が義務づけられたが，その対応が十分に行われていなかったと考えられる．

リブガラスは一部が割れたり欠けたりといった被害例が多数みられた．

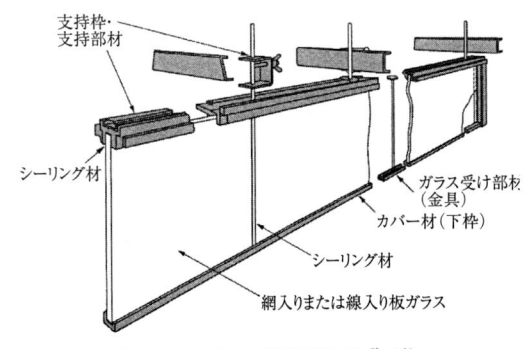

図 4.1-4 ガラス防煙垂れ壁 [7], p.91

ガラスブロックは全体としては被害が少ないが，建物外部の階段室など特殊な形状においては破損・変形・割れなどの被害が見られた．

ガラスの防煙垂れ壁はガラスのひび割れ・ガラスの脱落・ガラス枠の破損の被害が発生した．層間変形への追従性不足・面外方向の挙動・下地の天井材の変形による被害に分類される．

(2) 扉・ガラス窓およびガラス壁の被害事例・原因・対策

事例-1
■被害分類：はめ殺し窓・サッシ内ガラスの損傷
　硬化性シーリング材を用いたはめ殺し窓やサッシ（引違い窓）内のガラスが，地震時の層間変形に追従できずに損傷した．

写真4.1-1　はめ殺し窓ガラスの損傷(福島県)[2], p.Ⅱ-13

写真4.1-2　サッシ(引違い窓)内ガラスの損傷(茨城県)[2], p.Ⅱ-13

■原因
・硬化性パテを使用していた．
・変形追従性が不足していた．
・エッジクリアランスが不足していた．
■対策
・弾性シーリング材を用いてガラス周辺の拘束を低減する．
・層間変形を考慮してエッジクリアランスを確保する．
・飛散防止用フィルムを使用する．
・合わせガラス等を使用する．
・新しい枠へ取り替える．

事例-2
■被害分類：リブガラスの割れ，欠け
　リブガラスの一部が地震時に割れや欠けが生じた．

写真4.1-3　リブガラスの割れ，欠け(茨城県)[2], p.Ⅱ-15

■原因
・躯体とのガラス面およびエッジのクリアランスが不足していた．
■対策
・層間変形を考慮した適切なクリアランスを確保する．

事例-3
■被害分類：ガラスブロックの破損，変形，割れ
　階段室に用いたガラスブロックに地震時の大きな層間変形により破損，変形，割れが生じた．

4.1 扉・ガラス窓およびガラス壁

ガラス防煙垂れ壁において，ガラスのひび割れ・ガラスの脱落・ガラス枠の破損が生じた．

■原因
・面内方向の挙動に対する破損が生じた．
・建物の層間変形により間仕切り壁と防煙垂れ壁が接触した．
・面外方向に大きく揺れた．
・取付け天井面の変形による防煙垂れ壁同士が接触した．

■対策
・間仕切り壁との遮煙性を確保した適切なクリアランスを確保する．
・ガラスと壁との間にガスケットを設ける耐震タイプの選定する．
・ガラス周囲にフレームを設けエッジクリアランスを確保する．
・ガラス吊り元の金物の面外方向の固定度を改善する．
・ガラス強度や厚さを増強する．
・長さ方向に分節し，節単位で変形追従する．
・天井ではなく躯体に防煙垂れ壁を取り付ける．
・天井の湾曲を防ぐ天井下地の補強を行う．

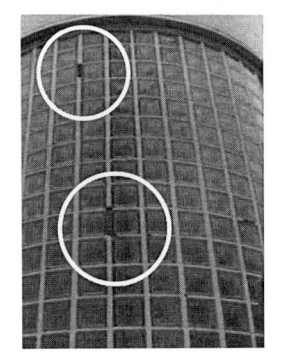

写真 4.1-4 ガラスブロック面の変形（静岡県）[1], p.524

■原因
・強制変形に対する変形追従性が不足していた．
■対策
・上下の躯体との間に緩衝材を入れる．
・適切な間隔で伸縮目地を入れる．
・鉄骨造など柔らかい建物に接続される場合，強制変形に対する安全性を確認する．

事例－4
■被害分類：ガラス防煙垂れ壁のひび割れ，脱落，ガラス枠の破損

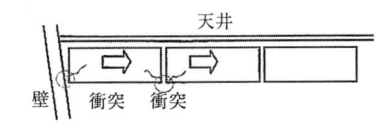

図 4.1-6 建物の層間変形による被害[2], p.Ⅱ-19

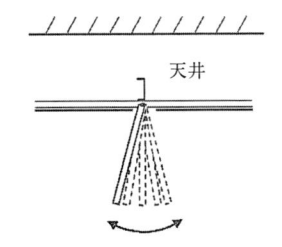

図 4.1-7 面外方向の挙動による被害[2], p.Ⅱ-19

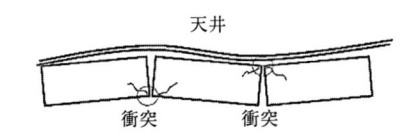

図 4.1-8 下地の天井材の変形による被害[2], p.Ⅱ-19

4.1.3 関連法規および基・規準の現状

(1) 関連法規
・建築基準法施行令第39条
　風圧ならびに地震その他の震動および衝撃により脱落しないことが求められる．
・建築基準法施行令第126条の2および3
　防煙垂れ壁は間仕切壁，天井面から50 cm以上下方に突出した垂れ壁その他これらと同等以上に煙の流動を妨げる効力のあるもので，不燃材料で造り，または覆われたものとする．

(2) 関連基・規準の現状
・建築工事標準仕様書・同解説 JASS 7 メーソンリー工事 (2009)：日本建築学会
・建築工事標準仕様書・同解説 JASS 16 建具工

97

事(2008)：日本建築学会
・建築工事標準仕様書・同解説 JASS 17 ガラス工事(2003)：日本建築学会
・非構造部材の耐震設計施工指針・同解説および耐震設計施工要領(2003)：日本建築学会
・安全・安心ガラス設計施工指針(2011)：日本建築防災協会

4.1.4 設計図書に関する留意点

(1) 要求性能

鋼製建具の耐震性は JIS A 4702(ドアセット)に規定される耐震性の等級によって区分する．耐震性は面内変形に対する追従性で表わす．耐震性の区分と旧 JIS A 4702 との対応は以下のとおりであり，面内変形が生じた際に扉を解放できる面内変形角として定義されている．

表 4.1-2 構成建具の耐震性区分

耐震性の区分	D-1	D-2	D-3
旧 JIS による等級 面内変形角(rad)の逆数	300	150	120

(2) 外力および変形に関する留意点

地震時に破損する原因の大半は強制変形によるものであり，変形追従性に配慮した対応や強制変形を加えない工夫も併せて必要になる．

外力については風圧ならびに地震などの外乱を考慮する．地震においては中地震に対して損傷しない，大地震に対しては脱落しないことが求められる．検討対象とする外力について Ai 分布に基づく地震力や応答加速度，局部震度など総合的に勘案し設定する．

2003 年の『非構造部材の耐震設計施工指針・同解説および耐震設計施工要領』[3] では，ガラス窓およびガラス壁の耐震設計の検討事項は，慣性力による検討・強制変形角による検討・および総合的判断の 3 項目が記載されている．

2011 年の安全・安心ガラス設計施工指針[7] においては地震時の家具・什器の移動，転倒にともなう衝突についても考慮すべき外力として示されている．

ガラス窓では面内層間変形によってサッシからガラスに力が伝わらないように，ガラスとサッシの間に隙間(エッジクリアランス)を十分確保する．エッジクリアランスの設定の一例として 2011 年の安全・安心ガラス設計施工指針[7] においては J. G. Bouwkamp(以下ブーカム)の計算式が用いられる．サッシに入ったガラスの回転の動きとクリアランスの関係を求める式で，幾何学的にサッシの許容水平変形量を求めたものである．

$$\delta = C1 + C2 + (h/b) \times (C3 + C4)$$

δ：サッシの変形量
b：サッシ溝　内法幅
h：サッシ溝　内法高さ
C1，C2：左右のエッジクリアランス
C3，C4：上下のエッジクリアランス

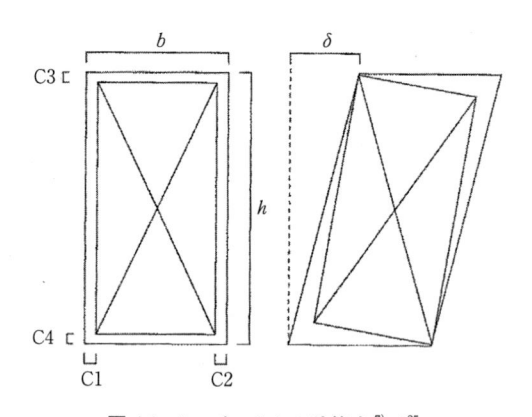

図 4.1-9　ブーカムの計算式[7], p.85

クリアランスの設計条件である躯体の層間変形について設計者は発注者と協議を行い，対象とする地震レベルに応じて層間変形を設定する．構造設計者は設計図書等に層間変形を明示する．

ガラスカーテンウォールについては適切な目地計画を行う．特に外壁の隅角部やガラスが回転しにくい横連窓は十分な検討が必要である．

既存建物については新しい枠への取り替えや飛散防止対策，シーリング材の経年変化に対するメ

ンテナンスが必要である．

リブガラスは躯体と干渉しないよう適切なクリアランスを設ける．また高所に設置する場合は合わせガラスや飛散防止フィルムを貼るなどの処置を施す．

ガラスブロックは層間変形角に見合った目地幅の確保とシーリング材の採用を行う．強制変形に対する変形追従性の確認とともに，残留変形が残った場合の処置も検討をする．面外方向の風圧力に対してはガラスブロックの寸法や開口寸法と設計用風圧力に応じて補強筋（力骨：SUS304）のピッチを設定する．

ガラス防煙垂れ壁は面外および面内方向の層間変形に対応したクリアランスを設けるとともに遮煙性を確保できるガスケットを設置する．使用するガラスは線入りガラスや網入りガラスなどが望ましい．

扉は壁面や柱梁構面から後退させた位置に配置することで壁や柱梁の損傷にともなうドア枠の変形を軽減することができる．またドア本体とドア枠との間に変形追従性を高めるクリアランスを設けたドアを採用することでドア枠の変形時にドア本体との接触を軽減することができる．

方立や間柱などたわみ量が異なる躯体に取り付ける場合には注意が必要であり十分な逃げを見込む．

(3) フェイルセーフに関する留意点

2011年の安全・安心ガラス設計施工指針7)において，想定より大きな地震力の入力や層間変形が生じた場合のフェイルセーフの考え方が示されている．
① 割れたガラスが人に当たらないようにする
・外壁に面して植え込み等を設ける
・落下物を庇等で防止する
② 人がガラスに当たらないようにする
・注意喚起のマークを貼る
③ ガラスが割れないようにする

・腰壁を高くする
・窓際に手摺を設ける
④ 割れてから落下までの時間を長くする
・合わせガラス，飛散防止フィルムを貼る

(4) 構成部材に関する留意点

建具のくつずり設置部は躯体に欠き込みが必要となる．構造部材の断面欠損とならないよう，部材のレベルを下げるなど意匠設計者と構造設計者により調整を行なう．

(5) 各設計者の役割
① 意匠設計者の役割
・開口部の位置，形状，用途等を総合的に考慮し，仕様を設定する．
② 構造設計者の役割
・対象とする地震レベルに応じて層間変形を設定し，意匠設計者に助言する．

4.1.5 工事監理段階での確認事項

鉄筋コンクリート造または鉄骨鉄筋コンクリート造の場合の躯体への取付け方法は，あらかじめコンクリートに埋め込んだ溶接下地金物と建具の取付け用アンカーを溶接し固定する．

取付けに先立ちアンカーの位置が正しいかどうかを確認する必要がある．また，フロアーヒンジを埋め込む深さが必要な場合は，梁の主筋に当たらないように梁を下げ，梁上端のコンクリートを付加するなど，事前に検討しておくことが大切である．

鉄骨造への取付け方法は，建具の取付け用アンカーを鉄骨にビス止め・クリップ止めまたは溶接し固定する．間仕切りのスタッドに建具枠を取り付ける場合，互いの位置関係を確認しておく．

建具の枠と同時に取り付けられる沓摺りは，建て込んだあとでは裏込めのモルタルは施工できない．したがって，くつずり内のモルタルは先行して詰めたことを確認してから建て込む必要がある．

4.1.6 実験による確認事例

2003年の『非構造部材の耐震設計施工指針・同解説および耐震設計施工要領』[3]において，ドア枠に作用する強制変形に関する実大実験の結果が記載されている．ドア枠に作用する強制変形は，ドア上部の垂れ壁に取り付くなどの理由から層間変形より大きくなる場合があり，周囲の壁の破壊状況によっても大きく異なる．ドア枠の許容変形を超えると，丁番の変形，ドア本体の座屈などに至り，地震後開閉に支承をきたしたり，開閉不能となることが記されている．

参考文献

1) 日本建築学会：2011年東北地方太平洋沖地震災害調査速報，2011.7
2) 日本建築構造技術者協会：東日本大震災からの教訓 JSCAの提言，2012.6
3) 日本建築学会：非構造部材の耐震設計施工指針・同解説および耐震設計施工要領，2003
4) 日本建築学会：建築工事標準仕様書・同解説 JASS 7 メーソンリー工事，2009
5) 日本建築学会：建築工事標準仕様書・同解説 JASS 16 建具工事，2008
6) 日本建築学会：建築工事標準仕様書・同解説 JASS 17 ガラス工事，2003
7) 日本建築防災協会：安全・安心ガラス設計施工指針 増補版，2014

4.1 扉・ガラス窓およびガラス壁

工種　　　　　　　　　　　工事名：　　　　新築工事

部位：扉・ガラス窓およびガラス壁　　　　年　　月　　日　記録：

	工事監理チェックリスト			
No.	監　理　項　目	確認事項	記　録	備　考
1	溶接下地金物と建具の取付け用アンカー確認			
2	フロアヒンジ部近傍の梁主筋かぶり確認			
3	沓摺り内への先行モルタル詰め確認			
4	スタッド位置と建具枠の位置確認			
5	取付け用アンカーのビス・クリップ止め確認			
6	外力の躯体への伝達機構確認			
7	躯体への取付け方法の確認			
8	取付け精度の確認			
9	ガラスの種類と厚さ確認			
10	ガラスのエッジクリアランス確認			
11	ガラスの傷，溶接焼け確認			
12				
13				

略　図

確認印	現場代理人	担　当　者	工　事　監　理　者

2015 JSCA

4.2 シャッター

4.2.1 シャッターの概要

(1) シャッターの構成

シャッターには重量シャッターと軽量シャッターがあり，建築基準法に基づく防火・防煙区画には重量シャッターが使用される．重量シャッターは開閉方式により，上部巻込みシャッター・オーバースライドシャッター・横引きシャッターの種別がある．また使用目的による種別として防火シャッター・防煙シャッター・耐風シャッター・遮音シャッター・防爆シャッターなどがある．

構成する部材にはスラット・座板・巻取りシャフト・軸受部・ガイドレール・まぐさがある．

鉄筋コンクリート造または鉄骨鉄筋コンクリート造の場合の躯体への取付け方法は，柱・梁または鉄筋コンクリートの袖壁・垂れ壁へ取り付ける．あらかじめコンクリートの中に埋め込んだアンカープレートの金物や差し筋を利用して取り付ける．

鉄骨造の場合，躯体への取付け方法はシャッターの枠の両側に間柱を建て，間柱と間柱の間に渡した横架材に取り付けるのが一般的である．鉄骨製作時に工場溶接により金物のピースを取り付ける．

表 4.2-1 重量シャッターの種類

種類	用途	連動感知器	区画	その他 厚み規定等
一般重量シャッター	管理用	—		
防火シャッター (外壁用)(屋内用)	防火設備	熱感知器連動または 煙感知器連動	面積区画	シャッターケースが必要．スラット，ケース等の鋼板の厚み規定あり．
	特定防火設備	熱感知器連動または 煙感知器連動	面積区画	
防煙シャッター (屋内用)	特定防火設備	煙感知器連動	たて穴区画 異種用途区画	

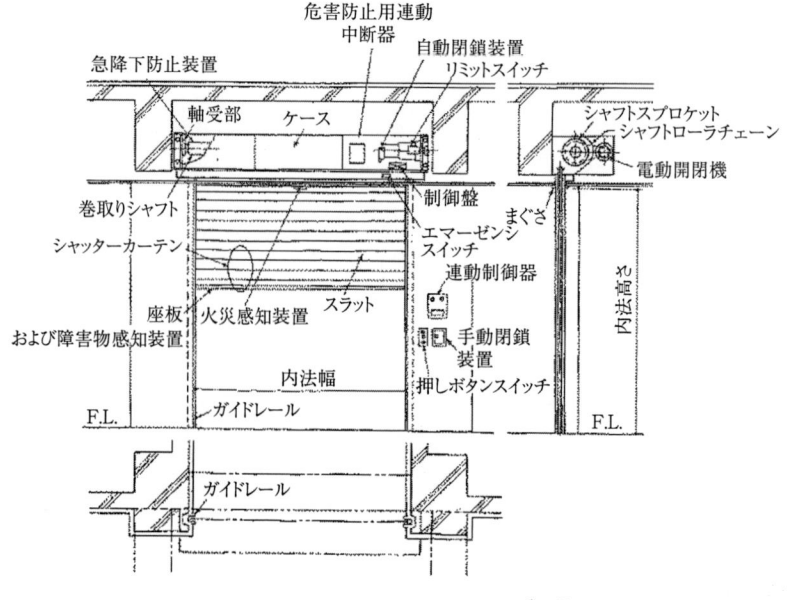

図 4.2-1 重量シャッターの構成 [1], p.50

4.2.2 関連法規および基・規準の現状

(1) 関連法規

・建築基準法施行令第112条
　防火シャッターは防火区画に使用する.
・建築基準法施行令第126条の3
　防煙シャッターは遮煙性能を要求される防火区画に使用する.

(2) 関連基・規準の現状

・建築工事標準仕様書・同解説　JASS 16　建具工事(2008)：日本建築学会

4.2.3 設計図書に関する留意点

(1) 考慮すべき外力

シャッターの設計用地震力，設計用風荷重は建築基準法施行令第39条第2項および昭和46年1月29日建設省告示第109号による.『建築工事標準仕様書・同解説 JASS 16 建具工事』[1]においては, 外周用シャッターは建物の立地・用途・設置場所などを勘案して必要な風圧力に耐えるものとの記載があるが，具体的な風圧力の算定方法は示されていない.

主フレームが鉄筋コンクリート造または鉄骨鉄筋コンクリート造の場合は，柱または袖壁・垂れ壁に取り付けられるのが一般的であるが，大型のシャッターやハンガードアのように，開口の大きいものは外力の流れを把握し，最終的に主フレーム内で処理されるように配慮すべきで，袖壁・垂れ壁で対処できなければ耐風梁を設けることも必要である.

鉄骨造の場合で開口の大きいシャッターやハンガードアなどは，台風時や地震時に大きな横力を受けるため，力の流れを把握しておく必要がある. 主フレームの柱・梁または間柱・横架材に取り付けられるが，大型のシャッターやハンガードアが受けた横力は，取り付いている間柱や横架材を介して柱または大梁へ伝達され，主フレーム内で処理されるべきである. また，直接シャッターやハンガードアが取り付けられる横架材は，鉛直荷重に対してはたわみの検討が必要であり，横力に対しては耐風梁で処理することが必要になるため，大梁と横架材を組み合わせてトラス構造になるようにした耐風梁とするなどの工夫をしなければならない.

(2) 設計図書に記載する留意点

防火性，遮煙性，透水防止性，耐震性，耐風圧性，耐久性などの性能項目およびその測定方法を明記する. 測定方法や目標値が具体的に表示できない性能は構法を明示する.

4.2.4 工事監理段階での確認事項

鉄筋コンクリート造または鉄骨鉄筋コンクリート造の場合の躯体への取付け方法は，主フレームの柱・梁または，鉄筋コンクリートの袖壁・垂れ壁へ取り付けることになる. あらかじめコンクリートの中に埋め込んであるアンカープレートの金物や差し筋を溶接により取り付ける.

製作図と躯体図の照合と型枠の検査が重要である.

参考文献

1) 日本建築学会：建築工事標準仕様書・同解説 JASS 16 建具工事, 2008

第4章　建具工事

工種　　　　　　　　　　　　　工事名：　　　　　新築工事

部位：シャッター　　　　　　　　年　　月　　日　記録：

No.	監　理　項　目	確認事項	記　録	備　考
	工事監理チェックリスト			
1	墨出しの確認			
2	埋込み金物の確認			
3	躯体への取付け方法の確認			
4	外力の伝達機構			
5	取付け精度の確認			
6	検査			
7				
8				
9				
10				
11				
12				
13				

略　図

確認印	現場代理人	担　当　者	工　事　監　理　者

2015 JSCA

● 第 5 章 ──
金属工事

5.1 エキスパンションジョイント
5.2 金属パネル
5.3 金属手摺
5.4 タラップ
5.5 丸　環

第5章　金属工事

□ 5.1　エキスパンションジョイント

5.1.1　エキスパンションジョイントの概要

(1) 適用範囲

エキスパンションジョイント（以下，EXP.J）には，非免震建築物間の一般EXP.Jと免震建築物あるいは免震建築物と非免震建築物の間に設けられたものを対象とした免震EXP.Jとの2種類が存在する．

免震EXP.Jについては，文献[4]が発行されているため，その詳細は触れず，本書での対象は，一般EXP.Jとする．

仕上げ金物の追従変形量をメーカー標準品のものより大きくしたいとか躯体クリアランスと仕上げ金物の追従要求変形量を同程度にしたいとの理由から一般EXP.Jであっても特注品としたり，免震EXP.J用の仕上げ金物を用いる場合がある．

(2) 定義

EXP.Jに関する用語の定義を以下に示す．

> **EXP.Jとは**
>
> EXP.Jとは，気温，地震，あるいは不同沈下等による膨張，収縮，振動，あるいはひび割れ等の有害な影響が構造体に直接届かないように設ける，伸縮が可能（エキスパンション部であり，以下EXP部）な接合部（ジョイント部であり，以下J部）の総称をいう．高層建築物と低層建築物など主に変位性状の異なる構造体の連結に用いる．建築物の2以上の部分が，相互に応力を伝えない構造方法のみで接している状態である．

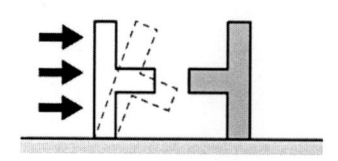

図5.1-1　EXP.Jとは[3], p.2

> **クリアランスとは**
>
> クリアランスとは，EXP.Jに設けた躯体間あるいは仕上げ材間の隙間（EXP部）をいう．躯体クリアランスについては，特に詳細な検討による場合を除き，2つの構造体の最大変形の絶対値和を用いるものが通常である．

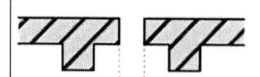

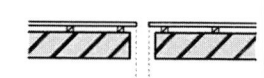

(1) 躯体クリアランス　　(2) 仕上材クリアランス

図5.1-2　クリアランスとは[3], p.2

> **EXP.Jカバーとは**
>
> EXP.Jカバーとは，EXP.Jのクリアランスを覆う仕上げ金物等全般のことをいい，躯体および仕上げにクリアランスを設けて2以上の構造体に区分された建築物に，使用上の支障を来さない機能（J部）を持たせる非構造部材の仕上げ材である．
>
> 仕上げ材にEXP.Jカバーを取り付ける際には，持ち出し下地等を考慮してカバーの変位量や躯体クリアランスを決定する必要がある．

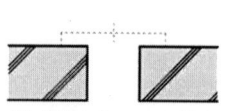

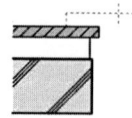

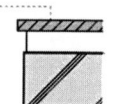

(1) 躯体クリアランスに設けられたEXP.Jカバー　　(2) 仕上材クリアランスに設けられたEXP.Jカバー

図5.1-3　EXP.Jカバーとは[3], p.2

(3) EXP.Jの構成

EXP.Jは，クリアランスとEXP.Jカバーから構成される．そのタイプをクリアランスと可動量の関係に応じた3種類について記載した．メーカーごとでディテールと性能が異なるので，まず，

5.1 エキスパンションジョイント

考え方を捉えて欲しい．
① 標準タイプ-1(床-床)：既成品(50〜200 mm のクリアランスに対応，可動量は30%前後)
② 標準タイプ-2(床-床)：特注品(250〜600 mm の広幅クリアランスに対応，可動量は50%前後)
③ 高い可動追従性能を有するタイプ(概ね，300〜600 mm のクリアランスに対応，可動量は

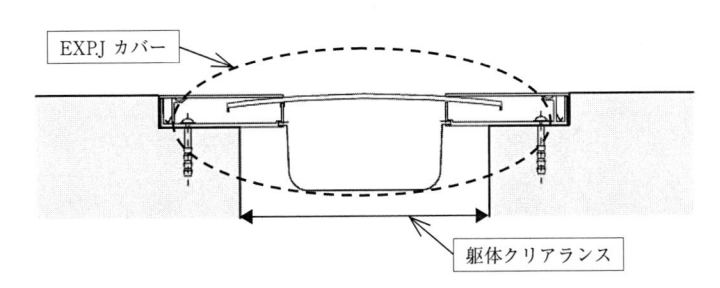

図5.1-4 標準タイプ-1(メーカーA社のカタログより)

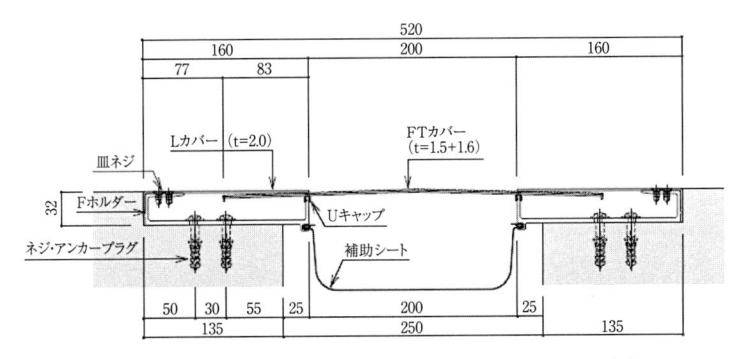

図5.1-5 標準タイプ-2(メーカーA社のカタログより)

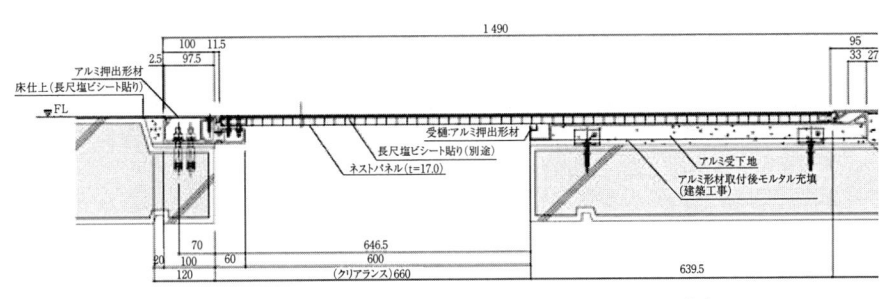

図5.1-6 高性能タイプ(メーカーA社のカタログより)

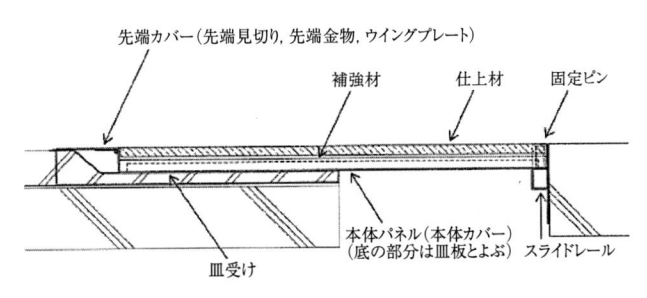

図5.1-7 高性能タイプ[4], p.1-10

第5章　金属工事

100%）

前述のとおり，クリアランスには躯体間と仕上げ間がある．ここでいうクリアランスとは躯体クリアランスであり，可動量とはEXP.Jカバーのものを指す．

標準タイプ-1は，躯体クリアランスが200 mm以下を対象とし，EXP.Jカバーの可動量は躯体クリアランスの寸法の30%前後を性能とするものである．また，標準タイプ-2は，クリアランスが250〜600 mm以下を対象とし，可動量は50%前後としている．さらに，高い可動追従性能を有するタイプでは，可動量は100%としている．

ところで，「クリアランス=EXP.Jカバーの可動量」という解釈や判断は，意図しないと，施主・設計者と製作者で共通とはならないということに注意しなくてはならない．つまり，設計者は（躯体か仕上げかを明らかにした）クリアランスとEXP.Jカバーの必要可動量のそれぞれを明示しなくてはならない．例えば，躯体クリアランスを200 mm取ったから，EXP.Jカバーの変形追従性もおのずと200 mm確保できるという考えは間違いと認識しなければならない．言い換えれば，EXP.Jカバーに200 mmの変形追従性をもたせるなら，標準タイプ-1だと躯体クリアランスは667 mm必要となり，クリアランスが200 mmを超えるので，特注品対応となる．逆に特注品であれば，400 mm程度のクリアランスでEXP.Jカバーに200 mmの変形追従性をもたせることも可能となる．

一般に言われる，既成品での，（水平）クリアランスとEXP.Jカバーの変位追従量の関係を以下に示す．

5.1.2　東日本大震災からの教訓

(1) EXP.Jの被害概況

東日本大震災での地震動によるEXP.Jの被害は意外に多く，その被害パターンはほとんどがEXP.Jカバーを含めEXP.Jが変形に追従できていないというものである．構造体の被害が少ないという現実を鑑みれば，被害原因の多くは，仕上材として，躯体変形への追従性に配慮が足りなかったのではないかと考えられる．

表5.1-1　クリアランス別　変形追従量 [3], p.15

水平方向〈参考例〉

クリアランス	50, 100, 200
変位追従量	10, 20, 25, 35, 50

選定の目安	変位追従量＼クリアランス	10	20	30	35	50
	50	○	○			
	100			○		
	200				○	○

鉛直方向〈参考例〉

クリアランス	50, 100, 200
変位追従量	10, 20

選定の目安	変位追従量＼クリアランス	10	20
	50	○	
	100	○	○
	200		○

(2) EXP.Jの被害事例・原因・対策

事例-1
■被害分類：カバーや周辺部の損傷
　EXP.Jの損傷が見られた．（カバーの脱落．周囲の躯体や仕上げの被害）
■原因：
・想定よりも大きな変形を受け，衝突あるいは引離されて脱落した．
・複雑な形状のEXP.Jであり，激しい揺れに追随できずに衝突した．
■対策：
・想定を超える変形を受けた場合でも，カバーの損傷は許容しても，脱落しない工夫を施す．
・大きな変形にも追随できるシンプルなディテールとする．

事例-2
■被害分類：建物同士での衝突
・地震によりEXP.Jで連接された建物同士が衝突し，コンクリートの袖壁が破損した．
・破損した部分は高所にあり，コンクリートの落下の危険性がある．
■原因：
　地上6階建ての建物としては，隣接する建物同士のクリアランスがほとんど確保されていない．
■対策：
・建物の隣接部分のEXP.Jのクリアランスを広げる必要がある．
・主要構造部どうしが隣接し，上記の対策が不可能な場合は，上部よりの落下物が歩行者へぶつからないようなキャノピー設置などの措置を講じる．

写真5.1-1　EXP.Jカバーの脱落 [2), p.111]

写真5.1-2　EXP.J周囲の躯体や仕上げの損傷 [2), p.111]

写真5.1-3　隣接する建物のEXP.J部 [2), p.112]

写真5.1-4　壁破損状況 [2), p.112]

第5章　金属工事

事例－3

写真5.1-5　EXP.Jの破損 2), p.113

■被害分類：EXP.Jの破損
　EXP.Jのカバー材が剥落．
■原因：
　大きな変形に追従できるディテールになっておらず，仕上材と干渉して剥落した．
■対策：
　EXP.Jの変形は，ズレと伸縮の両方向あり複雑である．大地震時には損傷を許容し復旧を前提としたディテールもあるが，人命に危害を及ぼすような大型のものは，脱落防止等，十分ディテールを検討する必要がある．

事例－4

写真5.1-6　EXP.Jの破損 1), p.527

写真5.1-7　EXP.Jの破損 1), p.527

■被害分類：EXP.Jの破損

5.1.3　関連法規および基・規準の現状

(1) 該当法規
・建築基準法施行令第39条
・建築基準法施行令第81条
・建築基準法施行令第137条の14
・平成20年1月18日国交省告示第37号
・平成20年1月18日国交省告示第38号

　EXP.JはEXP.Jカバーを含めて，令第39条の規定に従い，「風圧並びに地震その他の震動及び衝撃によって脱落しないように」設計をしなければならない．

政令　第39条

> 第39条　屋根ふき材，内装材，外装材，帳壁その他これらに類する建築物の部分及び広告塔，装飾塔その他建築物の屋外に取り付けるものは，風圧並びに地震その他の震動及び衝撃によって脱落しないようにしなければならない．
> 2　屋根ふき材，外装材及び屋外に面する帳壁の構造は，構造耐力上安全なものとして国土交通大臣が定めた構造方法を用いるものとしなければならない．

　令第81条の第2項では，「2以上の部分がEXP.Jその他の相互に応力を伝えない構造方式のみにて接している当該建築物の部分は，前3項の規定の適用については，それぞれ別の建築物とみなす．」としており，EXP.Jを設けることで，建築

物を独立した構造に分けて構造設計を行うことができる．

政令 第81条第4項，第137条の14

> 第81条 略
> 2・3 略
> 4 2以上の部分がエキスパンションジョイントその他の相互に応力を伝えない構造方法のみで接している建築物の当該建築物の部分は，前三項の規定の適用については，それぞれ別の建築物とみなす．
>
> （独立部）
> 第137条の14 法第86条の7第2項（法第88条第1項において準用する場合を含む．）の政令で定める部分は，次の各号に掲げる建築物の部分の区分に応じ，当該各号に定める部分とする．
> 1 法第20条に規定する基準の適用上一の建築物であっても別の建築物とみなすことができる部分 建築物の2以上の部分がエキスパンションジョイントその他の相互に応力を伝えない構造方法のみで接している場合における当該建築物の部分
> 2・3 略

また，文献[6]には，具体的なクリアランスの設定方法など EXP.J などによって分割された建築物に係る構造計算の取り扱いについて詳細に記載されている．以下は，その抜粋である．

> ・EXP.J 等は，その部分が避難経路となる等，災害時に人の通行を想定する場合にあっては，少なくとも中地震では金物等も衝突しないようにする必要がある．
> ・EXP.J にカバーを設ける場合には，地震時に EXP.J 部に被害があったとしても，カバー自体は無被害である場合も想定されるため，カバー内部の点検に配慮した構造とすることが望ましい．

文献[7]によれば，EXP.J のクリアランスについて以前は日本建築センター発行「構造計算指針・同解説1991年版」で建築物お互いの一次設計用地震力（令第88条の第1項に規定）による変形の和の2倍以上の値を推奨していたこと，これは大地震時の構造体の変形は一次設計用地震力（中地震時の地震力に相当）による変形の2倍程度とみなす考え方と解釈すること，その後1995年1月の兵庫県南部地震の被害を受けて「建築物の構造規定－建築基準法施行令第3章の解説と運用－1997年版」が改定され大地震時における層間変形角の算定方法がより詳しく示されていること，これは同一敷地内で隣接する建築物の間隔あるいは建築物に設けた EXP.J の間隔を確保したり密集市街地における建築物が大地震時に敷地境界を越境しないようにするためには的確な層間変形角の算定が不可欠との観点からであること，および大地震時の建築物の弾塑性応答の最大値を時刻歴応答解析や応答スペクトルを用いた解析で求める以外に弾性水平変位や構造特性係数などに基づいて算出する方法も示されていることが記されている．

(2) 参考基準

一般 EXP.J 用の参考基準としては，「建築用エキスパンションジョイントの手引（2013年版）」[3]（以下，工業会手引き）があるが，免震用といいながらも，「免震エキスパンションジョイントガイドライン」[4]（以下，JSSI ガイドライン）も目標性能の設定など大きな考え方の方向性は同じなので，十分参考となる．

5.1.4 設計図書に関する留意点

(1) 要求性能（要求される機能と機構）

EXP.J は，機構的には，直交する2方向（X方向とY方向）の変形追従性で検討される．また，不同沈下対応など，鉛直（Z）方向の変形追従性も要求される．

タイプ別では，標準タイプでは，原則，X方向およびY方向のそれぞれについての変形追従性のみであるが，高い可動追従性能を有するタイプについては，平面的に全方向に変形可能なディ

第5章　金属工事

可動の方向性

①水平方向変位（X方向）
地盤に対して，水平方向の動きでクリアランスの拡大収縮方向の動きを表します．

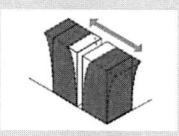

②水平方向変位（Y方向）
地盤に対して，水平方向の動きでクリアランスに対しスライド方向の動きを表します．

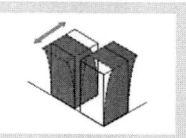

③鉛直方向変位（Z方向）
不同沈下などの動きで地盤に対し垂直方向の動きを表します．

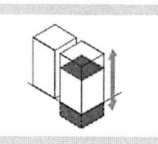

図 5.1-8 可動の方向性（メーカーA社のカタログより）

テールとなっている．Z方向に関しては，概ねどのタイプでも変形追従性がある．高い可動追従性能を有するタイプではZ方向に±150 mmまで可動できるが，変形角に依存することに注意が必要である．

(2) 外力に関する留意点

EXP.Jの耐震性に関する要求性能は，EXP.Jカバーを含めて令第39条の規定に従うことが大事であり，「風圧時及び地震その他の振動及び衝撃によって脱落しないように」な設計が求められる．

許容応力度計算レベル（中地震時程度）の水平力に対して，構造体どうしの衝突による建築物の損傷が生じないことが求められる．また，保有水平耐力計算レベル（大地震時程度）の水平力に対しては，建築物が倒壊・崩壊しないことが求められる．それぞれの具体的な性能に関しては，文献[6]に詳しく記載されている．

特に，歩廊部は，令第82条の第四号の使用上の支障の検討の対象となり，避難経路となる等，災害時に人の通行を想定する場合には，少なくとも，中地震時には金具等も衝突しないようにする必要がある．

また，EXP.Jカバーは，前述の用語の定義にあるように，非構造部材の仕上材であるが，接合

表 5.1-2 EXP.Jカバーの損傷度の区分[3), p.12]

	損傷の程度	製品の被害	補修の必要	部品交換が必要	部材交換が必要	重要な機能の低下	損傷程度
無償	A	なし	なし	なし	なし	なし	被害はない．
有償	B	あり	なし	なし	なし	なし	一部のシールが切れる．カバーはほとんど変形しない．※役物カバーは損傷する場合がある．
	C	あり	あり	なし※	なし	なし	
	D	あり	あり	あり	あり	なし	シールが切れる．衝突によって一部の床・壁等が破損する．カバーが変形する．
	E	あり	あり	あり	あり	あり	シールが切れる．衝突によって一部の床・壁等が大きく破損し，破片が落下する．カバーが変形・脱落する．

地震動の強さ	建物の重要性	
中地震動	特に重要な建物	A
	その他の建物	B
大地震動	特に重要な建物	B
		C
	その他の建物	D
		D※

※危険でない方法を講じた場合は，破壊程度のランクを下げてよい

部として，使用上の支障を来さない機能を持たせる必要がある．したがって，EXP.Jカバーの耐震性についても，その耐震性能を明確にすべきと考える．

(3) 耐震性能に関する留意点

例えば，設計方針を「躯体クリアランスは大地震時にEXP.J部で隣接する構造体が衝突しないような間隔をとり，EXP.Jカバーについては破壊を許し脱落はしないものとする．」とした場合，EXP.Jカバーの耐震性能は，「学会指針，耐震メニューの耐震等級で耐震2級とする．」という具合に，具体的に記述する必要がある．この場合の損傷度の区分は，中地震時（震度5弱相当）にはA区分（無被害）であるが，大地震時（震度6強）にはC区分（中損）となる．

耐震性能には，建築主との合意が大前提となるが，上記の例で，特に「EXP.Jカバーは，大地震時にC区分」という点に関して，留意が必要である．なぜなら，一般に多くの建築主が大地震時でも損傷自体を想定していないのが現実である．

表5.1-3 気象庁の震度階級と耐震メニュー[3), p.11]

気象庁の震度階級	日本建築学会[耐震メニュー2004]				
階級	地表加速度(cm/s²)	耐震1級	耐震2級	耐震3級	耐震4級	耐震5級
3	25	無被害	無被害	無被害	無被害	無被害
4	85					軽損
5弱	150				軽損	中損
5強	265			軽損	中損	重損
6弱	480		軽損	中損	重損	設計対象外（倒壊の可能性あり）
6強	850	軽損	中損	重損		
7	1505	中損	重損			
		重損				

表5.1-4 EXP.Jの部位別の性能[3), p.14]

耐久性能＼部位	変位追従量		耐雨性	耐荷重性	耐風性	保守性	非脱落性	オプション性能	
	水平方向	鉛直方向						耐火性	遮音性
床	○	○	※	○	○	−	○	※	※
内壁	○	○	−	−	−	○	○	○	※
天井	○	○	−	○	−	○	○	−	※
外壁	○	○	○	−	○	○	○	※	※
屋根	○	○	○	○	※	○	○	※	※

○：EXP.Jの基本性能を示す．
※：EXP.Jのオプション性能を示す．

(4) 構成部材に関する留意点

・EXP.Jカバーの機能

EXP.Jカバーの材質はアルミニウムあるいはステンレスであり，主な構成要素としては，カバープレートと下地材で構成され，アンカーボルトや取り付けねじで固定されている．

EXP.Jカバーに要求される性能には，変位追従性や保守性その他の基本性能ならびに，耐火性や遮音性その他のオプション性能がある．以下に，部位ごとでの要求性能を一覧にしたものを示す．

基本性能には変位追従性だけでなく，もし，有害な変形や破損を生じた場合のために容易に発見でき補修や取替えが可能な構造とする保守性が必要であり，加えて，変位追従性範囲を超える変位量が生じたときのために，部位ごとの特性の応じたフェイルセーフを設定するなどの非脱落性も必要である．

(5) 設計図面への記載事項

クリアランスが不足していたものや仕上材が破損したものなど，一般EXP.Jでの被害を回避するには，免震建物で行われているのと同様に，地震動のレベルに応じたEXP.Jの耐震性能を設定し，明確に設計図面に明示することが必要である．

「JSSIガイドライン」[4)]には，免震EXP.Jについて，

第5章　金属工事

詳細図等を用いて，設計意図を具体的に示す．

■免震EXP.Jの性能
1) 目標性能：中地震および大地震に対してAグレードとして機能を維持できるものとする．
2) 設計可動：±600 mm（免震可動量）
3) 可動試験：可動試験を実施する．試験方法は，上記ガイドラインに拠る．ただし，同種金物で過去の実績を提示し，監理者の承諾を得た場合は，上記試験を省略することができる．

図5.1-9　免震EXP.Jの性能記入例

> 計者は建築主と合意のうえ，EXP.Jの目標性能を定め設計図書に明記するとともに，目標性能を満足できる製品を選定し設計図書に詳細図あるいは参考詳細図を示す．

とある．これは，一般EXP.Jについても同様と考える．

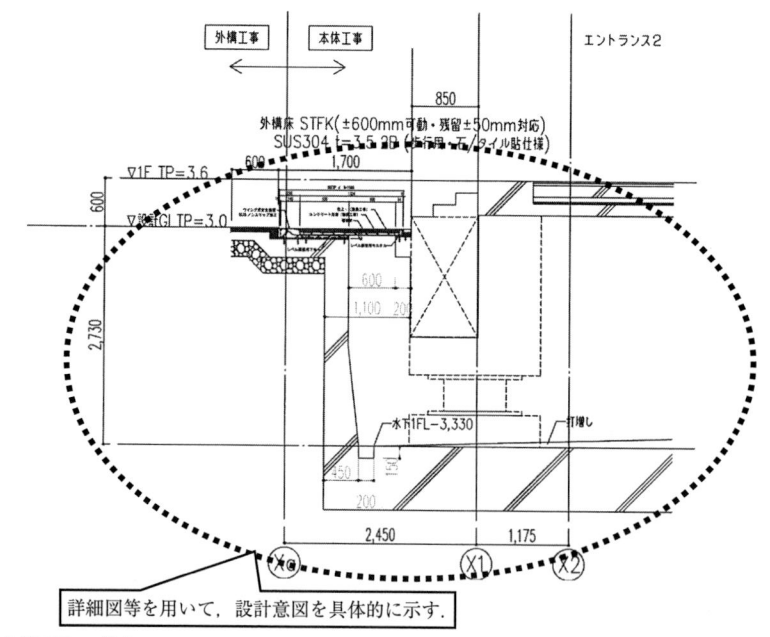

各設計者はクリアランスの値について共通認識をもって設計図をまとめ，建物管理者，工事監理者，施工者および専門技術者はその耐震性能を充分に周知しなくてはならない．カバーを含めEXP.Jに関する具体的な図示内容を以下に示す．
① 耐震性能（耐震メニュー）を設定する．
② 設置位置を明示する．
③ クリアランスを明示する．
④ EXP.Jカバーの必要変形幅とその方向（水平，鉛直）を明示する．
⑤ 必要に応じ，想定以上の変形に対する落下防止策を施す．
⑥ 製品検査で確認すべき事項を明示する．

免震EXP.Jの性能記入例を以下に示した．適用基準，目標性能，設計での想定可動量，可動試験などが明記されている．一般EXP.Jの記載の参考になると考える．

5.1.5　工事監理段階での確認事項

設計者がEXP.Jを個別に設計するような時代もあったが，現在，EXP.J工法はカタログから選ぶ建築部品としての性格が強い．EXP.Jは部品としての要求性能が明確であり，カタログなどで変形追従性をはじめとした性能表示されることも容易である．そのため，現場では設計で示されたEXP.Jがどのような性能を必要としているのかを見極め，その性能を確実に実現する製品を選定しなければならない．

5.1 エキスパンションジョイント

(1) 施工について

- 監理者は，EXP.Jの目標性能を確保できるように工事監理を行う必要がある．
- 施工者は，目標性能を確保できる製品を採用し，目標性能を確実に発揮できる施工を行う必要がある．
- メーカーは，要求性能を満足することが確認できた製品を供給する必要がある．

以下に施工管理フローの参考例を示す．

(2) 建築主，設計者，監理者，施工者およびメーカーの役割

施工者およびメーカーは，建築主，設計者および監理者と施工計画書等を用いて，十分なコミュニケーションをとりながらEXP.Jの施工を実施する．

表5.1-5 施工管理フロー[4], p.5-1

建築主	設計者 監理者	施工者	製作者	チェック事項
施工計画	説明	設計目標性能の確認		略
		施工検討 製作者の選定		
	確認	躯体施工図の作成	躯体施工図の作成	
	確認	施工計画書の作成	製作・施工要領書作成 各種検討書作成	
	確認	躯体施工図の作成		
製作		製作の発注	免震EXP.Jの製作 品質管理の実施	略
	立会	製品検査		
		出荷許可	出荷	
施工		受入検査		略
		保管		
		免震EXP.Jの施工	免震EXP.Jの施工 品質管理の実施	
	立会	施工時検査		
	立会	竣工時検査		
	確認	免震EXP.Jの施工		
竣工・引渡し	確認	確認	取り扱い説明書作成 維持管理要領書作成	略
			引渡し	

凡例： ■ 重要管理ステップを示す

第5章　金属工事

施工計画書の事例

```
工事名  ※※※※※建築工事

エキスパンションジョイント制作・施工計画書




                                   監督員
                                   受領印


 監理者
 請負人
 現場代理人
 監理技術者
```

```
              目　次
 第1章 総則
   1-1  適用範囲              ・・・ 1
   1-2  適用図書及び基準          ・・・ 1
   1-3  質疑、協議、変更及び追加事項  ・・・ 1
   1-4  作業員への徹底          ・・・ 1
 第2章 工事概要                ・・・ 2
 第3章 工程表                  ・・・ 3
 第4章 使用材料
   4-1  性能及び使用タイプ      ・・・ 4
   4-2  使用材料              ・・・ 4
   4-3  検査                  ・・・ 5
 第5章 輸送
```

・設計者，監理者，施工者およびメーカーは要求性能を満足するEXP.Jを確実に製作するため，製作に先立って書類確認を行う．

・施工者は，製作されたEXP.Jが要求性能を満足することを確認するために，納入に先立って製品検査を行う．

・設計者あるいは監理者はその検査に立会う等して，検査内容の合否判定を行う．検査はこのほかに，施工（現場設置）時と竣工時に行う．

・建築主は，EXP.Jの性能が耐久性を維持できるよう維持管理や点検計画を確認し，実施する．

表 5.1－6　書類確認要領 [4], p.6-1

検査対象	
施工図 シミュレーション図	・必要クリアランスや作動に必要な寸法が確保されているか． ・各変形状態において，平面的，断面的な動きに問題がないか． ・想定最大残留変位への対応がなされているか． ・メンテナンス性に配慮されているか．
仕様書	・強度・耐久性に関連する材料の種類や規格が適切か． ・仕上げの方法やその使用が適切か．
強度検討等	・設計用荷重が明確になっているか． 　（積載荷重，地震時慣性力，作動時抵抗力，風荷重） ・各部の強度検討がなされているか． 　（下地材，皿板，補強材，固定ピン，スライドレール）
製品検査要領書 製品検査成績書	・各部寸法についての測定部位，許容誤差等の設定が適切か． ・検査記録フォーマット，測定値が適切か．

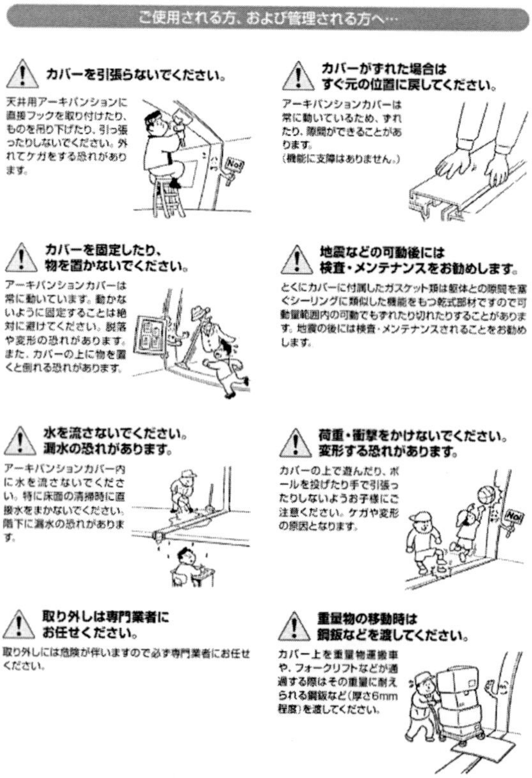

図 5.1－10　使用，管理される方へ（メーカーA社カタログより）

116

5.1.6 実験による確認事例

一般EXP.Jでは，代表的なものでの耐火性能試験や静的な一方向変形追従性確認試験は行われてはいるが，物件個別の試験には対応していない．免震EXP.Jについて，変形追従性の発揮確認として，「JSSIガイドライン」[4]に目標性能に応じた試験方法の記載があるので，下記に参考として記載した．

表5.1-7 試験方法 [4], p.4-15

試験方法

免震EXP.Jは，要求される性能指標に応じて試験を行う．性能指標A種の免震EXP.Jは振動台試験を行う．性能指標B種の免震EXP.Jは振動台または加震台試験を行い，目標性能が満足していることを確認する．

免震EXP.Jの性能指標の分類

性能指標	中小地震変位 50 mm 程度	大地震設計可動量	確認方法	使用箇所（参考）
A種	機能保全	機能保全	設計可動量まで損傷しないことを振動台試験により確認する．（振動台の可動量が小さい場合にはオフセットして試験することも可とする）	避難経路人・車の通行の多い箇所
B種	機能保全	損傷状態1	設計可動量において軽微な損傷であることを振動台試験により確認する．または，設計可動量まで損傷しないことを加振台試験により確認する．	人の通行のある箇所
C種	損傷状態1	損傷状態2	図面により可動することを確認するのみ．	ほとんど人の通行がない箇所

製作者は標準的な納まりの製品について，性能指標A種は振動台試験，性能指標B種は振動台試験，または加振台試験を行う．免震EXP.Jの試験では仕上げ荷重を考慮し，床と壁の取り合い部および壁と天井の取り合い部の特殊な部分についても試験を行う．標準品と異なる納まりや使用条件の場合は，メーカーが保有している加振台により試験を行う．

参考文献

1) 日本建築学会：2011年東北地方太平洋沖地震災害調査速報，2011.7
2) 日本建築構造技術者協会東北支部：2011年東北地方太平洋沖地震被害調査報告書，2012
3) 日本エキスパンションジョイント工業会：建築用エキスパンションジョイントの手引（2013年版）
4) 日本免震構造協会：免震エキスパンションジョイントガイドライン，2013
5) 日本建築構造技術者協会：東日本大震災からの教訓 JSCAの提言，2012
6) 日本建築センター：建築基準法に基づく告示の制定についてエキスパンションジョイント等によって分割された建築物に係る構造計算の基準を定める件，ビルディングレター，第506号，2008
7) 日本建築学会：非構造部材の耐震設計施工指針・同解説および耐震設計施工要領，2003

第 5 章　金属工事

工種　エキスパンションジョイント　　　工事名：　　　　新築工事

部位：　　　　　　　　　　　　　　　年　月　日　記録：

工事監理チェックリスト					
No.	監　理　項　目	確認事項	記　　録	備　　考	
1	EXP.J の耐震性能の確認				
2	EXP.J カバーの耐震性能の確認				
3	設地位置の確認				
4	クリアランスとその方向（水平，鉛直）の確認				
5	EXP.J カバーの必要変形幅とその方向（水平，鉛直）の確認				
6	想定以上の変形に対して落下防止策有無の確認				
7	可動実験の必要有無の確認				
8	製品検査でチェックすべき事項の確認				
9					
10					
11					
12					
13					

略　図

確認印	現場代理人	担　当　者	工 事 監 理 者

2015 JSCA

5.2 金属パネル

5.2.1 金属パネルの概要

建築の外装仕上材に用いられる金属パネルの材料は，鋼をはじめアルミニウム，ステンレス，銅，チタンその他さまざまである．金属パネルには通常薄板が使用されるので，風荷重に耐えられるよう折板などのように断面性能の大きな形状に加工して使用されることもあるものの，風圧に耐えられる間隔で配置された下地材に取り付けて用いられるのが一般的である．

5.2.2 東日本大震災からの教訓

東日本大震災の被害例は報告されていないようである．それ以前の地震による被害も公になっていないうえ自重が小さく，通常は地震荷重が風荷重の値を上回ることはないことからも，新たな地震対策は求められていない．

5.2.3 関連法規および基・規準の現状

外壁の設計地震荷重・風荷重が示されているのは次のものである．
・建築基準法施行令第39条
・建築基準法施行令第82条の5
・平成12年建設省告示第1458号
・建築物荷重指針・同解説(2004)：日本建築学会

令第39条では，外装材等の建築物の部分は，風圧ならびに地震その他の震動および衝撃によって脱落しないようにするとともに，構造耐力上安全なものとして国土交通大臣が定めた構造方法を用いるものとしなければならないとされている．

令第82条の5では，外装材や屋外に面する帳壁等については，国土交通大臣が定める基準に従った構造計算によって風圧に対して構造耐力上安全であることを確かめなければならないとされている．

告示第1458号には，屋外に面する帳壁等の風圧に対する構造耐力上の安全性を確かめるための構造計算の基準が定められている．

5.2.4 設計図書に関する留意点

(1) 要求性能

金属パネルを支持する胴縁・母屋・耐風梁・間柱などは構造設計が行われ，鉄骨工事に含めて施工管理，工事監理が行われている．

仕上材である金属パネル自体は，構造計算に必要な材料の諸数値が不明なものも使用されるので，この節では，主に非構造部材である組み立てフレーム，取付け金物，ファスナー等の構造設計，工事監理を対象とする．なお，金属パネル自体については，きわめて稀に起こる暴風に対しても脱落飛散しないような強度を有し，確実に下地材に取り付けてあることの確認が重要である．

建築基準法に従い，組み立てフレーム，取付け金物，ファスナー等の構造設計を行うにあたっては，材料の許容応力度，基準強度が定められているJIS規格品の使用を前提とする．しかし次のような部分は十分な施工管理が行われず計算仮定との乖離も多く，法令に従った構造計算ができないので，構造計算を行う際は十分余裕を見込むことが必要である．

■金属パネル下地の構造設計上の問題点
① 溶接継目の許容応力度
・資格のない技量の低い者が溶接している
・溶接部の第三者検査なし
・のど厚(隅肉サイズ)の管理なし
・電気めっき座金等の現場溶接を多用
② HTBの許容せん断力
・ルーズホールの使用
・摩擦面処理なし(めっき・塗装面のまま)
・締付け管理なし
③ あと施工アンカー
・許容応力度および材料強度が建築基準法で定め

られておらず，基準法で構造計算が義務付けられている箇所には使用できない．（その他の箇所に使用する場合の許容応力度は，9.1「あと施工アンカーによる躯体への支持と接合」参照）
・躯体側面からのへりあきが不足する箇所にも使用している．（下地材を支持する立上りRC壁の天端などのあと施工アンカー）

(2) 設計図書に対する留意点

設計者は，金属パネルや下地材の設計や選定に際しては，建築主の要望，建物の立地条件，規模，形状，用途などを考慮に入れて関連法令，基規準に適合した要求性能を設定する必要がある．また，設計意図や内容，設定した要求性能を施工者に的確に伝えるための設計図書を作成しなければならない．

(3) 設計図面への記載事項

請負契約のための見積りの根拠となる事項はもちろん，法令上必要がなくても構造設計を行えば設計責任が生じるので，責任の範囲を明確にしておくことが重要である．請負会社から金属パネル専門業者へ発注する際の設計条件や建築主と合意した設計条件などを特記仕様書など特に設計荷重に関わる，設計風速，局部風力係数，粗度区分などを記述する必要がある．

5.2.5 工事監理段階での確認事項

(1) 仕上材料

外装に使用される金属パネルのうちでアルミパネルは，鋼板などよりもグレードの高い仕上材として採用されるが，環境により腐食する場合があるため，採用に際して防食塗装の有無を確認することが重要である．

腐食は，水分の影響が大きく作用しているため，使用部位に適した材料の選択が必要である．

写真5.2-1は，屋外から軒天井の下に通じる階段である．踊場から下が雨のかかる部分である

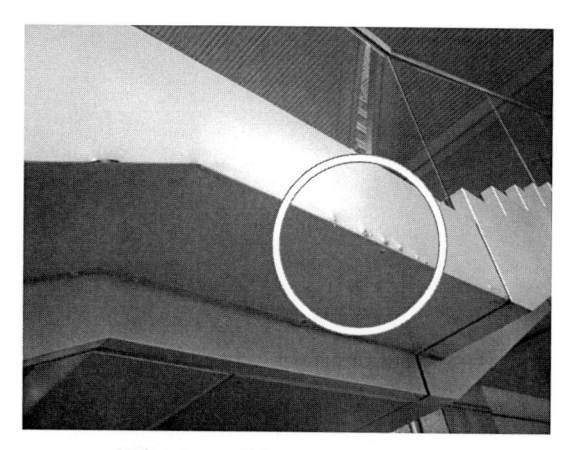

写真5.2-1 外部アルミパネルの腐食

が，踊場のコンクリートに浸透し垂れたアルカリ性の雨水がアルミパネルの底面に溜まり，内部から腐食が進行しているものと考えられる．

アルミパネルの腐食には，ほかにも大気汚染や海塩粒子（大気中に含まれる，海水に由来する塩分からなる微粒子）の影響で孔食（ステンレス鋼やアルミニウムの表面に生じる局所的な腐食）が発生する場合がある．この現象は，軒天井のように雨がかからず，雨により原因物質が流されず濃縮されて溜まる部位に発生する．

写真5.2-2は，キャノピー天井に張られたアルミパネルに，設計段階では予測できなかった甚だしい孔食が発生して美観が損なわれている状況である．

写真5.2-2 天井アルミパネルの孔食

5.2 金属パネル

定期的な清掃が困難な部位には，耐久性を考慮した複合皮膜の採用や材料の選択が重要である．

(2) 下地材料

設計時点で建物の立地条件や用途に応じた下地材料の材質が選定されていなければならないが，現場付近の状況を見て，設計の仕様を見直さなければならない場合もある．

下地材が鋼製の場合は，錆止め塗料，溶融亜鉛めっき等の防錆処理があり，それぞれコスト，処理工程が異なるため，施工計画書に明記させて製品の確認を行う．

下地材は，仕上材の変形や面精度を拘束する構造材であるから一本材を使用すべきであるが，材料を節約するために残材を突合せた状態で，不完全な溶接でつないで使用している場合が見受けられる．監理者が検査をしなければ見落とされる部位なので，重要な監理事項である．

写真5.2-3は，ある庁舎の風除室外観で竣工して1年後の様子である．外部から窓越しに斜光が射すと，アルミパネル表面に生じた凹凸が目立つ．屋根やペリカウンター等で，窓の清掃やブラインドの保守点検で作業員が載る場所は，仕上材の変形を防止する剛性の高い裏板や下地材が不可欠である．

写真5.2-4は，風除室の屋根で，上部に窓があるため，清掃員が載っても上面のアルミパネル

写真5.2-4 下地材の目違いを少なくした風除室屋根

がたわまないように，十分検討して施工した例である．野地板には硬質木毛セメント板t=30を使用し，母屋継手部の目違いの許容値を2mm以下として良好な仕上がりが得られた．

金属工事の施工要領書では，継手部の許容差が±3mm程度で表示されているが，仕上材の面精度は，パネル下地材相互の目違い寸法で管理させることが重要である．

(3) 下地材架構の適否

金属パネルの下地材は明快な構造とすべきで，金属パネルが受ける外力は下地材を構成する部材のいくつかの接合部を経由して構造材へ流れるが，それぞれの接合部が確実に応力を伝達できる強度，剛性を持たなければならない．

写真5.2-5は，アルミパネル仕上の外壁から，

写真5.2-3 風除室屋根 アルミパネルの凹凸

写真5.2-5 水平アンテナの取付金物

水平にアンテナを緩ませずに張るための強い張力に抵抗できるようあらかじめRC造のパラペットの縦筋を補強し，アイプレートをアルミパネル横目地位置に合わせて取り付けた例である．

(4) 埋込み金物の適否

躯体に埋め込む金物は，位置の施工誤差が生じることが多いので，コンクリート打込み前に埋込み位置，埋込み状況を確認することが重要である．

写真 5.2-6 は外壁のアルミパネルの下地であるが，RC造腰壁の天端にあと施工アンカーを打ってプレートを取り付けている．あと施工アンカーの施工位置が鉄筋の被り部分であったため，ひび割れが生じたにもかかわらず，補強対策を講じないまま下地材を取り付けている．

写真 5.2-6　あと施工アンカーより生じたひび割れ

写真 5.2-7　あと施工アンカー不具合部分の是正例

あと施工アンカーは，鉄筋の内側に打たないと強度に疑問があるうえひび割れが生じるが，壁厚が小さく天端には打ち直せないため，写真 5.2-7 のように腰壁の側面にあと施工アンカーを打ち，山形鋼を加工した取付け金物で胴縁を支持した．

次工程が迫っているため，あと施工アンカーの施工状況は次工程の着手前に確認しなければならない．この補強が完了した時点では，耐火被覆工事が施工済みで，その再施工が必要であった．

(5) ボルト接合部の適否

鉄骨造の建物では，金属パネルを鉄骨にボルト接合のファスナーで取り付けることが多い．施工誤差はルーズホールで吸収するが，鉄骨側のボルト孔位置に大きな製作誤差がある場合は，ファスナーを図面どおりには取り付けられない．

写真 5.2-8 は建物の端に位置する袖壁状のアルミパネルであるが，鉄骨側の一次ファスナー位置の誤製作によるボルト孔ずれが判明したため，作業員の判断で，2本で取り付けるべきボルトが1本だけ締めてあり，ボルトの破断やファスナーの回転により外力に抵抗できないおそれがある．

写真 5.2-9 は是正後の写真である．不具合を早期に発見したため工程遅延することなくアルミパネルのファスナーを再製作・交換して所定の位置にボルト接合して是正した．工事監理者による

写真 5.2-8　鉄骨とファスナーのボルト孔ずれ

5.2 金属パネル

写真 5.2-9 ボルト孔位置の不具合部分の是正例

写真 5.2-10 間柱を大きく切り欠いた不具合例

不具合の発見が遅れればファスナーの再製作は工程上不可能で，ファスナーと鉄骨を不完全な現場溶接で補強しなければならなかった．モラルや技量が低い作業員もみうけられるうえ施工管理者の見落としがあるので，工事監理は書類だけで行うのではなく現地現物の確認を省略してはならない．

(6) 躯体への支持方法

鉄骨躯体に外装材を取り付ける場合は，鉄骨と外装材の間の仕上げ代に胴縁や間柱が配置できるスペースを確保することが必要である．

ⅰ) 間柱を大きく切り欠いた不具合例

意匠設計に変更があり，その後の決定が遅かったため鉄骨の発注に間に合わず，間柱と胴縁を金属工事とすることにして柱と大梁の鉄骨のみファブリケーターに製作を発注した．しかし金属工事を発注した会社も納まりを十分検討できないまま製作した．

その間柱と開口補強材を取り付けた結果，大梁の下フランジと干渉してしまい間柱の断面の半分が欠き取られ，H形鋼の大梁下フランジの上面で，ピースアングルで接合されていた．溶接は全て現場溶接である．なお，間柱（縦胴縁）の断面は大梁から下が C-100×100×50×20×2.3，大梁から上が L-50×50×4 である．

是正のため，図 5.2-1 のように間柱の上部を

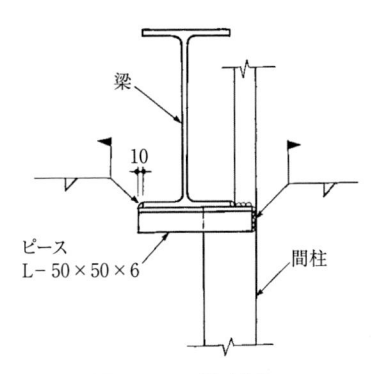

図 5.2-1 是正方法

大梁の下フランジ位置で切断して，下向き溶接で取り付けたピースアングルと溶接して補強した．

ⅱ) 間柱が胴縁により切断された不具合例

前記ⅰ)の間柱下部にもまた不具合があった．

間柱と胴縁の外側が面一（つらいち）の場合は，間柱を通して上下階の梁で支持させ，胴縁は切断して間柱の間に取り付けるべきであるが，金属パネルの割付けから胴縁が大梁天端+500の高さにあり，その胴縁を優先させて通して間柱の方を切断していた．間柱を受ける胴縁を補強するため，下の大梁フランジからブラケットを出し，その先端と胴縁を結ぶ方杖を設けて支持させていたが，方杖は間柱の本数に対して1本おきに間引きされていて胴縁の許容応力が不足していた．そのため**写真 5.2-12** のように方杖を間柱ごとに設けて是正した．

123

第5章　金属工事

写真 5.2 - 11　間柱が胴縁により切断された不具合例

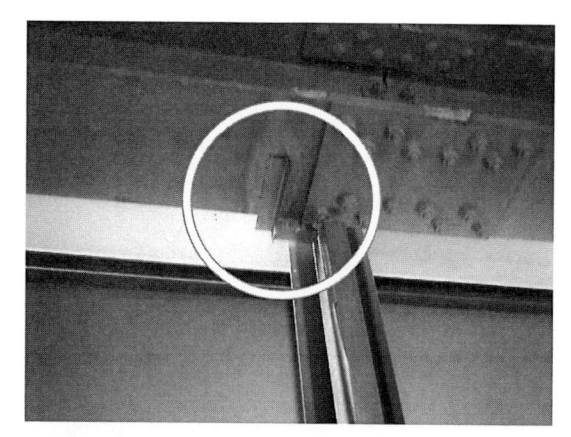

写真 5.2 - 13　接合部を避けた取付けピースの不具合例

写真 5.1 - 12　間柱を方杖で補強した是正例

写真 5.2 - 14　胴縁を渡し、間柱を支持した是正例

iii）接合部を避けた取付けピースの不具合例

　これも決定を先送りし，間柱を金属工事とした事例の不具合である．間柱の位置が大梁のHTB接合部のスプライスプレートにかかり，間柱が図面どおりの位置に取り付けられないいので，接合部を避けた位置から取付けピースを持ち出して間柱を支持させており，強度が不足していた．
　そのため，構造設計者に検討を依頼して，**写真 5.2 - 14** のようにピースC - 100×50×20×3.2 を大梁フランジ下端のスプライスプレートの両側に溶接し，そのピースに接合部をまたぐ形で胴縁を渡して間柱を支持させて是正した．

iv）アルミパネル庇の不具合例

　写真 5.2 - 15 は，庇の軒裏の見上げである．外壁PCa版にあと施工アンカーで取り付けられた片持ちトラスでアルミパネルを支持させているが，トラスとアルミパネルのジョイント位置がずれており，トラスから外れたアルミパネル端部はアルミパネル枠同士をビス止めで接続されていた．
　また，アルミパネル庇上部の水返しがPCa版と取り合う部分は，PCa版の欠込み内にアルミパネルの水返し立上り部分が挿入できなかったため，**写真 5.2 - 16** のようにビスの下端レベルで立上り部分が切断され，アルミパネルがPCa版にビス留めされていなかった．
　アルミパネル端部がトラスから外れている箇所は，**写真 5.2 - 17** のようにアルミパネル継手部の

5.2 金属パネル

写真 5.2-15 アルミパネル継ぎ目がトラスとずれた不具合例

写真 5.2-16 トラスとずれたアルミパネル継手部の是正例

写真 5.2-17 アルミパネル庇水返しがビス留め不能な不具合例

写真 5.2-18 新しく作り替えたアルミパネル庇

中心線上に 60 mm 角パイプを流して両側のアルミパネルを載せ，それをトラスに添わせて取り付けた山形鋼で受けた．

また，水返し立上り部を切断してビス留めしていないアルミパネルは暴風時に飛散のおそれがあったので撤去し，写真 5.2-18 のように再製作して張り替えた．

(7) 溶接忘れの有無

写真 5.2-19 は間柱と胴縁をアングルピースで取り付けているが，外観検査をした結果，溶接忘れが発見された例である．溶接後は，全数の外観検査を徹底し，不合格の場合は再溶接をさせなければならない．

写真 5.2-19 胴縁取付けの溶接忘れの不具合例

(8) 溶接部の外観検査

手溶接で使用される被覆溶接棒に塗布されている被覆剤は熱でガスやスラグを生成する．溶接部に残ったスラグは冷却後の外観検査を行うに際して完全に除去しなければならない．非構造部材の溶接は，工場製品でさえスラグが残ったまま錆止め塗装されている場合があるため，施工要領書に外観検査はスラグの完全除去後に実施する旨を記載し，工事監理者が製品検査や現場の受け入れ時に確認する必要がある．

資格のない技量の低い者が溶接したためにショートビードの連続でラクダのこぶのようなハンピングやアンダーカットが見られたり，稀には母材が溶け落ちて穴があいたりしている場合がある．

隅肉溶接の外観検査の対象となる溶接欠陥には，割れ，アンダーカット，サイズ不足，角落ち等があるが，スラグを完全に除去しない限り判定できないため，塗装が施されている場合でも，溶接ビードが丸い場合は，テストハンマーで叩いて確認し，スラグが残っている場合は除去して外観検査を行うべきである．

錆止め塗装後の溶接は，錆止め塗料が溶接熱で焼け，溶着金属内にはブローホールが生じる可能性があるので避けなければならない．

写真5.2-20は，外装出隅ボーダーのアルミパネル下地材であるが，溶接部の自主検査が不十分で錆止め塗装後に，溶接忘れに気づき溶接を行ったことにより，錆止め塗料が焼け焦げたままケレンなしでタッチアップされ，現場に搬入されたものである．

現場に搬入された製品は荷卸し時点で，断面寸法・製品寸法・数量等とともに受入れ検査として溶接部の外観検査を徹底するように工事監理者は施工者に指示し，自身が検査に立ち会えない場合は，検査記録や写真で確認しなければならない．

(9) 現場溶接姿勢

非構造部材の現場溶接はJISの溶接技能資格者が行うことは少なく，全くの無資格者や溶接協会が実施している安全教育の講習終了証を持っている程度の技量や知識の不十分な作業員が行っており，溶接強度の信頼性は乏しいのが現状である．したがって，現場溶接の姿勢が原則的に下向きとなるように設計においても配慮しなければならない．

(10) ルーズホール用座金の適否

ボルト孔をルーズホールとする目的は次の二つである．
① 部材の取付け位置の精度調整をするため
② 取付け部材の一方向を可動にするため
（ローラー支承）

①は所定の位置に部材が取り付けられた後，固定のためナットを強く締める際にルーズホール周囲の材に均等に圧縮力を与えるために座金が用いられる．したがって，写真5.2-22のように座金はルーズホールから外れない大きさと締め付けにより変形しない厚さが必要である．

しかし取付けボルトを強く締め付けてもHTBのように摩擦接合ではないので，せん断力を受けると滑って動くので，座金の周囲を溶接する必要がある．また，座金のボルト孔径はボルト径+1mm以下が望ましい．

写真5.2-20　錆止め塗料の溶接焼け

5.2 金属パネル

(11) ナットの緩み止めの有無

平12建告1456ではアンカーボルトについては二重ナットを使用するか座金を溶接しなければならないと定められているが，非構造部材では二重ナットはあまり使用されず，スプリングワッシャー，特殊ナット等も用いられることもある．また，座金を使用しなかったり極薄い座金を使用し一重のナットをボルトに溶接したりしている例も多くみられる．しかし，ナットを溶接すると二度と締め直すことができず，ボルトに欠損を与えるため避けるべきである．

(12) 先付けピースの取付け

9.3「非構造部材の溶接」を参照

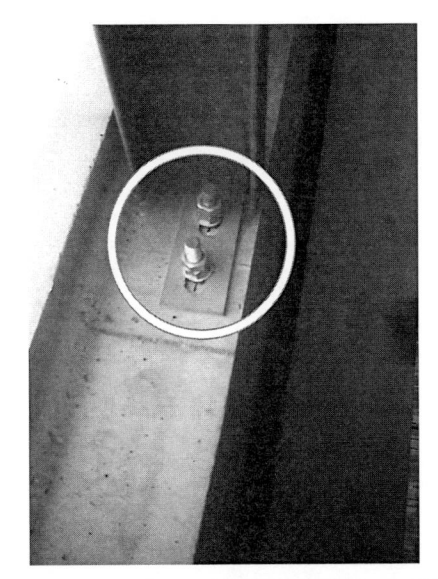

写真 5.2-21　ルーズホール掛り代が不足している不具合例

写真 5.2-22　座金を大きいサイズに取り替えた是正例

②は外装材の面外変位を拘束し，面内変位を自由にする場合など，一方向のみ可動の場合に用いられ，可動方向は摺動可能な程度にナットを締めなければならない．

写真 5.2-22 は，不具合を指摘後に，座金を大きいサイズに取り替えて是正した例である．

第5章　金属工事

工種　金属工事　　　　　　　　　　工事名：　　　　　　新築工事

部位：金属パネル　　　　　　　　　　年　　月　　日　記録：

No.	監理項目	確認事項	記録	備考
\multicolumn{5}{c}{工事監理チェックリスト}
1	仕上材料			
2	下地材料			
3	下地材架構の適否			
4	埋込み金物の適否			
5	ボルト接合部の適否			
6	躯体への支持方法			
7	溶接忘れの有無			
8	溶接部の外観検査			
9	現場溶接姿勢			
10	ルーズホール用ワッシャーの適否			
11	ナットの緩み止めの有無			
12	先付けピースの取付け			
13				

略　図

確認印	現場代理人	担当者	工事監理者

2015 JSCA

5.3 金属手摺

5.3.1 金属手摺の概要

金属手摺は墜落防止を目的とし，多くは階段や外廊下・バルコニーの先端等に設けられる．材料は鉄，ステンレス，アルミニウムなどである．

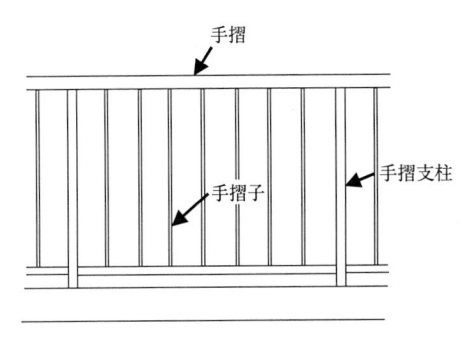

図 5.3-1 手摺各部の名称

5.3.2 東日本大震災からの教訓

東日本大震災の被害例は報告されていないようである．手摺に荷重がかかった状態で地震動の加速度を受ける確率は高くなく，これまでも地震による被害は公になっておらず，新たな地震対策は求められていない．

5.3.3 関連法規および基・規準の現状

① 建築工事標準仕様書・同解説 JASS 13 金属工事（1998）：日本建築学会
② 手摺の安全に関する自主基準（2007.12）：日本金属工事業協同組合
③ 優良住宅部品認定基準　墜落防止手すり（2013.4.30）：ベターリビング
④ 建築物荷重指針・同解説（2004）：日本建築学会
⑤ 学校施設における事故防止の留意点について（2009.3）：文部科学省大臣官房文教施設企画部

建築基準法では設計荷重は規定されていないが，手摺の設計に必要な設計荷重を規定しているのは①②である．また，③には認定を取得する際の評価方法や試験の際の荷重値，たわみ量の判定値が示されている．また，④の 10 章その他の荷重には設計荷重値が提案値として示されており，⑤には②の基準がそのまま引用されている．

5.3.4 設計図書に関する留意点

(1) 要求性能

金属手摺は建築基準法では構造計算を義務付けられていないが，構造計算を行う場合は，設計荷重は JASS 13 により，短期荷重として計算する．手摺には剛性も必要なので，たわみ計算を行う．たわみの制限値は JASS 13 には規定されていないので設計者が設定しなければならない．また，手摺子が金属などのパネルやガラスで大きな風圧力を受ける場合は，風荷重に対する設計を行う．

JIS 規格品以外を使用する際は，安全を見込んで適切に許容応力度等を設定する．

実際には構造設計者が自ら設計することは少なく，製作会社の作成した構造計算書と図面を確認することになると思われる．手摺本体は構造的にも明快で部材の設計の誤りは少ないが，躯体との取り合い部は不適切なモデル化や設計方法が多くみられるので，詳細に確認する必要がある．また，あと施工アンカーの強度の評価についても，間隔やはし明き・へりあきが不足し，仮定したコーン状破壊面が得られていない例が見受けられる．また手摺の溶接は，溶接技能者の技量や製作工場の管理の面で鉄骨のそれとは同列に扱えないので設計に十分な余裕を見込む必要がある．

共同住宅のバルコニー先端の金属手摺の支柱がコンクリート立上り部に埋め込む形式の場合は，埋込み孔がひび割れの起点となるので，立上り部の厚さを確保してダブル配筋にするなどの対策が必要である．ひび割れを避けるためや精度確保・施工性向上のため立上り天端にボルトで支柱を固定する形式のものもある．

また，使用材料，防錆にも配慮が必要である．

写真5.3-1は，ある美術館の外構手摺の例である．鋼板の支柱を植込みの立上り壁に埋め込んでいるが，支柱の手前側のコンクリートのかぶり厚さがないうえに，鋼板のコンクリートへの埋込み部分は錆止め塗装もされていないようで，錆びて錆汁が垂れ，仕上げのタイルを汚している．屋外の手摺には，コストはかかってもステンレスや亜鉛メッキ鋼板などの錆びない材料を採用するべきである．

(2) 設計図面への記載事項

特記仕様書等に，ベターリビング認定取得の要否，JASS 13の水平荷重グレード，設計荷重値，必要な場合はたわみ量の制限値等を記述する．

写真5.3-1 錆で劣化した植込みの手摺支柱

表5.3-1 手摺の水平荷重強度と用途等 [1), 2)]

荷重 N/m	優良住宅部品認定基準 墜落防止手すり(2013) ベターリビング	JASS 13 金属工事(1998) 日本建築学会
495	—	グレード2 (グレード1＝個人住宅等とグレード3の中間)
735	—	
980	—	グレード3 (集合住宅，事務所ビル等標準的建築物)
1 225	—	
1 450	廊下・バルコニー	グレード4 (グレード3と5の中間)
1 960		グレード5 (公共性が高く，かつ大地震時でも機能を損なわない)
2 950	廊下・バルコニー(共用廊下)	
2 950 超		

表中のベターリビングの水平荷重値は試験を行う際に加えるもので，それに対して躯体取付部等に破壊がないこととされている．
たわみについては例えば支柱は2 950 N/mの水平力に対してh/50以下であることとされている．

(3) ベターリビングの認定

集合住宅のバルコニー等の手摺にベターリビングの認定が必要な場合は，次の基準等がベターリビングのホームページに公開されているので参照されたい．

墜落防止手摺
・優良住宅部品認定基準
・優良住宅部品評価基準
・優良住宅部品性能試験方法書
・BL認定基準適合確認自己チェックリスト

5.3.5 工事監理段階での確認事項

(1) 手摺の受け入れ検査

現場に搬入された金属手摺の材質やサイズが設計図書どおりか確認する．

(2) 基準レベルからの高さ

仕上げ面からの手摺高さが図面どおりか確認する．

写真5.3-2は，あるスーパーマーケットの階

5.3 金属手摺

写真 5.3-2 階段踊場の不自然な手摺

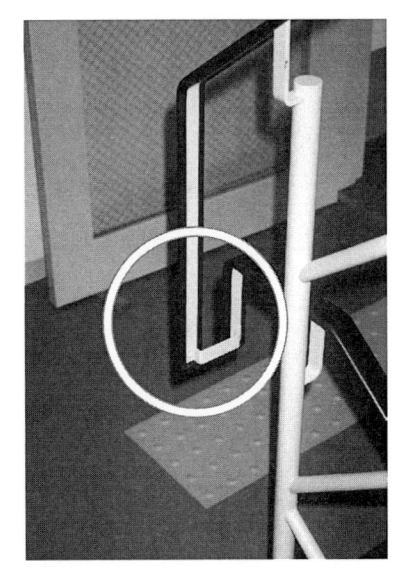

写真 5.3-3 階段手摺折返し部の補強

段の例である．所轄消防署の竣工検査で高さが不足していて，行政指導に従い踊場折返し部分の水平部分を嵩上げした結果，不自然な手摺となっている．

手摺も設計図どおりに施工されなければならないが，特に高さについては，施工後に建築基準法・同施行令や住宅の品質確保の促進等に関する法律に規定された床仕上げ面からの寸法を満足していなければ行政などの検査に合格することはできない．階段の踊場や屋上の水勾配の水上部分で，高さが不足する場合があるため，施工誤差を考慮して設計図よりもやや高めに設置したほうがよい．

(3) 手摺端部の形状

手摺端部の形状を確認する．

写真 5.3-3 は，ある福祉施設の階段手摺の例である．病院や老人福祉施設では，着衣の袖口が引っ掛からないよう，手摺の端部を下げるように配慮している場合が多い．階段折返し部の段鼻が昇り側と降り側が接近している場合は，手摺端部の納まりから下がりが長くなり，剛性が不足する場合があるため手摺相互をつなぎ，剛性を高めるなどしなければならない．

手摺の終端部の剛性に影響するので，手摺支柱の位置は注意が必要である．

(4) 面外方向の剛性

手摺の面外剛性が十分であり，押しても揺れないかを確認する．

写真 5.3-4 はある大学校舎のステンレス管の階段手摺の例である．原設計では L 型の支柱を躯体に埋め込む形式であったが，剛性不足を懸念した発注者からの要望で各支柱の水平固定材を 1 本追加している．

写真 5.3-4 埋込み材を 2 本に変更した階段手摺

写真5.3-5　控えを設けたフェンス

写真5.3-6　FB手摺子で支持された階段手摺

手摺は落下防止のためのものであるが，強度だけではなく，人が押しても揺れを感じない程度の剛性を有することを確認しなければならない．

写真5.3-5は，階段の昇り口部分をフェンス状にしたステンレス管手摺の例である．

閉門後にフェンスを乗り越える学生が多いため，人が載っても壊れないように控えを追加した例であり，数十年経過後も健全である．

(5) 手摺の面内剛性

手摺の面内剛性が問題になることは稀であるが，面外だけでなく面内方向も押しても揺れないかを確認する．

写真5.3-6は太い手摺支柱を設けず，薄いフラットバーの各手摺子の下部を躯体に固定して支持された階段手摺の例である．側面からの外観を軽快に見せたいというデザイン意図のようであるが，施工後に面内方向に揺れることが判明し，支柱を追加し補強を行っている．剛性については，面外だけではなく面内についても確保しなければならない．

またこの階段手摺は中央部が山形に高くなっているので，つかまった際に手を滑らかに滑らせることができず機能や安全上も問題がある．

(6) 埋込み金物の適否

手摺支柱や手摺ガラス受け金物を溶接するための，埋込み金物の型枠解体後の位置の精度を確認する．取付け金物の全周を溶接できる位置でなければならない．

設計図の手摺ガラスの取付け部詳細は図5.3-2に示すとおりであったが，型枠工がコンクリートの圧力で型枠がはらむことをおそれ，必要以上に型枠を内側にセパレーターで引き寄せて施工したため，小梁の幅は図面どおりであったが躯体外面位置が内側にずれてしまった例である．施工誤差は許容値20mm未満であったため仕上げで誤差を吸収することになった．

埋込み金物の位置が内側にずれたのでガラス受

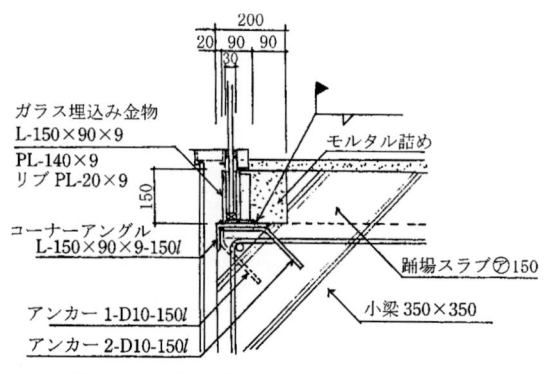

図5.3-2　設計図のガラス手摺の脚部納まり

5.3 金属手摺

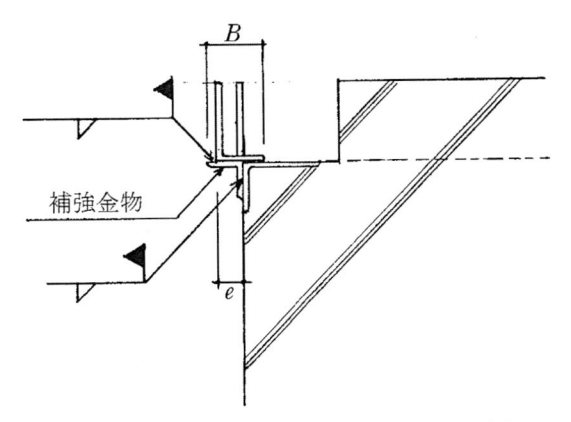

図5.3-3 ずれた打込み金物に取り付けた補強金物

け金物を正規の位置に溶接できるよう，図5.3-3のように補強金物を埋込み金物に溶接して，溶接できる幅Bを確保している．

補強金物を付けずにそのままガラス受け金物を埋込み金物に内側だけ溶接して取り付けた場合，強度，剛性ともに不足し危険である．

(7) 取付け溶接の外観検査

9.3「非構造部材の溶接」を参照

(8) 手摺支柱埋込み部の躯体

手摺支柱をコンクリートの立上り部等に埋め込む場合は，図面で躯体の幅が十分か確認する．

埋込み部の躯体はひび割れ防止のため支柱の内外に配筋できる厚さを確保しなければならない．

ひび割れを避けるために，埋め込まずに支柱の底にベースプレートを付け，あと施工アンカーのボルトで固定している例も見られる．

参考文献

1) 日本建築学会：建築工事標準仕様書・同解説 JASS 13 金属工事，1998
2) ベターリビング：BL認定基準

第5章　金属工事

工種　金属工事　　　　　　　　　　　　工事名：　　　　新築工事

部位：金属手摺　　　　　　　　　　　　　年　　月　　日　記録：

\multicolumn{3}{c}{工事監理チェックリスト}					
No.	監理項目		確認事項	記録	備考
1	材質サイズの確認	手摺			
		手摺子			
2	基準レベルからの高さ		$H=$		
3	手摺端部の形状・隙間	折曲がり長さ	$L=$		
		隙間	$@\leqq$		
4	面外方向の剛性				
5	手摺の面内剛性				
6	埋込み金物の適否	間隔	$e\leqq$		
		出入	$e\leqq$		
7	取り付け溶接の外観検査	スラグ	すべて除去		
		ビード長さ	$L=$		
		アンダーカット	$UC\leqq$		
		ビード形状			

略図

確認印	現場代理人	担当者	工事監理者

2015 JSCA

134

5.4 タラップ

5.4.1 タラップの概要

タラップは，通常は一般の人の立ち入らない屋根，塔屋，床下の配管ピット・貯留槽・湧水槽内へ保守点検に行くためや，階段を設置するスペースがなく法令上設置義務のない場合の昇降の手段として設置される．タラップの形式としては，U字形の16～22ϕの棒鋼の端部を躯体コンクリートに埋め込むか躯体などにボルト留めするものや，梯子型に組み立てたものを躯体などにボルト留めするなどの形式がある．

国土交通省の建築工事標準詳細図（平成22年版）では高さが2.1 m以上の部分に背かごとも呼ばれる安全ガードを設けている．また踏子は握りやすいよう，太さが必要なので22ϕとしている．

5.4.2 東日本大震災からの教訓

東日本大震災の被害例は報告されていないようである．

タラップの設計荷重としては，1か所の踏子に人ひとりが載る程度で，既製品を使う限り十分強度に余裕があるので地震による被害の可能性は低いと考えられる．

5.4.3 関連法規および基・規準の現状

タラップについては次のものがあるが，公共建築工事標準仕様書は仕様の規定のみで設計に必要な設計荷重・使用材料などは記述がない．建築工事標準詳細図に準拠した製品をメーカーが製造販売している．
・公共建築工事標準仕様書（建築工事編）平成25年版：公共建築協会
・建築工事標準詳細図（平成22年版）：国土交通省大臣官房官庁営繕部

5.4.4 設計図書に関する留意点

(1) 要求性能

タラップは既製品が多くのメーカーから国土交通省の建築工事標準詳細図や都市再生機構の住宅標準詳細設計図集に準拠したものをはじめさまざまな型式のものが製造販売されており，使用材料はステンレス，樹脂コーティングした鋼材，価格の比較的安い溶融亜鉛メッキの棒鋼などである．カタログに許容荷重が明記されたものは見当たらない．タラップ強度については，踏子は握りやすいよう太い棒鋼などが使われるので計算するまでもなく十分であろう．新たに設計する必要はなく，カタログの中から選択して採用すればよい．

(2) 設計図面への記載事項

通常は意匠図に詳細図，仕様等が記載されるが，図面は標準図化され，多くの実施例があるのが普通であるから構造安全性が問題となることはない．しかし特殊なものは構造設計者が検討を行い意匠図に反映させなければならない．

5.4.5 工事監理段階での確認事項

(1) 外形寸法の確認

屋根に上がるタラップの上部には，パラペットを超える際につかまる手摺があるが，パラペット天端から800程度の高さがあるので，剛性が不足すると使用者が不安定になり危険である．取付け後手摺の剛性を確認する．

(2) 安全対策

タラップの高さが高い部分には，**写真5.4-1**のように危険防止や使用者に安心感を与えることを目的として，背かごとも呼ばれる安全ガードを付けるが，図面どおりのものが所定の高さから取り付けられていることを確認する．

第 5 章　金属工事

写真 5.4-1　屋根に上がる安全ガード付きタラップ

(3) 躯体への取付け

埋込みの場合はコンクリートからの出寸法，ボルト留めの場合は径・本数を確認する．

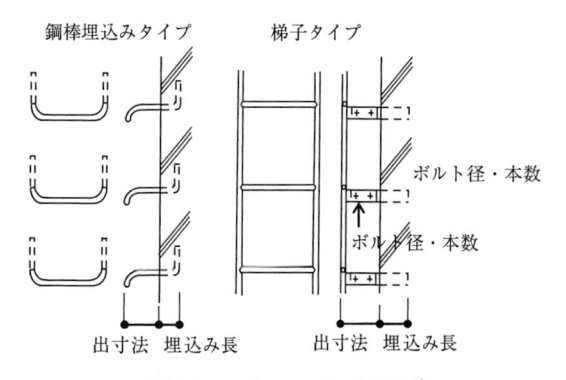

図 5.4-1　タラップの詳細図[1]

(4) タラップまでの通路

タラップに至るまでに，金属笠木・金属屋根・露出防水層等の上を歩かなければならない場合，長い間にはそれらに変形や摩耗が生じるので，キャットウォークの設置や，保護板を置く配慮が必要である．

参考文献

1) 国土交通省大臣官房官庁営繕部：建築工事標準詳細図（平成 22 年）

5.4 タラップ

工種　金属工事　　　　　　　工事名：　　　　　新築工事

部位：タラップ　　　　　　　　年　　月　　日　記録：

No.	監理項目	確認事項	記録	備考
	工事監理チェックリスト			
1	外形寸法の確認			
2	安全対策			
3	躯体への取り付け			
4	タラップまでの通路			
5				
6				
7				
8				
9				
10				
11				
12				
13				

略　図

確認印	現場代理人	担当者	工事監理者

2015 JSCA

5.5　丸　環

5.5.1　丸環の概要

丸環は，外壁・外装材の簡単な修理メンテナンスや，ゴンドラ・吊り足場や窓清掃のロープの吊り点として使用されるもので，通常はパラペットに埋め込まれた金物の先端に明けられた孔に通して取り付ける．しかし，現場の丸環に許容荷重（保証荷重）が表示されているわけではなく，ビルの老朽化による強度低下も懸念されるのでメンテナンス会社などでは安全性の観点から丸環の同時複数使用や，丸環が設置されていても使用せず，アーム台，上部支持金具，跨（こ）座式突りょう（労働安全衛生法）の使用や屋上固定物にワイヤーやロープを緊結，移動台車の使用，後施工アンカーなどが使用される例が多い．

丸環自体の強度は問題がなくても，埋込み金物の施工不良やパラペットの配筋不具合などが許容吊り荷重に大きく影響するので注意を要する．

5.5.2　東日本大震災からの教訓

被東日本大震災の被害例は報告されていないようである．

地震による被害の可能性としては丸環からゴンドラを吊り下げての作業時中の地震による被害であるが，作業中に大地震に遭遇する確率が低いうえ，使用者が丸環への不信感から吊り荷重を低めに制限するため，地震被害は生じ難いと思われる．これまでも地震による被害は公になっておらず，新たな地震対策は求められていない．

5.5.3　関連法規および基・規準の現状

・労働安全衛生法（昭和47年法律第57号）第28条第1項に基づく可搬型ゴンドラの設置の安全基準に関する技術上の指針：厚生労働省
丸環については次の上記の指針はあるが，設計に必要な設計荷重・使用材料などを定めた基・規準はない．

5.5.4　設計図書に関する留意点

構造設計者が取付け部のパラペットや固定部の構造計算を行うとともに，設計図書に耐荷重を記載し取付け方法がわかる詳細図を作成する．

また，丸環が使用者に信頼されていない現状から，現場の丸環には許容荷重（保証荷重）を表示するのが理想であるが，製造メーカーの保証体制が確立されていないのが実情なのでそれは今後の課題である．

(1) 丸環

丸環は既製品が多くのメーカーから国土交通省の建築工事標準詳細図や都市再生機構の住宅標準詳細設計図集に準拠したものをはじめさまざまな型式のものが既製品として製造販売されている．使用材料はステンレスや価格の安い溶融亜鉛メッキの棒鋼等である．新たに設計する必要はなく，カタログの中から選択して条件に合うものを採用すればよいが，カタログに許容吊り荷重が示されているものは少ない．

また，丸環の強度が十分であるとしてもパラペットの強度が不足しては安全が確保できないので，次の点に留意したパラペットの設計が必要である．

(2) パラペット

パラペットは防水層の周囲端を立ち上げて，漏水を防ぐためのもので，通常は構造設計が行われることはない．パラペットの上部にはあごがあり，丸環を取り付ける金物はこのあごに埋め込んで固定する．あごは，各設計事務所や建設会社の構造図では上端にのみ配筋している例が少なくない．しかし，通常建物の外側にロープを垂らして使用するので丸環には上向きの荷重がかかるので，下端に鉄筋が必要であるから図5.5-1のようにダ

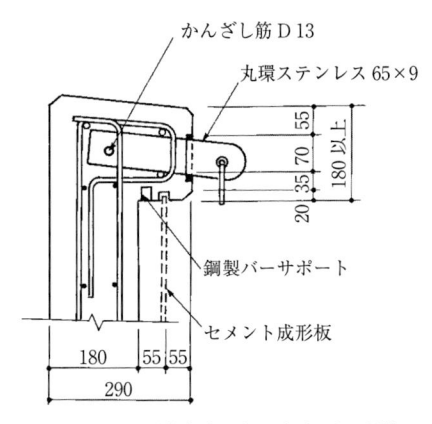

図 5.5-1 防水立上り上部あごの配筋

ブル配筋にするとよい．

また，パラペット立上り部の縦筋はダブルまたはダブルチドリ配筋としている例が多いが，大梁主筋が柱主筋の内側になるため，梁主筋が太径の場合，全て大梁の被り厚さ内に定着している．梁主筋の内側に配筋するには，立上り部の厚さを大きくする必要がある．縦筋の計算でパラペットの丸環周囲の有効幅内の必要本数が多くなる場合は，経済性を考慮し丸環の周囲のみ一般部より配筋を多くすることも考えられる．

(3) 取付け位置

パラペットの天端やあごがひび割れると雨水が侵入して防水層の下に回り込み室内への漏水を生じるので，コンクリートのひび割れ誘発目地を設けてシーリングを行う．丸環の設置位置の割り付けは，写真 5.5-1 のように，意匠上このひび割れ誘発目地位置に合わせる例が多いが，ひび割れ誘発目地部分は，断面寸法がほかに比べて小さい箇所であるうえ，積極的にひび割れを生じさせる位置でもあるので，ほかの部分よりも強度が劣ると考えられる．強度の不足を回避するには，外から見えない場合が多いので意匠的なことよりも安全を優先し両者の位置をずらすのがよいと思われる．

5.5.5 工事監理段階での確認事項

(1) 丸環の受け入れ検査

現場に搬入された丸環・埋込み金物の鋼材の種別，各部寸法，溶融亜鉛メッキの状態や納品書に記載された耐荷重などが設計図どおりであることを確認する．

(2) 丸環の設置位置と個数

設計変更がある場合，丸環の位置なども変更に対応しているか，設計時にレイアウトが確定していなかった設備機器が使用上の障害になっていないか，建物の外周全ての箇所にアクセスできるかなどを確認し，不足する場合は施工図を承認する前に関係者と協議して，位置と個数を調整しなければならない．

(3) 丸環の要否

埋込み金物先端の孔にシャックルを取り付け，それにワイヤーを通して作業を行うことが可能なので，丸環を付けない場合もある．設計打ち合わせで丸環の要否を確認しておくとよい．

(4) 防水立上り上部あごの厚さ

防水立上り上部あごの配筋をダブル配筋とする場合は，通常はあごの下端には水切りまたは防水立上り部を保護するセメント成形板をはめ込む溝があるので，それらから鉄筋の被り厚さを確保す

写真 5.5-1 ひび割れ誘発目地と位置を合わせた丸環の埋込み金物

るためにはあごの厚さは最低180 mm程度必要なので，設計図のあごの厚さを確認する．（図5.5-1）

(5) 防水立上り上部あごの配筋

防水立上り上部あごはダブル配筋として，上下の鉄筋で埋込み金物を挟むように配筋するが，配筋検査ではあごの下端の水切りまたはセメント成形板をはめ込む溝からの鉄筋の被り厚さが確保されていることを確認する．（図5.5-1）

(6) パラペットの配筋

パラペット立上り部の縦筋が下階の壁と同配筋，同位置でなく，差筋が必要な場合は，差筋を忘れていないか確認する．忘れた場合，あと施工アンカーの使用は原則認められないから，解体再施工となるので見逃してはならない．

パラペットには，ひび割れ誘発目地，水平打ち継ぎ目地が設けられているので，目地底からの鉄筋のかぶり厚さを確認する．ただしかぶり厚さが過大な場合パラペットの許容曲げモーメントが小さくなるので適正かぶり厚さを確保する．縦筋の梁への定着はダブル配筋の内側の縦筋を耐震壁と同様に梁主筋の内側に定着すべきである．

(7) かんざし筋の有無

既成丸環の埋込み金物の埋込み部には，引張・曲げ応力に抵抗するようかんざし筋を挿入する孔があけられている．その孔に所定の径・長さのかんざし筋が挿入され，あごの配筋の間に配置されていることを確認する．（図5.5-1）

(8) 埋込み金物回りシーリングの有無

丸環とひび割れ誘発目地の位置を揃える場合は，ひび割れ誘発目地の幅は，埋込み金物の部分のみその左右のシーリングの必要最小幅を確保できるように目地幅を広げる．

丸環とひび割れ誘発目地の位置をずらす場合は，コンクリートの収縮により隙間が生じ雨水が侵入しないよう，埋込み金物の周囲にシーリングのための目地を設ける．

(9) 埋込み金物の取付け勾配

雨水が埋込み金物を伝ってパラペットのひび割れから防水層の下に侵入することのないよう，設計図では埋込み金物の先端が若干下がるように取り付けて埋め込むようになっている例が多い．

5.5　丸　環

工種　金属工事　　　　　　　工事名：　　　　新築工事

部位：丸環　　　　　　　　　　年　月　日　記録：

\multicolumn{5}{c	}{工事監理チェックリスト}
No.	監 理 項 目	確認事項	記　録	備　考
1	丸環の受け入れ検査			
2	丸環の設置位置と個数			
3	丸環の要否			
4	防水立上り上部あごの厚さ			
5	防水立上り上部あごの配筋			
6	パラペットの配筋			
7	かんざし筋の有無			
8	埋込み金物廻りシール目地の有無			
9	埋込み金物の取付け勾配			
10				
11				
12				
13				

略　図

確認印	現場代理人	担　当　者	工 事 監 理 者

2015 JSCA

● 第6章──
仕上ユニット工事

6.1 仕上ユニット
6.2 家　　具
6.3 看　　板
6.4 吊物（バトン・緞帳）

6.1 仕上ユニット

6.1.1 仕上ユニットの概要

建築物において建築および建築設備以外に建築用途別に建築物の機能を果たすための仕上ユニット工事があり，家具，看板，吊物等多岐にわたっている．本章は地震災害時に建築物の仕上ユニットの落下，転倒等により人命に危険を及ぼす可能性がある仕上ユニット工事の設計，監理時の留意点，注意事項等を考慮する．

6.1.2 東日本大震災からの教訓

(1) 家具類の被害概況

東日本大震災では，家具類は転倒・移動・落下など，定位置にあったものはなく，人や建物を傷つけ，地震直後の避難や救助活動の支障をきたした．大地震時においては，人の安全と避難経路の確保が重要である．建物内の家具類や収納家具は，建物本体に固定できるものとできないものがあり，直接固定できるものは，それぞれが置かれる階の床応答加速度に対応できる方法で固定する必要がある．しかし，固定できないものの中にも社会活動の機能保持に関わっているものは少なくない．

6.2 家　　具

6.2.1 家具の被害対策

書棚，家具類は通常事務所等の執務室の区画および利便上執務室内に設置されている場合が多い．書籍，家具ユニットの倒れ，移動の防止を行い，非常時の執務室内の通路を確保する必要がある．

これらを大地震時，長周期地震から守るには，建物全体を免震構造や制震構造にすること，または部分的な免震床や免震機能を持った家具および機器を活用することが必要であり，通常の設置方法でこれらを守ることは難しい．部分的な免震床や免震機能を持った家具としては例えば，銀行のコンピューター，美術館博物館の展示品，病院の医療機器等である．

(1) 地震による家具への影響

家具の耐震性を検討する際には，家具だけの耐震性を検討するのではなく，家具に影響を及ぼす要素の下記項目を含めて，設計図書・現場監理時に考慮する必要がある．
・家具のレイアウト
・家具のタイプ
・家具の寸法
・収納物の状態
・床の状態
・家具の置かれる階数

(2) 地震による家具の動きと被害

　初動　ロッキング→
① 引出しの飛出し，転倒
② 落下，収納物の落下
③ 移動

震災後スチール書庫等は，各メーカーから耐震性を考慮した家具固定用の専用金物が用意されている．

6.2 家具

以下に家具を固定する場合の問題点をあげる．
・固定場所が限定されることから，レイアウト上の自由度が低い．
・固定状況によっては，床・壁・天井に大きな変形を与えたり，家具そのものが壊れてしまうことが起きる．
・軽量鉄骨下地間仕切壁，システム天井，フリーアクセスフロアなどは，家具の固定に耐えられる強度を持ち合せている箇所が限定されている．
・家具を固定すると，今度は内容物が飛出してくる．最近ではラッチ付き扉や飛出し防止バー付きのものができているが，全ての既存家具に飛出し防止機能を付設することは難しい．

6.2.2 避難通路・避難方向の適否

人命の安全確保は最も優先順位の高い課題であり非常時の退路を妨げるのは家具だけではないため全体的な避難計画と自主防災，レイアウト上の対策を行い避難に有効な通路を確保する．
また避難通路・避難方向を明確にする．

6.2.3 避難通路の幅1.2m以上の確保

普段のメイン通路の幅を1.2m以上とし，避難路が複雑にならず，家具の移動によって塞がれないようにする．同じスペースで同じ家具を使った場合でも配置を換えることで安全度はかなり改善できるため，部屋のレイアウトを決める際には，避難経路を確保するための配慮が必要である．

6.2.4 避難通路の確保

避難通路を確保するにあたり，下記項目等を考慮する．
・出入口付近に転倒，移動するおそれのある家具を置かない．
・袋小路のような通路はつくらない．
・ローパティションは倒れにくい形に配置する．
・部屋の中間に一列に背の高い収納家具等を配置しない．

写真6.2-1　避難通路の家具転倒

写真6.2-2　家具の転倒

写真6.2-3　家具の移動・転倒

第6章　仕上ユニット工事

・執務エリアに背の高い家具は置かない．

6.2.5　家具の転倒防止措置の有無

転倒防止対策として，収納家具は下から順に重いものを入れるようにし，決して上段に収納物を集中させない．またレイアウト整備後，壁面の収納庫は床，壁，天井に固定する．

近年家具の転倒防止対策用に転倒防止金具，ウレタン系の器具等が開発されている．

6.2.6　家具の滑動防止措置の有無

家具の被害は地震の方向性により差異がある．転倒を免れた家具も上下動により天井を突き破って移動している場合がある．

滑動防止対策として，家具は床，壁および天井に固定する．

6.2.7　部屋の中間に位置している家具の転倒防止

執務室内の中央に収納家具を設置する場合は，本体同士をジョイント連結し，ブロック化する．

6.2.8　家具の引出し，扉にラッチ機構の有無

地震時に家具内から品物の飛出しを防ぐことが重要であり，家具に引出しや扉にラッチ機構を備えた家具が効果的である．ガラス製品には飛散防止フィルムを貼っておく．

写真 6.2-4　家具の移動

写真 6.2-5　家具内の品物の飛出し

キャスター付きのOA機器はキャスターをロックし，PC，プリンター等はディスクに専用テープで留めるか，樹脂系の滑動防止材を敷く．

コラム　樹脂系滑動防止材について

最近さまざまな滑動防止材が，いろいろなメーカーより開発され，販売されている．

ただ使用購入者が全てに効果があるものと考え誤解を招きやすい．

例　同形状，同重量の家具を低層建物のn階に置いた場合と高層建物のn階に置いた場合とでは建物の揺れる度合いが違い，家具を置く場所で滑動防止材の特性を理解し形状，数量を変える必要があり，構造設計者に相談する．

6.2 家具

(1) 転倒のメカニズム1
■家具がロッキングする力
① 釣り合い
$$\alpha W \cdot hg = W \times D/2$$
　αW：家具に作用する水平力
　hg：重心位置
$$\alpha W = \frac{W \times D/2}{hg}$$
$$\alpha = \frac{D}{2hg}$$

② ロッキング加速度(α)
$$\alpha = \frac{D}{2hg} \times 980\text{gal}$$

(2) 転倒のメカニズム2
■水平加速度により家具が転倒する場合
① ロッキング加速度(α)
$$\alpha = \frac{D}{2hg} \times 980\text{gal}$$
$$= \frac{450}{2100} \times 980 = 210\text{gal}（震度5強相当）$$

② 家具に及ぼす水平力
$$\alpha W = \frac{D}{2hg} \times 4900 = 1050\text{N}$$

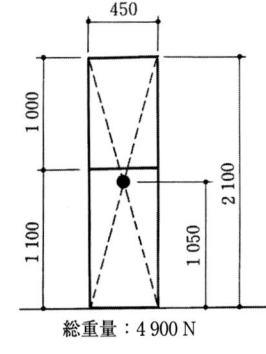

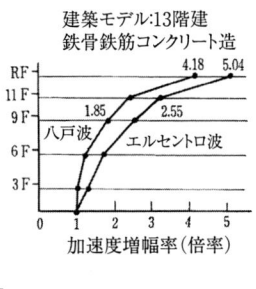

総重量：4 900 N

建築モデル：13階建
鉄骨鉄筋コンクリート造

(3) さまざまな転倒防止策1
■背合せ固定
① 用途：床や壁に固定できない場合
$$\alpha = \frac{D}{2hg} \times 980\text{gal}$$
$$= \frac{900}{2100} \times 980 = 420\text{gal}$$

（地表面で震度7強相当）

② 効果：対策を何も施さない場合の2倍の強度を持つ

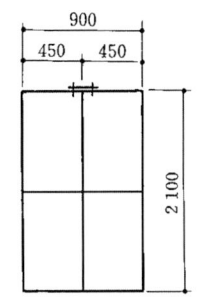

注）引抜き強度Xは躯体コンクリート強度および埋込み長さにより異なる．

(4) さまざまな転倒防止策2
■壁固定（コンクリート壁にM6アンカー1本で固定した場合）
① 用途：コンクリート壁があった場合
$$X = \frac{k \times W \times hg - (W - kv \cdot W) \times D/2}{H'}$$

より
$$k = \frac{X \times H'/W + d/2 \times (1 - kv)}{hg}$$
$$\alpha = \frac{X \times H'/W + d/2 \times (1 - kv)}{hg} \times 980$$
$$= \frac{2942 \times 2130/4900 + 361/2(1 - 0.3)}{hg} \times 980$$
$$= 1311\text{gal}$$

② 効果：小さな保持力で効果がある

第6章　仕上ユニット工事

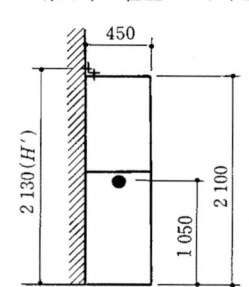

X：引抜き強度(M6：2 942 N)
k：水平震度
k_v：鉛直震度(0.3G)
W：総重量(4 900 N)
d：アジャスターピッチ(361 mm)
H'：取付け高さ(2 130 mm)
$α$：ロッキング加速度(gal)
h_g：重心(1 050 mm)

② 効果：大きな保持力が必要であるが取付け場所を選ばず固定できる

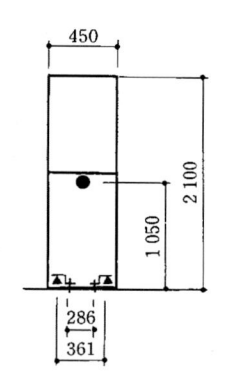

X：引抜き強度(M10：7 178 N)
k：水平震度
k_v：鉛直震度(0.3G)
W：総重量(4 900 N)
D：アジャスターピッチ(361 mm)
D'：アンカーピッチ(286 mm)
$α$：ロッキング加速度(gal)
h_g：重心(1 050 mm)

(5) さまざまな転倒防止策3

■床固定（床にM10アンカー前後各2本で固定した場合）

① 用途・特徴：場所を選ばず固定が可能

$$X = \frac{k \times W \times hg - (W - kv \cdot W) \times D/2}{H'}$$

より

$$k = \frac{2 \times X \times D'/W + D/2 \times (1-kv)}{hg}$$

$$α = \frac{2 \times X \times D'/W + D/2 \times (1-kv)}{hg} \times 980$$

$$= \frac{2 \times 7178 \times 286/4900 + 361/2 \times (1-0.3)}{hg} \times 980$$

$$= 900 \text{gal}$$

注）引抜き強度Xは躯体コンクリート強度および埋込み長さにより異なる．

6.2　家　具

工種　仕上ユニット　　　　　　　工事名：　　　　　　新築工事

部位：家具　　　　　　　　　　　　年　　月　　日　記録：

No.	監　理　項　目	確認事項	記　録	備　考
	工事監理チェックリスト			
1	避難通路・避難方向の適否、方法			
2	避難通路の幅1.2 m以上の確保			
3	避難通路の確保、方法			
4	家具の転倒防止措置の有無、方法			
5	家具の滑動防止措置の有無、方法			
6	部屋中間に位置している家具の転倒防止、方法			
7	家具の引出し・扉にラッチ機構の有無、方法			
8	OA機器類の滑動防止措置の方法			
9				
10				
11				
12				
13				

略　図

確認印	現場代理人	担　当　者	工　事　監　理　者

2015 JSCA

第6章　仕上ユニット工事

6.3　看　板

　市街地には屋上看板，壁面看板および袖看板等多くの看板が道路や歩道に面して設置されている．看板は地震時だけでなく台風時にも耐えうるように設計し設置されている．設置後はおざなりにされることが多く，定期点検されていないのが現状である．ビル管理者は常時点検する必要がある．

6.3.1　看板の分類

以下に分類される

(1) 屋上看板
・設計時に荷重だけを見込み諸条例等の手続は看板業者にて行い，施工することが多い．
　アンカーボルト埋込みは本工事内になるので関係業者と打合せ・施工を行うこと．

写真 6.3-1　屋上看板(1)

写真 6.3-2　屋上看板(鉄骨下地)

写真 6.3-3　屋上看板(柱脚1)

写真 6.3-4　屋上看板(柱脚2)

写真 6.3-5　屋上看板(2)

写真 6.3-6　屋上看板(柱脚3)

6.3 看 板

写真 6.3-7 屋上看板(柱脚4)

写真 6.3-9 壁面看板(ブラケット式2：山形鋼)

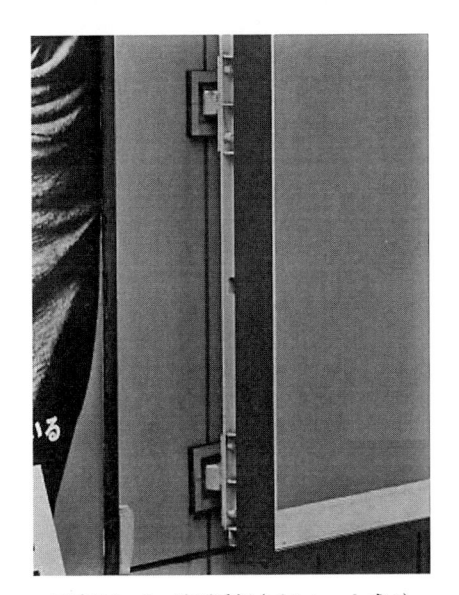

写真 6.3-8 壁面看板(ブラケット式1)

写真 6.3-10 袖看板

(2) 壁面看板
・建物完成後テナントが決まってから壁面看板を看板業者が設置する場合が多い．
アンカーボルトはあと施工アンカーになる．
設計時に荷重を見込む必要がある．

(3) 袖看板
・建物完成後テナントが決まってから袖看板を看板業者が設置する場合が多い．
アンカーボルトはあと施工アンカーになる．
袖看板取付は簡易施工してあるのが多く散見され，施工が雑なのが多い．

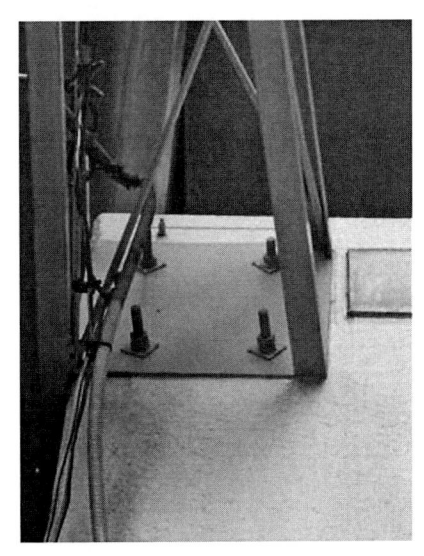

写真 6.3-11 袖看板(柱脚1)

第6章　仕上ユニット工事

写真 6.3-12　簡易袖看板（底板：鉄板）

写真 6.3-13　独立看板（底板：ステンレス）

6.3.2　各看板のアンカーボルトの材質確認

各看板は設計図または施工図により，看板の取付位置・アンカーボルト径・材質などを照合し確認する．

点検時にアンカーボルトの錆による腐食等が確認されていないのが現状であり，点検項目に記載する必要がある．

6.3.3　各看板下地材の防錆種類の確認

看板は風雨にさらされるため看板内部に雨水が浸入してもよいように製作されている．しかし，下地材の材質によっては看板の仕上材が落下事故を引き起こす可能性が大きくなる．設置の際には下地材の材質を十分検討し，腐食するような材質を使用するときは防錆塗装を施し防錆性能の工事監理者は確認する必要がある．

(4) 独立看板
・建物完成後テナントが決まってから独立看板を看板業者が設置する場合が多い．
　ただし，ビル看板として設計時に看板業者を選定し，本工事として施工する場合もあり関係業者と打合せ・施工を行うこと．

6.3 看　　板

6.3.4 屋外広告物の区分別の安全管理

表 6.3-1　屋外広告物の安全管理

レベル ＼ 工程	設計	製作	設置施工	保守管理
A 工作物許可申請あり （高さが4m以上） 看板の管理者　要	図面作成 ▼ 構造計算 ▼ 建築確認申請 ▼ 建築検査 ▼ 屋外広告物登録	図面確認 ▼ 看板製作	安全対策 ▼ 設置 ▼ 完了届	屋外広告物継続申請 （2年ごとの継続） ▼ 自己点検実施 ▼ 自己点検報告書提出
B 屋外広告物許可申請あり （高さ4m未満） （広告表示面積） 看板の管理者　要	図面作成 ▼ 屋外広告物登録	図面確認 ▼ 看板製作	安全対策 ▼ 設置 ▼ 完了届	屋外広告物継続申請 （2年ごとの継続） ▼ 自己点検実施 ▼ 自己点検報告書提出
C 許可申請は要らない 看板の管理者　不明	良きも悪きは業者次第 工作物にはならないので不要 広告面積以内であれば屋外広告申請も不要	良きも悪きは業者次第	良きも悪きは業者次第	一般 ├建物所有者の判断 └広告主の判断 専門 ├看板管理者 ├ビル管理者 └専門の保守管理会社
D 無許可 看板の管理者　不明	違法広告が多い	違法な形状大きさ	取付手法不明	しない

第6章 仕上ユニット工事

6.4 吊物（バトン・緞帳）

6.4.1 吊物アンカーボルトの形状および補強筋の確認

バトン・緞帳等の吊物は，用途によって形状・寸法・重量等に差異があり，吊り荷重を受けるアンカーボルトの形状（ステッキ型，L型）およびアンカーボルト配置部分は，床補強筋も必要になってくる場合もあるので注意を要する．補強筋は構造設計者と協議のうえ補強範囲を設定する．

6.4.2 吊物の耐荷重安全率の確認

吊物は常時吊下げるものと，その都度吊下げるものがある．また手動で行うものと電動で行うものがある．吊物の下地材，躯体との取り合い部材は想定される作用荷重に対して耐荷重の安全率を照合し，構造設計者に確認する必要がある．

6.4.3 駆動装置の取付けの確認

吊物の駆動装置は上下・左右・前後および回転があり，設計図または施工図により駆動装置の取付け位置・取付け下地材と躯体との取合い部材・金物等を照合し，間違いのないことを工事監理者は確認する．

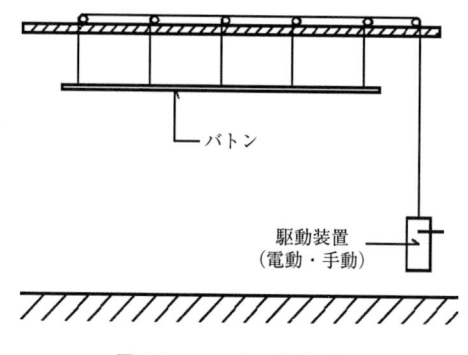

図 6.4-1 バトン取付略図

写真 6.4-1 バトン駆動（電動1）

写真 6.4-2 バトン駆動（電動2）

6.4 吊物（バトン・緞帳）

工種　仕上ユニット　　　　　　　工事名：　　　　新築工事

部位：看板、吊物（バトン・緞帳）　　　年　　月　　日　記録：

No.	監理項目	確認事項	記録	備考
\multicolumn{5}{c}{工事監理チェックリスト}				
1	各看板のアンカーボルト材質の確認、方法			
2	各看板下地材の防錆種類の確認、方法			
3	吊物アンカーボルトの形状および補強筋確認、方法			
4	吊物の耐荷重安全率の確認、方法			
5	駆動装置の取付けの確認、方法			
6				
7				
8				
9				
10				
11				
12				
13				

略図

確認印	現場代理人	担当者	工事監理者

2015 JSCA

● 第 7 章 ──
機械設備工事

7.1 機械設備
7.2 その他の機械設備

第7章　機械設備工事

7.1　機械設備

7.1.1　機械設備の概要

(1) 空調設備

　設備機器は，冷却塔のように床上面に設置する場合とパイプラックやダクトのように床材より吊り下げる場合とがある．各種機器による地震時反力が水平および上下方向に作用するため，架台や吊材は機器の取付け部から建物の支持点まで確実に応力伝達できるだけでなく，変形を抑制しほかの機器や天井・壁等に衝突させない必要がある．

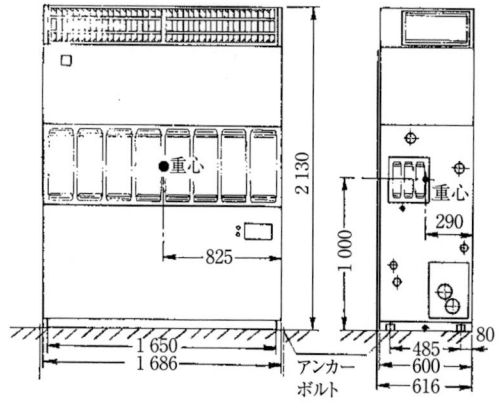

(a) 床上面に設置する機器

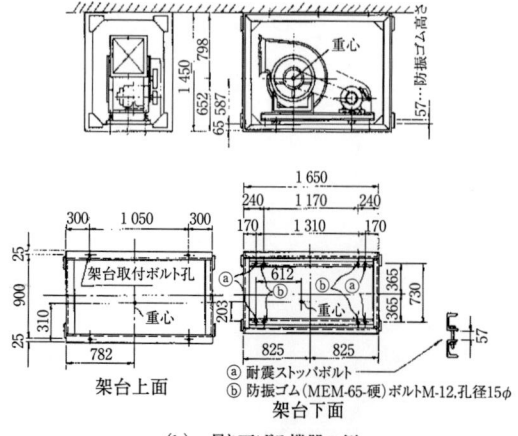

(b) 吊り下げる機器の例

図 7.1-1　空調設備機器設置例 [1], p.186,196

(2) 給排水衛生設備

　給排水衛生設備も空調設備と同様に屋内外で床上面に設置する場合と配管等吊り下げられる場合がある．

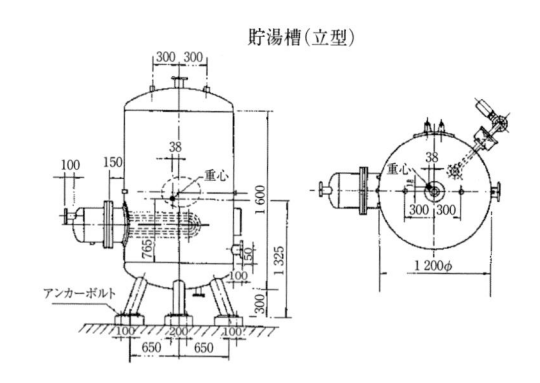

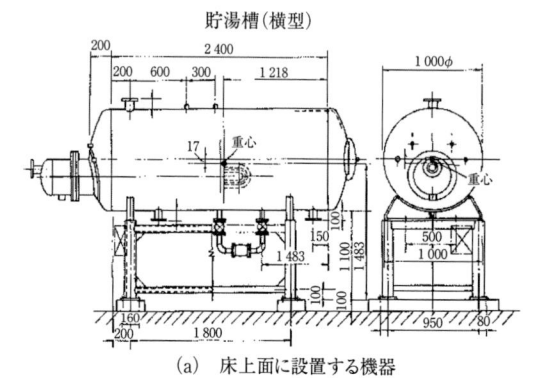

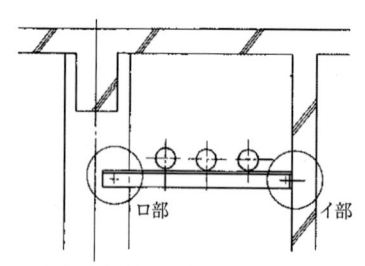

(a) 床上面に設置する機器

タイプ1　配管を支持材上部に設置の場合

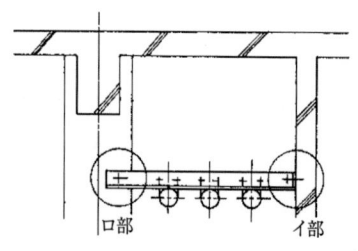

タイプ2　配管を支持材下部に設置の場合

(b) 吊り下げタイプの配管の例

図 7.1-2　給排水衛生設備機器設置例 [1], p.149,194,195

7.1.2 東日本大震災からの教訓

(1) 機械設備の被害状況

東日本大震災では設備機器について，以下のような被害が多かったと報告されている[2]．特に①②の被害が多く，本震だけでなく余震時に大きな被害が生じた例も少なくない．これは継続時間の長い本震で損傷した後，余震により吊りボルトが破断し機器の落下に至ったと推定されている．

また，貯湯槽の脚部や基礎・アンカーの損傷や配管の切断被害が多かったと報告されている[2]．

① 天井吊り機器の損傷や落下
② 屋上機器の転倒等
③ 機器脚部の損傷
④ アンカーボルトの抜けや破断

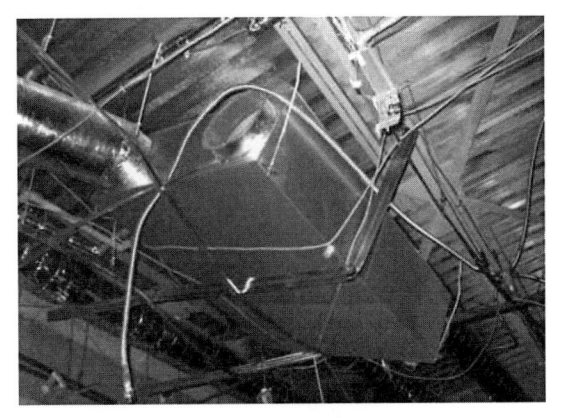

写真 7.1 - 1　天井内設備機器の破損 [3], p.Ⅱ-25

写真 7.1 - 2　排煙口の落下 [3], p.Ⅱ-25

写真 7.1 - 3　ダクトの破損 [4], p.110

写真 7.1 - 4　屋上機器の支持部破損・移動 [3], p.Ⅱ-26

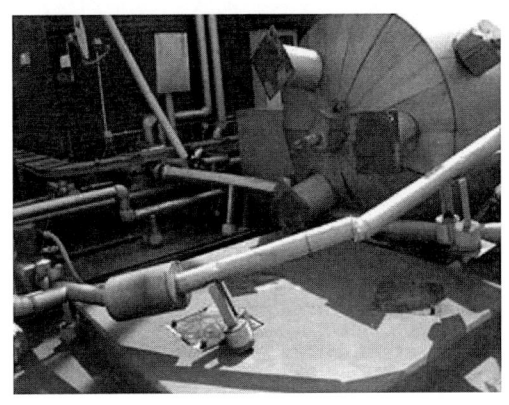

写真 7.1 - 5　貯湯槽の転倒 [4], p.115

(2) 機械設備の被害事例・原因・対策

事例 - 1

■被害分類：天井吊り機器

吊りボルト，吊りピース，振止め，吊支持金物等の変形・破損／アンカーの抜け／天吊機器・ダクト・排煙口・吹出口器具等の破損，落下

■原因

過大な変形／クリアランス不足による機器の衝突

第7章　機械設備工事

■対策

ブレース等を用いて変形を抑制するとともに，天井吊り材と設備機器の必要なクリアランスを確保する．

また，継続時間の長い地震動や余震にも配慮し，充分に余裕を持った設計や落下防止対策が必要である．

事例-2

■被害分類：屋上機器等

室外機の転倒／設備機器の移動・回転／床置ラックの倒れ／貯湯槽の転倒

■原因

不適切な施工／非構造部材（押えコン）への不適切な緊結等の配慮不足

■対策

取付け部・緊結部分（コンクリート定着部，鋼材の板厚，縁あき等）の納まりを確実に確認する[3]．特に被災後に有効な重要な機器（給湯設備等）の取付け部には充分に余裕を持った設計とすることが望ましい．

(3) その他

耐震改修促進法により建物の耐震補強は増えているが，建築設備に対する耐震補強が十分でなかった例が多かったと報告されている．[5]

設備機器の耐震診断・補強の推進が望まれる．

7.1.3 関連法規および基・規準の現状

(1) 関連法規

① 建築基準法施行令第129条の2の4
　「建築設備の構造強度」

② 建設省告示第1388号（平成12年5月29日）
　「建築設備の構造耐力上安全な構造方法を定める件」

なお，関連法規が，『建築設備耐震設計・施工指針2014年版』（日本建築センター）に，まとめられているので参考となる．

③ 国土交通省告示第1447号（平成24年12月12日）
　「給湯設備の転倒防止等に関する措置についての基準の明確化」

③は東日本大震災後の法改正で，①に関する追加事項として定められた．

東日本大震災ではアンカーボルトと脚部の強度不足による転倒が目立った．浄水を貯めている給湯設備は断水時の有効な水源とされていたが，転倒により貴重な水源が損なわれたため，給湯設備の転倒防止等に関する措置についての基準が明確化された．

改正の主な内容は以下である．

・アンカーボルトの種類と本数の規定
・計算による安全性の確認

※建築設備と構造設計者

①〜③の法令に基づき「建築設備の構造耐力上の安全性」について，構造設計一級建築士＊が適法であること確認する必要がある．

（＊建物規模等による）

(2) 関連基・規準の現状

設備関連の基・規準としては，下記が参考になる．

・建築設備耐震設計・施工指針2014年版：日本建築センター
・建築設備耐震設計・施工指針2005年版 Q&A集：日本建築センター
・官庁施設の総合耐震計画基準及び同解説　平成8年版：公共建築協会
・官庁施設の総合耐震診断・改修基準および同解説　平成8年版：日本建築設備・昇降機センター
・建築設備・昇降機耐震診断基準及び改修指針1996年版：日本建築設備・昇降機センター
・建築設備の耐震設計・施工法(2011)：空気調和・衛生工学会
・FRP水槽耐震設計基準(1980)：強化プラスチッ

ク協会
・FRP水槽構造設計計算法（1981）：強化プラスチック協会
・あと施工アンカー設計指針（案）・同解説（1996）：日本建築あと施工アンカー協会
・あと施工アンカー技術資料（改訂版）（2005）：日本建築あと施工アンカー協会
・建築設備用銅配管耐震設計・施工指針（案）（1982）：日本銅センター

※その他，建築設備耐震設計・施工指針2014年版：日本建築センター[1]では，第3編 付録として，下記がまとめられており参考となる．

・床応答倍率の略算値
・耐震クラスの適用例
・水槽の有効重量および地震力の作用点
・鉄骨架台の接合部の例
・配管等支持材に発生する部材力および躯体取付け部に作用する力
・建築基準関連法規における建築設備等の耐震規定

7.1.4 設計図書に関する留意点

(1) 要求性能

機械設備に対する耐震性能については，2つの留意点が想定される．
① 機器の落下・移動・転倒等による人的・物的被害の防止
② 機械設備としての機能確保
①については，人命保護の観点より大地震時であっても被害を防止する必要がある．
②については，大地震時に損傷を許容する場合，一時的な機能停止を許容する場合，地震後も継続使用が必要な場合が想定され，機器の重要性に応じた要求性能を明らかにしておく必要がある．

(2) 外力に関する留意点

水平動・上下動について，設計用局部震度を設定し設計されることが一般的である．床応答の適切な設定と吊り部や突出部を考慮した設備機器の応答倍率を適切に評価する必要がある．機器の応答倍率は取り付けられる状態（機器重量・突出高さや吊長さ・固定部の剛性）により大きく異なる．

構造設計者は，床応答による震度を設備設計者に提供し，各機器の重要度や特性に応じた反力を設備設計者より受領・確認し，支持部材を設計する．

文献[1]には，局部震度法による設備機器の地震力の考え方が示されており，設備機器の応答倍率は下記とされているので引用する．

機器の取付状態	応答倍率
防振支持された設備機器	2.0
耐震支持された設備機器	1.5

なお，上記の値とともに，設備機器据付け用構造特性係数 D_{SS} が設定されており，上層階では耐震クラスに応じて，設計用標準震度は1.0～2.0に相当する．

D_{SS}：振動応答解析が行われていない設備機器の据付・取り付けの場合，2/3と設定
また，機器の転倒に関して，上下動を水平動の1/2と仮定し検討することとなっている．

上記の仮定に基づくと，防振支持以外の機器は堅固に据付けられることが前提となっており，下記の確認が重要となる．
・機器の取付け状態の確認
・機器が取り付けられた支持材が充分な剛性と強度を有すること．

(3) 変形に関する留意点

各種機器の衝突，機器と天井の衝突による落下や転倒を避けるため，原則，設備機器は変形を抑制することが望ましい．また，天井も含め周辺機器と必要なクリアランスを設ける必要がある．

(4) 各設計者の役割と設計図書に記載する内容

各設計者（意匠・構造・設備）は，役割を明確にし，協同して確実に，各図に必要な事項を記載する．

ⅰ）各設計者の役割

① 意匠設計者の役割
・設備機器設置の空間を確保する．（設備・構造と協同し，クリアランスに配慮する）
　※天井内に設置される設備機器は天井吊材との干渉，壁と天井のクリアランス等充分な配慮が必要
・建物に応じた耐震グレード（構造・設備）を協議し理解する．（設備・構造）

② 構造設計者の役割
・地震時の床応答（加速度・層間変形）を提示し，機器や架台の応答倍率が適切であるか確認する．
・設備機器の重量を把握するだけでなく，機器の適切な取付け・支持方法を助言し，確認する．

空調・衛生設備工事特記仕様書（参考）

■ 耐震対策
・各機器の据え付けの為の耐震クラスは下記による（機器表に指定の有る場合は，その数値が優先する）
・機器等の据え付け施工の為の設計用水平震度は，特記仕様書別冊による。
・その他クラスの設計用水平震度は，（上層階・屋上）—　（中間階）—　（地階及び1階）—

クラス	・空調	対象機器		
特殊（S）	● 防災機器	● 熱源系（ポンプ・熱交換器）		● 配管
	● 空調機	● 送風機　● PAC　● ファンコイル		
上級（A）	○ 防災機器	○ 熱源系（ポンプ・熱交換器）		○ 配管
	○ 空調機	○ 送風機　○ PAC　○ ファンコイル	○ Sクラス以外の機器類	
一般（B）	○ 防災機器	○ ポンプ・熱交換器		○ 配管
	○ 空調機	○ 送風機　○ PAC　○ ファンコイル	○ S・Aクラス以外の機器類	
その他	○			

・機器・配管等の耐震支持・振れ止め等の設置を施工図に基づき作成し，係員の確認を受ける。

クラス	・衛生	対象機器		
特殊（S）	● 消火系機器	● 水槽類　● 給水ポンプ	● 消火配管	● 給排水配管
	● 温水器・湯沸器	● 排水ポンプ		
上級（A）	○ 消火系機器	○ 水槽類　○ 給水ポンプ	○ 消火配管	○ 給排水配管
	○ 温水器・湯沸器	○ 排水ポンプ		
一般（B）	○ 消火系機器	○ 水槽類　○ 給水ポンプ	○ 消火配管	○ 給排水配管
	○ 温水器・湯沸器	○ 排水ポンプ	○ S・Aクラス以外の機器類	
その他	○			

・機器・配管等の耐震支持・振れ止め等の設置を施工図に基づき作成し，係員の確認を受ける。

※参考
・公共工事標準仕様書(機械工事編)[5]
・建築設備耐震設計・施工指針 2014 年版 [1]

空調・衛生設備工事特記仕様書(参考)

7.1 機械設備

- 設備機器が取り付けられる小梁等を設置し，要求性能に応じた取付け方法・支持方法を決定する．

③ 設備設計者の役割

- 設備機器の重量等（動荷重や各種反力），耐震グレードを設定する．
  ※地震時の機器や架台の応答を考慮した反力を構造設計者に提供する
- 設備機器の適切な取付け・支持方法を選定する．
- 設備機器設置に必要な空間を明示する．

ⅱ）設計図書に記載する内容

設計者は建築設備の構造耐力上安全な構造方法を設計図に定め，監理者および施工者は設計図の意図を理解し，その性能を確実に実現しなければならない．下記に設計図に記載すべき内容を示す．

- 設備機器の耐震クラスを記載し，実現する性能を明確にする．
- 設備機器の配置は，必要なクリアランスも含め

第4節　耐震対策（引用）

1　耐震基準

（第3編 2.1.1）
（第5編 2.2.1）

a. 地上3階以上、高さ60m以下の建築物に設置される設備機器・配管等の据付は、設計図に記載ない限り日本建築センター発行「建築設備耐震設計・施工指針」[1]に準拠する。

b. 機器等の据え付け施工の為の設計用水平震度は下表による。

設置場所　　　　　クラス	耐震クラスS	耐震クラスA	耐震クラスB
上層階、屋上および塔屋	2.0	1.5	1.0
中間階	1.5	1.0	0.6
地階及び1階	1.0 (1.5)	0.6 (1.0)	0.4 (0.6)

注　1) 上層階の定義は、2～6階建ては最上階、7～9階建ては上階2階、10～12階建ては上階3階、13階建て以上は上層4階とする。
　　2) 耐震クラスSは特に重要なグレード、耐震クラスAは重要なグレード、耐震クラスBは通常グレードを対象とする。
　　3) 防振装置を付した機器の耐震クラスは耐震設計・施工指針による。
　　4) 天吊り機器は、それを支持する床の階に設置されているものとする。
　　5) （　）内の数値は、水槽の場合に適用する。

2　耐震対策　　　　　　　　　　　　　　　　　　　　　　　　　　　　　　　　　　　（追記項目）

a. 吊りボルトは原則インサートによることとし、やむを得ず、あと施工アンカーとする場合は監理者と協議の上、雄ねじメカニカルアンカーを用いる。
b. 天井吊り機器の吊りボルト長が100cmを越す場合はブレースまたは振止めを設置し、150cmを越す場合は原則形鋼にて支持を取る。
c. 機器類据付用ボルトは原則径12mm以上とし、ナットはダブルナットとする。
d. 機器の施工にあと施工アンカーを用いる場合には落下防止対策を施すこと。
e. あと施工アンカー施工に際しては配筋調査を行い、損傷無きよう施工する。

※参考
- 公共工事標準仕様書(機械工事編)[5]
- 建築設備耐震設計・施工指針 2014年版[1]

第4節　耐震対策（引用）

て記載する.
- アンカーや支持部材の仕様を記載する.
- 設備機器を支持する部材の配置やアンカーを含む位置を明確にし,転倒や移動を防止する.
- アンカーや支持部材は必要ピッチや数を記載するだけでなく,取り付けられる部位(スラブや壁等)を明確にし,脚部の損傷やアンカーの抜けを防止する.
- 吊り下げる機器や配管について,脱落防止等の措置を設ける場合はその方法を明確に記載する.
- 設備工事と建築工事の範囲を明確にし,各工事の仕様(ボルト等)を明確に把握できる内容とする.
- 天井や壁等とのクリアランスを確保が確実に実現できるよう,施工図にて図示し確認するべき内容を設計図に明確にする.

iii) 特記仕様

作成する図面の参考として,次頁に特記仕様を示す.また,基準として参照している標準仕様書の記載も併せて示す.

7.1.5 工事監理段階での確認事項

(1) 機械設備

i) 架台等計算書の確認

建物の機能を果たす設備機器は,冷却塔のように床面より上部に載せる場合と,パイプラックやダクトのように床材より吊り下げる場合とがある.各種の機器は,地震時に水平や上下方向に外力が作用するため,架台や吊材は,機器の取付け部から建物の支持点まで外力がスムーズに流れ,かつ,損傷しない程度の揺れ方でなければならない.

設備機器の製作図が提出された場合は,設計図と改めて照合し,次の事項が明らかになっていることを確認し,不備がある場合は追加して提出を求める.

① 機器の運転重量
② 重心の高さ
③ 震度
④ 機械の配置と梁の位置関係図
⑤ 機器の取付けと建物躯体との支持方法
⑥ 架台の架構詳細
⑦ 架台の構造計算書

ii) 鉄骨仕口納まりの適否

鋼材は材幅に対して肉厚が薄いため,局部座屈が生じない厚さとしなければならない.屋外に設置される部材は,機械の耐用年数まで強度が確保される材質・肉厚・防錆処理およびメンテナンスが容易であること等が考慮されていなければならない.

写真7.1-6は,屋上に設置された冷却塔の架台であるが,承認申請図が機械設備設計担当者の印のみで,工事監理者や構造設計者は素通りして製作し現場で組み立てられた.本例は,工事監理者が現場を巡視中に部材の不適切を発見した.

事前に承認者を確実に施工者に伝達し,承認後の製作とすることで,未然に防止できた不具合であると考えられる.

【架台概要】冷却塔据付け高さ:GL+62m

寸　法:(L)3 570,(W)12 900,(H)2 770
運転重量:WT=17 940 kg
梁　材:[－100×50×1.6
桁　材:C－125×50×20×1.6
束　材:[－100×50×2.3　斜 材:L－30×30×3

写真7.1-6　冷却塔据付け完了の鉄骨架台

写真7.1-7は，冷却塔の底を見上げた鉄骨架台の納まりであるが，次のような問題がある．
① 束材と桁材が偏心しており，引張ボルト接合で，軽量溝形鋼の束材フランジが変形する．
② 斜材が束のウェブ面に直付けのため，水平力が作用した場合に局部変形が生じる．
③ 部材の肉厚が薄いため錆が発生すれば早期に強度が低下し，機械の耐用年数以内に架台の更新が必要となる．

iii) 斜材
① 架構の節点とブレースの節点は一致させるのが原則であるが，偏心距離が大きい場合は部材に曲げモーメントが生じ，軸力との合成応力で降伏するおそれがあるため，極力接近させることが重要である．
② 斜め材が1方向のため圧縮力が作用し，L－30×30×3では座屈する可能性が高い．
③ 2本の斜め材をつづり材でつないでいないため，圧縮力が作用した場合には最小断面二次半径で斜め材が座屈し，冷却塔の傾斜に伴い設備機械と接続されている配管からの水漏れや破損が考えられる．

本例では，仕口の納まり等が不十分であったため，写真7.1-9に示すように，架台を作り替えることになった．

架台の取替えは，束脚部防振ベースのアジャスターを高くし，ジャッキアップして架台を取り替えた後ジャッキダウンして是正した．写真7.1-10は架台脚部の取替え作業中で，写真7.1-11は架台脚部の取替え完了後の姿である．

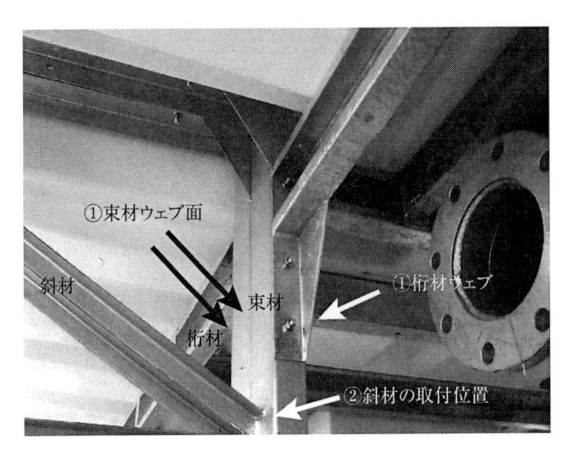

写真7.1-7 束材と桁材の仕口詳細

写真7.1-8 鉄骨架台の貧弱な斜め材

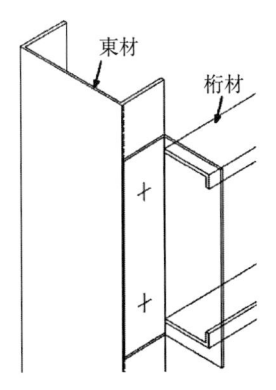

図7.1-3 束材と桁材の偏心

写真7.1-9 冷却塔の架台を再製作

第 7 章　機械設備工事

写真 7.1-10　冷却塔ジャッキアップ後，架台を取り替える

写真 7.1-12　機械基礎のアンカーボルト高さ

写真 7.1-11　架台脚部の取替え完了後の姿

iv）脚部取付けボルト余長

　機械基礎に埋め込むアンカーボルトは，機械のチャンネルベースにテーパーワッシャーを挟んで二重ナット締め，またはスプリングワッシャーにナット締めとなるため，締め代と余長を考慮した高さに取り付けて基礎コンクリートを打設しなければならない．

　写真 7.1-12 は，検討不足であったため，機械基礎のアンカーボルトが低い高さで埋め込まれており，基礎を斫ってモルタルで仕上げ，天端を下げなければならなくなった．

v）ルーズホール

　ルーズホールは，取付け位置を微調整できるようにする場合に用いられる長楕円形のボルト孔である．

孔の加工は，ルーズホール長さの両端に 2 つの丸孔をあけ，孔の接線を切断した長孔とするが，削り仕上げが悪く凹凸や接線まで仕上げられていない場合がある．受入れ検査を入念に行い，取付け前に適正になるまで補修をしておかないと取付けが困難となる．

vi）テーパーワッシャーの径

　機械には，一般的に溝形鋼のチャンネルベースが取り付けられており，これを建物の床上に設置された基礎に載せ，アンカーボルトと接続することになる．溝形鋼はフランジの内面が 5 度のテーパーが付いており，平座金ではフランジ面に隙間が生じるため，5 度のテーパーワッシャーを正しく使用しなければならない．

　ルーズホールは，ワッシャーの掛り代が少なく平行部分の幅が大きい場合があるため，ワッシャーは外形が大きいサイズを使用することがポイントである．

vii）ナットの戻り止め措置

　機械の振動や地震の揺れにより，ナットが緩む場合があるため二重ナット締め，またはスプリングワッシャー締め等の措置を講じておかなければならない．

viii）溶接スラグの有無

　溶接スラグは，溶着金属の表面に付着した不純物であり，わずかな衝撃ではがれるため錆止め塗

装や亜鉛めっきの前には完全に除去しなければならない．施工要領書にはスラグを完全に除去することを明記し，現場で確認することが耐久性と美観上重要である．

ix） 防振対策の有無

　機器の振動が障害となる居室がある場合は，防振対策が十分であるか否かを確認し，不十分な場合は，事前に対策を講じておくことが重要である．

　写真7.1-13は，設計時点の検討がなされず，着工後に住宅階への冷却塔振動に対する影響が検討され，防振ゴムを挿入した事例である．

(2) 給排水衛生設備

ⅰ） 吊りボルトに作用する最大荷重

　機械室の天井には縦横に配管が重なりその管径も大きいため，吊りボルトの設置間隔から吊ボルトに生じる応力を算定し，安全率を見込んで吊りボルトのサイズと埋込み長さを決めなければならない．

ⅱ） インサート・吊りボルトの安全性

　インサートは，コンクリートの引張耐力に依存しているため，コンクリートの引張破壊線が欠けないように材端からの縁あきを確保する必要がある．原則は梁の側面に取り付ける．止むをえず，梁下端に取り付ける場合は，主筋の内側にインサートを設置するように注意が必要である．

ⅲ） 現場溶接について

　エルボーやチーズと呼ばれる曲がり管は，溶接開先付きで製造されているが，直管同士を溶接した場合は開先加工を省略して溶接している場合があるが適用可能か確認が必要である．

　パイプやダクトは要所に吊り材を設けて揺れを防止するが，写真7.1-14の吊材の接合部が，開先がなくⅠ形溶接では安全性が乏しいため，写真7.1-15のようにガセットプレートを添えて隅肉溶接で補強した．配管や吊材の接合部には，施工条件に配慮し，無理な現場溶接は避け，ボルト接合とすることが望ましい．

ⅳ） 現場溶接部の外観検査

　溶接に関する知識は，設備の監理者では不十分な場合が多く，現場溶接部は，建築の工事監理者が配管の外観検査を行うのが一般的である．

写真7.1-14　耐震吊材の仕口がⅠ形溶接

写真7.1-13　冷却塔架台の防振措置

写真7.1-15　耐震吊材の仕口補強

第7章　機械設備工事

写真7.1−16　直管継手溶接の余盛り不足

写真7.1−17　吊りボルトとスプリンクラーの反射板が接触

配管の溶接は，被覆アーク溶接の中で最も難しいパイプの資格であるJIS Z 3801（手溶接技術検定における試験方法及び判定基準）Pを取得した技能者であるため比較的良好ではあると推測されるが，**写真7.1−16**のように余盛り不足の部分も散見されるため，見落としてはならない．

高層建物の冷温水用縦管には適宜，伸縮継手を設け，自重受けを上下に振止めを各階に設ける支持方法とする．また，伸縮継手を設けた部分では，伸縮継手で分割された配管それぞれに自重受けと振止めを設ける必要がある．

ⅴ）耐震吊りの適否

配管やダクト等の天井吊り機器は，X・Y・Z方向にも抵抗できる支持方法でなければならない．ただし，隠蔽形ファンコイルの天井板と接する部分は，天井下地を補強し，天井と同じ動きをするように取り付けたほうがよいと考えられる．

ⅵ）分岐点から吊りボルトまでの寸法

配管は分岐点から500 mm以内に吊りボルトで吊ることが一般的な基準であるが，設計図の仕様を再確認し，現場巡視にて最終確認することが重要である．

ⅶ）吊りボルト接触の有無

吊りボルトとほかの設備機器との接触の有無を，天井材を張る前までに確認し，不具合部分は位置を記録して是正を指示する．**写真7.1−17**は，ダクトの吊りボルトとスプリンクラーの反射板が接触している．

ⅷ）天井吊り空調機の落下防止

天井吊り空調機の機械側ガセットには孔ではなく，長い切り込みを設けた治具が用いられることが多く，ボルトが緩むと機器落下の原因となっている．

ボルトが緩んでも直ちに落下しないよう工夫された治具も提案されているので採用が望ましい．

7.1.6　実験による確認事例

「3次元振動台による吊り空調機器の振動実験結果」（建築技術）[6]

■吊り空調機器のボルト破断による落下を再現

仙台第2庁舎のB2階で観測された地震波を用いて，10階建てオフィスビルの最上階の床応答を算出し，これを入力地震波として加振実験を行っている．

入力は本震と余震を想定し，2回加振されている．

長さが異なる吊りボルトと異なる機器重量の2試験体で固有周期の差異による影響を確認している．固有周期$T_1=0.59$（sec）の試験体は，2度目の加振（余震想定）で吊元のボルトが全て破断し落下に至っている．固有周期$T_1=0.38$（sec）の試験体は損傷なし．

■考察

固有周期の違いにより応答倍率が異なる．継続時間が長い場合，繰り返しによる損傷が累積しボルトが破断に至る場合がある．

参考文献[2]においても，空調機器では余震での被害が大きかったとの報告が複数あり，余震も想定した充分な余裕のある設計や落下防止対策が望ましい．

参考文献

1) 日本建築センター：建築設備耐震設計・施工指針 2014年版
2) 日本建築学会：2011年東北地方太平洋沖地震災害調査速報，2011.7
3) 日本建築構造技術者協会：東日本大震災からの教訓 JSCAの提言，2012.6　2012年6月
4) 日本建築構造技術者協会東北支部：2011年東北地方太平洋沖地震被害調査報告書
5) 国土交通省大臣官房官庁営繕部監修：公共建築工事標準仕様書（機械設備工事編）
6) 非構造部材の耐震性を設計・施工する，建築技術，2012.6

第7章　機械設備工事

工種　機械設備　　　　　　　　工事名：　　　　　　新築工事

部位：機器の架台　　　　　　　　　年　月　日　記録：

\multicolumn{5}{c	}{工事監理チェックリスト}
No.	監 理 項 目	確認事項	記　録	備　考
1	架構の構造計算書			
2	仕口の納まりの適否			
3	ブレース節点の偏心距離			
4	脚部取付ボルト余長の適否			
5	ルーズホールとワッシャー径の適否			
6	テーパーワッシャー使用の有無			
7	ナット戻り止めの措置			
8	溶接スラグの有無			
9	防振対策の適否			
10				
11				
12				
13				

略　図

確認印　｜　現場代理人　｜　担　当　者　｜　工 事 監 理 者

2015 JSCA

7.1 機械設備

工種　機械設備　　　　　　　　　工事名：　　　　新築工事

部位：配管　　　　　　　　　　　　年　　月　　日　記録：

No.	監 理 項 目	確認事項	記　録	備　考
\multicolumn{5}{c}{工事監理チェックリスト}				
1	吊ボルトに作用する最大荷重			
2	インサートおよび吊ボルトの安全性			
3	現場溶接継手部開先の有無			
4	現場溶接部の外観検査			
5	耐震吊り X・Y・Z 方向の安全性			
6	分岐点から吊りボルトまでの寸法			
7	他の設備機器と吊ボルト接触の有無			
8				
9				
10				
11				
12				
13				

略　図

確認印	現場代理人	担　当　者	工 事 監 理 者

2015 JSCA

第7章　機械設備工事

7.2　その他の機械設備

7.2.1　その他の機械設備の概要

(1) 煙突

煙突は屋上より突出する設備として，損傷時に周辺への影響が大きいため，より慎重な対応が必要である．東日本大震災でもいくつかの被害が報告されている．

(2) 機械式駐車場

機械駐車は，自動車の普及に伴って敷地を有効に利用するため，平面駐車から空間を立体的に活用できるように考え出された立体装置である．

機械式駐車場は，建築物に内蔵され駐車装置となる場合と独立した建築物や工作物となる場合があり，法規上の取扱いや設計者，施工者，メーカーの責任範囲も種々の場合が想定されるので注意が必要である．

立体駐車方式には，下記に示すような多くの種類があり，敷地と建物の計画に適した方式が採用され，各メーカーの仕様により異なる．

① 多段昇降式

パレットの昇降に加えて，左右に横行する形式等がある．

② エレベーター方式

エレベーターで駐車位置へパレットごと移動させるため，ほかのパレット移動がない．

③ 垂直循環方式

タワーパーキングに採用され，パレットが垂直に循環して乗入れ床面で停止する．乗入れ床面は，下部・中間・上部に設置可能．敷地の形状により，単基型可動床方式・縦列型可動床方式・縦列型トラバーサー方式・横列型がある．

④ 多層循環方式

多層循環方式には，パレットの移動方法により，円形循環方式と箱形循環方式があり，いずれもリフターを利用して地下空間に駐車場を設置する場合に採用される．

⑤ 水平循環方式

階高が十分確保されない場合に採用され，車を載せたパレットを水平に循環させ，入庫・出庫位置で停止させる．リフトを利用すれば多層化が可能．

⑥ 平面往復パレット方式

入庫・出庫をリフターが格納し，各層に設置された走行台車が高速で移動し，横移動で格納する．

⑦ 平面往復・コンベア方式

入庫と出庫のリフターを別々に設置し，人と車が全く交差せず連続入・出庫が可能．80～数千台収容の大規模駐車場に対応し，料金から広域誘導までをコントロール可能．

(3) 照明器具（シャンデリア等）の懸垂物

シャンデリア等の吊り照明器具とその一般的な取付け例を下記に示す．

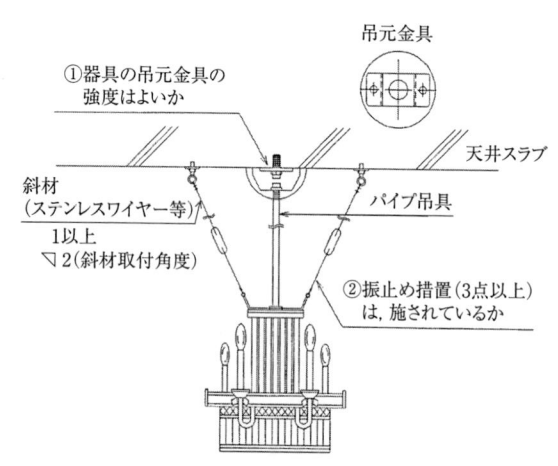

図7.2-1　吊り照明器具取付け例[8], p.284

7.2.2　東日本大震災からの教訓

(1) 煙突

被害を受けた煙突は，古い基準により設計され耐震改修されていない場合や劣化が進んでいる例が少なくないようである[1), 2)]．

写真7.2-1　煙突の折損[2], p.61

(2) 機械式駐車場

一部の方式の機械式駐車場ではパレットが落下し被害が生じている．

(3) 照明器具（シャンデリア等）の懸垂物

シャンデリアや吊り照明器具は，長時間の繰り返しの揺れにより支持材が損傷し，器具が落下する被害が生じている．

7.2.3　関連法規および基・規準の現状

(1) 関連法規

立体駐車場について，「立体駐車場における自動車転落事故を防止するための装置等に関する設計指針」が示され，誤操作により，自動車が駐車場の外壁等を突き破り転落する事故を防止する対策が必要となっている．

また，一般利用者等が機械装置に挟まれ死亡する等の悲惨な事故も発生しており，事故の再発防止を図るためには，構造・設備面のみならず，その設置環境や利用態様も含めて，幅広い視点から安全性を検証する必要があるとして，「機械式立体駐車場の安全対策のあり方について　報告書：平成26年3月」[4]が発表されている．

(2) 関連基・規準の現状

煙突の基・規準としては，下記が参考になる．
・煙突構造設計施工指針：日本建築センター[5]
・煙突構造設計指針：日本建築学会[6]

照明器具（シャンデリア等）の懸垂物についての基・規準としては，下記が参考になる．
・懸垂物安全指針・同解説：日本建築センター[7]

7.2.4　設計図書に関する留意点

(1) 煙突

煙突については，新築される場合は各種基準に基づき，劣化が進んでいる可能性があるもの，旧基準による設計で耐震診断が必要なものについての対策が望まれる．

(2) 機械式駐車場

機械式駐車場の骨組や支持方法のみでなく，駐車パレットの落下防止装置についても留意が必要である．機械式駐車場メーカーにより安全対策が示されつつあるので，確認する必要がある．

(3) 照明器具（シャンデリア等）の懸垂物

「懸垂物安全指針・同解説」[7]では，下記に留意するよう示されている．
・吊り具を確実に保持する構造としての安全率は6以上とする．
・吊り具の吊材は2本以上とする．
・左右30度に振れた場合でも異常がないことを確認すること．
・固定式とした場合，水平に自重の3倍の荷重が作用しても，異常が生じないことを確認すること．

また，東日本大震災では長時間の揺れが生じ被害が生じた原因に，堅固な支持部に固定されていなかった例もあるようである．防災の拠点や避難所となる室に懸垂物がある場合は落下防止ネット等の対策を講じることが望まれる．

(4) 各設計者の役割と設計図書に記載する内容

機械設備7.1.4と同様に，各設計者（意匠・構造・設備）の役割等は同様であるが，その他の機械設備については，より専門メーカーの担う役割が大

きく，各設計者はメーカーと充分に共同し，共に安全性を確保する体制を作ることが重要である．

7.2.5　工事監理段階での確認事項

(1) 煙突工事

i) 煙道接続部の開口補強

煙道が煙突に接続される部分は，煙突の幅に対して大きな開口部となるため，開口部補強筋の定着長さが面内のみでは不足し，側面の端部で曲げ加工した配筋となる．

開口部補強筋は縦・横筋と斜め筋が上下に配筋されるため，鉄筋が重なる部分であき不足となり，コンクリートの充填が阻害される．その結果，豆板や空洞の発生率が高くなるため，躯体の厚さは，鉄筋相互のあきと被り厚さが確保されることを納まり図で確認する必要がある．

写真7.2-2は壁（W18）を貫通する煙道の開口部補強に，既製開口補筋をダブルで配筋し，その上部にはWスペーサーで鉄筋のあきと被り厚さを確保した例である．

ii) 耐火材フレームの脚部固定

煙突は建物より劣化が早いため，耐火材の更新施工ができるように計画することが重要である．施工が容易な耐火材をコンクリート打込みとして採用とする場合は更新について再度確認することが必要である．耐火材を鉄骨フレームで補強しユニットとして工場製作し，煙突躯体の中へ後から挿入して据え付ける場合は，外側のアンカーボルトと確実に締め付けられるように，脚部は施工図の段階で，耐火材をあと張りできるように計画しておかなければならない．

iii) 耐火材の継手形式

耐火材の継手は，**写真7.2-3**のように突付けで施工する場合が多いため，高温のガスが躯体へ直接触れないように**写真7.2-4**に示す相欠きとなるように指示する．

現場では，継手や煙道接続部に耐火材が欠損している部分がないことを確認することが重要である．**写真7.2-4**は，耐火材の継手を突付けで施工したため，相欠きとした是正例である．

iv) 耐火材ユニットの振止め

耐火材ユニットは，各層ごとに接続して躯体工事を進めるため，各層ごと躯体に振止めを取り付

写真7.2-3　耐火材の突付け継手は隙間ができる

写真7.2-2　コンクリートの充填性に配慮した煙道の開口部補強

写真7.2-4　耐火材を相欠き継手に是正

ける．

振止めはX・Yの2方向とも確実に躯体へ支持されていることを確認する．

v）煙突頂部の耐火材養生

耐火材は，水濡れに弱いため雨水が耐火材の頂部へ直接当たらないようにSUSプレートで保護しておかなければならない．また，煙が回り込んで躯体に触れることをなるべく防ぐように，耐火材と一緒に保護することが重要である．**写真7.2-5**は，SUS養生プレートの入隅に伸縮を考慮して隙間をあけているため，耐火材が露出している．

写真7.2-6は，耐火材頂部300 mmのみSUSアングルを吊り下げて雨水が耐火材へ伝わらないように是正した例である．

vi）耐火材ユニット頂部の支持

耐火材ユニット頂部は，コンクリートの立上り天端へ金物を介してあと施工アンカーで支持することが多い．躯体の厚さが薄い場合は，**写真7.2-7**のようにあと施工アンカーを不用意に打ち込めば，へりあき不足でコンクリートにひびが入り剥離するおそれがある．

写真7.2-8は，振止め金物を継ぎ足し，あと施工アンカーを躯体立上り中心付近に打ち替え是正した例である．

vii）あと施工アンカーの傾斜

あと施工アンカーは，内部の鉄筋に当たった場合，**写真7.2-9**のように傾斜する場合がある．そのままナットを締めてもボルトは曲がらないため，ナットがワッシャーと点接触になっている．

写真7.2-5　耐火材頂部のSUS養生．入隅に伸縮の隙間がある

写真7.2-7　不用意に打ち込まれたあと施工アンカー

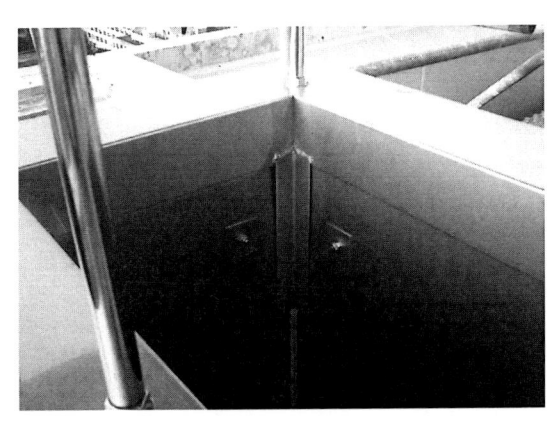

写真7.2-6　入隅の隙間塞ぎ是正例．SUSアングルを溶接で吊下げ

写真7.2-8　上記写真の是正後

第7章 機械設備工事

写真7.2-9 あと施工アンカーが傾斜したままナット締め

写真7.2-11 機械式駐車設備の鉄骨納まり

写真7.2-10 適切なあと施工例

写真7.2-10は適切な角度で施工された例である．

(2) 機械式駐車設備
ⅰ) 躯体と装置のクリアランス

機械式駐車設備の鉄骨フレームは，建築鉄骨とは異なり写真7.2-11のように，柱と桁がずれた納まりとなる場合がある．設計で想定した変形より実際の変形が大きくなると思われる．したがって，装置の設計変位量に若干の余裕を持ったクリアランスが必要であり，装置が躯体に激突した場合に，双方が損傷しないための対策として，ブレースがない構面には緩衝材を設置することが望ましい．

ⅱ) ピットのコーナーアングル形状

躯体の先端に打ち込むコーナーアングルは，機械図には図7.2-2の破線のように，アングル入隅のフィレットから45度のアンカーを溶接した図が多い．アングルの角から45度の位置には，躯体の開口補強筋があるため，アンカーを切断してしまうことになる．したがって，コーナーアングルは，同図実線のようにアンカーを曲げ加工して溶接長さを確保しなければならない．アンカー筋とアングルの大きさによるが，溶接長確保のためにはアングル材軸方向に沿って溶接し必要な溶接長を確保する．コーナーアングルのアンカーは，末端にフック付きとした場合，取付けが困難なため，異形鉄筋を使用し，15d以上の埋込み長さが望ましい．

コーナーアングルは，空気溜まりでコンクリートに空洞が発生することがあるため，空気を追い

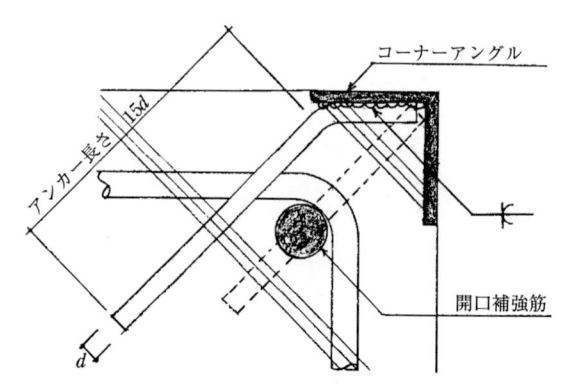

図7.2-2 コーナーアングルのアンカー形状

出すような方法でコンクリートを打設しなければならない．

iii）支柱のアンカー位置と長さ

駐車ピットの入隅は，支柱のアンカーボルトの締付けが不可能となる部分が生じないように，製作図の段階で検討し，アンカー位置をずらした場合は，リブプレートを付けてベースプレートの補強を忘れないようにしなければならない．

ピットの床面は，水勾配や排水溝があるためコンクリートを嵩上げしている．鉄筋は被りが厚く床面から深い位置に潜っているため，アンカーボルトは無筋コンクリート部分へ，あと施工アンカーとなる．あと施工アンカーは，メーカー仕様によると拡張式でよいことにしているが，振動がある装置は，緩まないように樹脂アンカーが望ましい．

参考文献

1）日本建築学会：2011年東北地方太平洋沖地震災害調査速報，2011.7
2）日本建築構造技術者協会東北支部：2011年東北地方太平洋沖地震被害調査報告書
3）震災復興支援会議「設備被害対策検討委員会」：東日本大震災による設備被害と耐震対策報告書，2013.9.5
4）機械式立体駐車場の安全対策検討委員会：機械式立体駐車場の安全対策のあり方について報告書，2014.3
5）日本建築センター：煙突構造設計施工指針
6）日本建築学会：煙突構造設計指針
7）日本建築センター：懸垂物安全指針・同解説
8）日本建築設備・昇降機センター：建築設備・昇降機耐震診断基準及び改修指針（1996年版）

● 第 8 章 ──
昇降機設備工事

8.1 エレベーター
8.2 エスカレーター

第8章 昇降機設備工事

8.1 エレベーター

8.1.1 エレベーターの概要

(1) エレベーターの構成

エレベーターには乗用，寝台用，人荷共用および荷物用，自動車運搬用エレベーターがある．建物の形状，設置場所に応じて，ロープ式，油圧式などの駆動方式がある．駆動方式としてはロープ式が主流であり，釣合おもりを使用した「トラクション式」と，巻胴（ドラム）にロープを巻き付ける「巻胴式」に分けることができ，現在はトラクション式が多く採用されている．

トラクション式には機械室ありと機械室なしの方式がある．人が乗るかごと，釣合おもりがワイヤロープによって釣瓶式につながっており，巻上モーターを制御して，かごを昇降させる方式である．

油圧式は，油圧パワーユニット，油圧ジャッキ，圧力配管から構成され，パワーユニットより油が送られてきたジャッキによりかごを昇降させる方式である．

8.1.2 東日本大震災からの教訓

(1) エレベーターの被害概況

エレベーターの釣合おもりの脱落やガイドレールが変形する被害例がみられた．また地震直後にエレベーター内に閉じこめられる事例が全国で多数発生した．

(2) エレベーターの被害事例・原因・対策

事例-1
■被害分類：釣合おもり片の脱落
　地震により釣合おもり片が枠（たて枠，上下の

写真8.1-1　釣合おもりの脱落事例[5), p.3]

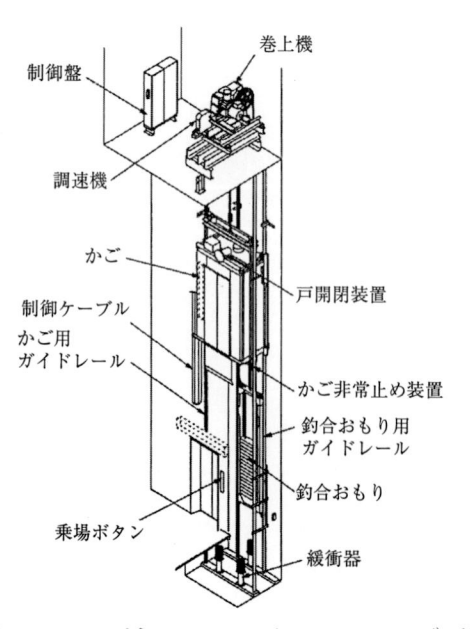

図8.1-1　ロープ式エレベーター（トラクション式）[4), p.1.2-10]

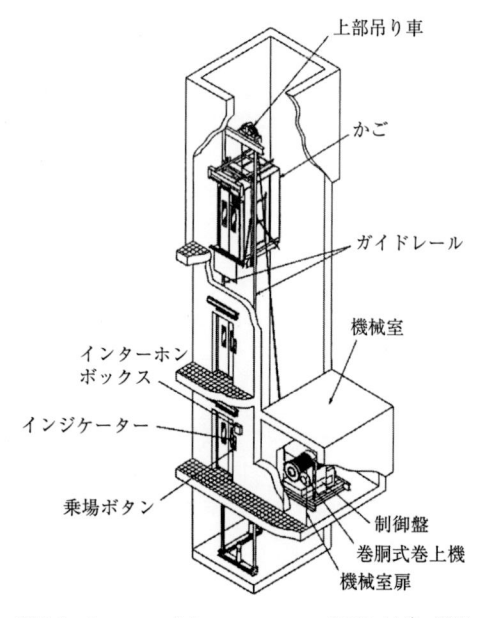

図8.1-2　ロープ式エレベーター（巻胴式）[4), p.1.2-10]

枠その他の釣合おもり片の脱落を防止する部材をいい，これらの接合部を含む）からはずれ脱落した．

■原因

地震により生じる釣合おもりの枠の応力に対して枠の耐力が不足していた．

釣合おもりと枠の固定方法が不十分であった．

■対策

釣合おもりは，釣合おもりおよび釣合おもりの上下の枠を全て貫通するボルトによるボルト接合またはこれと同等以上の効力を有する方法で釣合おもりの枠に取り付ける．

釣合おもりの枠に生じる応力に応じた枠の剛性および耐力を確保する．

事例-2

■被害分類：ガイドレールの変形

地震により主要な支持部分であるガイドレール（ガイドレール支持部材を含む）が変形した．

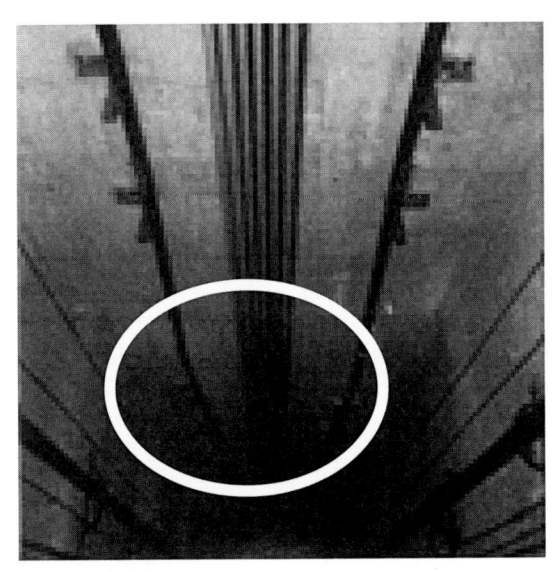

写真8.1-2　ガイドレールの変形事例[5), p.3]

■原因

主要な支持部分の地震力に対する剛性および耐力が不足したため変形した．

■対策

地震により生じる主要な支持部分の応力に応じた剛性，耐力を確保する．

8.1.3　関連法規および基・規準の現状

(1) 関連法規

・建築基準法令第129条の4第3項第6号，平成26年4月国土交通省告示第1047号

　エレベーターの地震その他の震動に対する構造耐力上の安全性を確かめるための構造計算の基準が定められた．

・建築基準法施行令第129条の4第3項第5号，平26年4月国土交通省告示第1048号

　地震その他の震動によってエレベーターの釣合おもりが脱落するおそれがない構造方法が定められた．

・建築基準法施行令第129条の11，平26年4月国土交通省告示第1050号，第1051号，第1052号

　乗用エレベーターおよび寝台用エレベーター以外のエレベーターの昇降路について安全上支障がない構造方法が定められた．

・建築基準法施行令第129条の4第1項第2号，第2項および第3項第5号，平26年4月国土交通省告示第1054号

　エレベーター強度検証法の対象となるエレベーター，エレベーター強度検証法および屋外に設けるエレベーターに関する構造計算の基準が定められた．

・建築基準法施行令第129条の3第1項，平26年4月国土区交通省告示第885号

　確認申請図書に保守点検内容を記載する．

・建築基準法施行令第129条の7

　エレベーターピット下部は原則として居室として使用できない．やむをえず倉庫，機械室等の用途に使用する場合には，二重スラブ等の対策を考慮したうえで，特定行政庁との事前協議が必要となる．

第8章　昇降機設備工事

(2) 関連基・規準の現状

- 公共建築工事標準仕様書（機械設備工事編）平成25年版：国土交通省大臣官房官庁営繕部監修
- 非構造部材の耐震設計施工指針・同解説および耐震設計施工要領（2003）：日本建築学会
- 昇降機技術基準の解説（2014）：日本建築設備・昇降機センター，日本エレベーター協会

8.1.4　設計図書に関する留意点

(1) 要求性能

昇降機耐震設計・施工指針[4]においては昇降機の構造強度規定を2段階設けている．

建築物の損傷限界耐力を評価する際と同等の設計用震度においてエレベーターに関わる機器の強度と変形が許容応力度と許容たわみ量の範囲内とする運行限界耐力と，建築物の保有水平耐力を評価する際と同等の設計用震度において，エレベーターのかご懸垂限界耐力の範囲内とする安全限界耐力が定義されている．

地震被災後の早期復旧を目的とする耐震設計区分の考え方として，エレベーターの耐震クラスと耐震性能が示されている．

(2) 外力に関する留意点

令第129条の4第3項第6号，平26国交通告

表8.1-1　エレベーターの耐震クラスと耐震性能[4], p.4.3-3

	項目	耐震クラス A_{14}	耐震クラス S_{14}
運行限界耐力	建築物基礎部の加速度基準値	120 Gal 注1)	200 Gal 注1)
	ロープなどの長尺物の引っ掛かり防止措置	昇降路内突出物に，ロープ類の引っ掛かりを防止する保護措置を設ける．昇降路全高さ60m単位で保護措置を強化する．	耐震クラスA_{14}に対して防止措置を強化（昇降路高さに関し，1ランク上の措置を施す．）
	地震時管制運転	P波管制運転を設け閉じ込め回避運転を行う．	耐震クラスA_{14}と同じ．ただし，耐震強度を向上させているため，早期運転再開が可能となる．
安全限界耐力	建築物基礎部の加速度基準値	400 Gal	600 Gal
	層間変形角	エスカレーターの場合，平25国告第1046号による層間変形角で本体が脱落しない措置を行う．	耐震クラスA_{14}と同じ．
	ロープの外れ防止措置	ロープガードなどを設ける．	耐震クラスA_{14}と同じ．

注1) 建築物の高さ60m以下の場合を示す．建築物の高さが60mを超える場合には，耐震クラスA_{14}で200 Gal，耐震クラスS_{14}で300 Galとする．エレベーターの運行限界耐力の評価に用いる建築物基礎部想定加速度は，稀に発生する地震における建築物基礎部想定加速度よりも裕度を持たせている．

表8.1-2　エレベーターの耐震クラスと建築物基礎部想定加速度の関係概念図[4], p.4.3-3

建築物の高さ	耐震クラス	想定加速度(Gal) 100	200	300	400	500	600
60 m 以下	A_{14}						
60 m 超え							
60 m 以下	S_{14}						
60 m 超え							

■ 運行限界耐力
▨ 安全限界耐力

1047の規定により，固定荷重，積載荷重，地震力によって生ずる力を用いて主要な支持部分（令第129条の4第1項に規定する主要な支持部分）に生じる応力を算定し安全性を確かめる．

令第129条の4第3項第5号，平26国交告第1048の規定により，釣合おもりの枠に生じる力を計算し，釣合おもりの枠に生じる応力度を算定し安全性を確かめる．

釣合おもりの枠や主要な支持部分について地震力を法律で決められたものとし，釣合おもり片の脱落やガイドレールの変形が生じない部材の選定を行う．

RC造にマシン吊りフックを設置する場合は，スラブや梁に埋め込む．S造の場合は，スラブより100 mm程度下げた位置にトロリービームを設ける方法や本体鉄骨の梁にプレート加工されたフックを溶接する方法がある．いずれの場合もフックの耐力が，揚重する機器荷重の2倍以上の荷重に耐えることのできる安全性があることを確認する．

(3) 確認申請に関する留意点

建築物の確認申請とは別に，エレベーターは法第87条の2の規定により，着工前に所管の行政庁に確認申請を行い，建築主事の確認を受けなければならない．エレベーターの確認申請は，申請者である発注者より委任されたメーカーが設計者や施工者の協力を得ながら行なうケースが多い．かごや昇降路の寸法，反力など設計時の設定と大きな差異がないことを意匠設計者，構造設計者は確認する．

(4) 各設計者の役割

① 意匠設計者の役割
・建築物の規模，用途，人の流れを総合的に考慮し，エレベーターの仕様，定員，速度，台数および配置等を設定する．
・エレベーターの仕様にもとづき，エレベーターシャフト，エレベーターピット，機械室を設定する．

② 構造設計者の役割
・エレベーターピットの有効寸法を確保する躯体形状を設定する．
・エレベーターシャフト内の有効寸法を確保する躯体形状や部材配置を設定する．
・常時および地震時のエレベーターの支点反力をもとに支持部材を含む本体建物の検討を行なう．

③ 設備設計者の役割
・エレベーターの電気配線について電気事業法および電気設備に関する技術基準を定める省令に従い設定する．

④ メーカーの役割
・要求性能や設計図面に示されるエレベーターの仕様をもとに設定した機器の諸元，寸法，反力等を設計者へ提示する．

参考文献

1) 日本建築学会：2011年東北地方太平洋沖地震災害調査速報，2011.7
2) 日本建築構造技術者協会：東日本大震災からの教訓 JSCAの提言，2012.6
3) 日本建築学会：非構造部材の耐震設計施工指針・同解説および耐震設計施工要領，2003
4) 日本建築設備・昇降機センター，日本エレベーター協会：昇降機技術基準の解説（2014年版），2014
5) 国土交通省：地震その他の震動によってエスカレーターが脱落するおそれがない構造方法を定める件等を制定・一部改正する告示案，2013

第8章　昇降機設備工事

工種　　　　　　　　　　　　　工事名：　　　　　　　新築工事

部位：エレベーター　　　　　　　　年　月　日　記録：

	工事監理チェックリスト			
No.	監 理 項 目	確認事項	記　録	備　考
1	釣合おもりの脱落防止対策の確認			
2	釣合おもり受け枠の耐力の確認			
3	レールの剛性確認，耐力の確認			
4	吊りフックの取付け方法・耐力の確認			
5	エレベーター確認済証の確認			
6				
7				
8				
9				
10				
11				
12				
13				

略　図

確認印	現場代理人	担　当　者	工 事 監 理 者

2015 JSCA

□ 8.2 エスカレーター

8.2.1 エスカレーターの概要

(1) エスカレーターの構成

エスカレーターは駆動方式により，上部に設置した駆動機から踏段（ステップ）チェーンに動力を伝達する上部駆動方式と，総延長の長いエスカレーターなどに用いる傾斜直線部分に複数の駆動ユニットを設けた中間駆動方式がある．

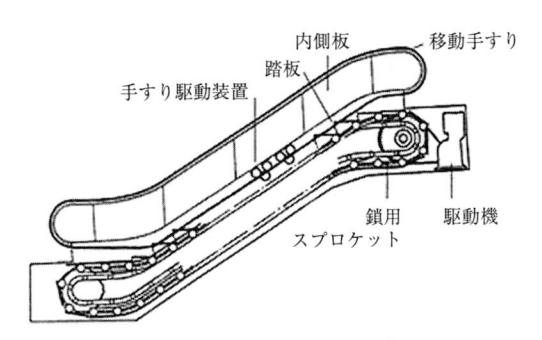

図 8.2-1 上部駆動方式[4]

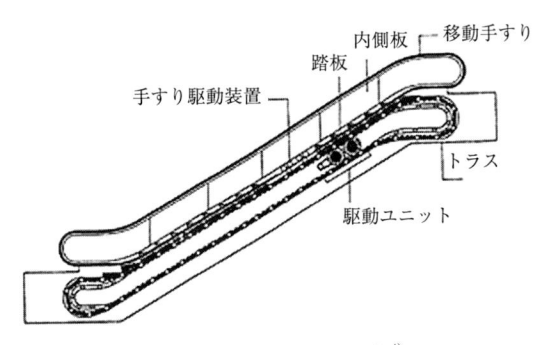

図 8.2-2 中間駆動方式[4]

8.2.2 東日本大震災からの教訓

(1) エスカレーターの被害概況

東日本大震災において4台の脱落被害が確認されている．阪神・淡路大震災においても1台の脱落事故が確認されている．

また関東圏においてエスカレーターの乗入れ部分の床コンクリートの損傷が多数確認された．

写真 8.2-1 仙台市ショッピングセンター被害事例[6], p.1

(2) エスカレーターの被害事例・原因・対策

事例-1

■被害分類：エスカレーターの脱落

地震時の層間変形に追従できずにエスカレーターが脱落した．非固定端のかかり代部分にコンクリートが充填されており破損した．

■原因

建物の層間変形角に対するかかり代寸法が不足している．

■対策

① 鉄骨の施工誤差，建物の層間変形角等を考慮して，非固定端部分のかかり代寸法を大きめに設定する．

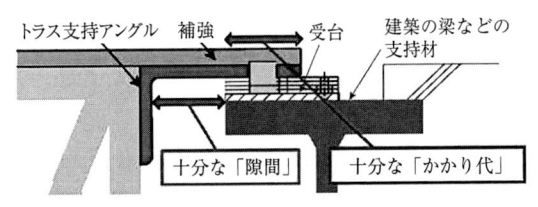

図 8.2-3 隙間およびかかり代[6], p.1

② ピットを脱落防止装置とする．

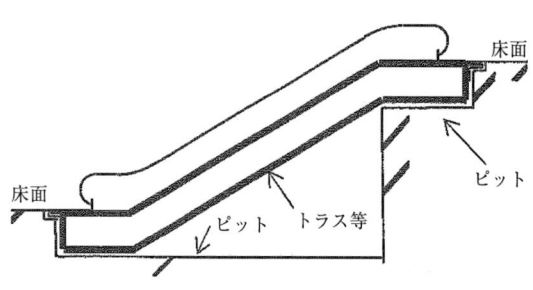

図 8.2-4　ピットによる落下防止措置[7], p.1.3-124

③ エスカレータートラスが自立する位置に支持梁や中間サポートをもうけバックアップ措置をとる．

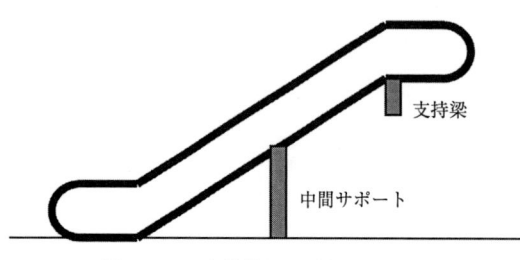

図 8.2-5　支持材および中間サポート

事例-2
■被害分類：エスカレーターフレームの損傷
建物の層間変形角に対する隙間寸法が不足している．非固定端のかかり代部分にコンクリートが充填されている．
■原因
非固定端のかかり代部分にコンクリートが充填され層間変形に対する追従性が阻害されている．
■対策
非固定端のかかり代，隙間部分にはコンクリート等の充填を行わず層間変形に対する追従性を確保する．
固定端部分についてはエスカレーターに生じる水平震度に対する強度を確保する．

8.2.3　関連法規および基・規準の現状

(1) 関連法規
・建築基準法施行令第 129 条の 12 第 1 項第 6 号，

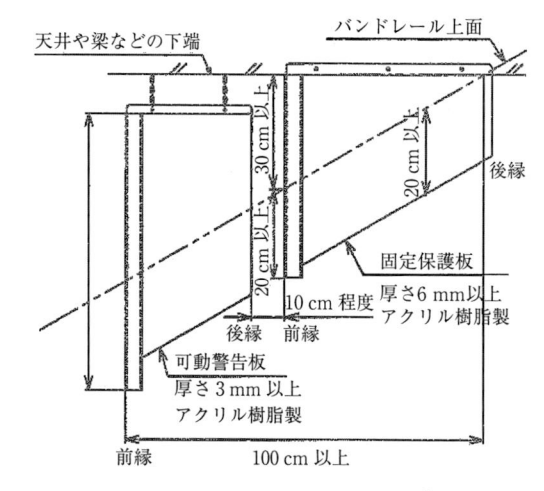

図 8.2-6　可動式警告版と固定保護板[7], p.1.3-54

平成 26 年 4 月国土交通省告示第 1046 号
地震その他の震動によってエスカレーターが脱落するおそれがない構造方法が定められた．
・建築基準法施行令第 129 条の 12 第 1 項第 1 号，平成 12 年国土交通省告示第 1417 号
上りエスカレーターが交差する天井や隣接エスカレーターとの間で頭部などが挟まれることがないように固定式保護板および可動式警告板の設置が義務づけられた．

(2) 関連基・規準の現状
・公共建築工事標準仕様書（機械設備工事編）平成 25 年版：国土交通省省大臣官房官庁営繕部監修
・非構造部材の耐震設計施工指針・同解説および耐震設計施工要領（2003）：日本建築学会
・昇降機技術基準の解説（2014）：日本建築設備・昇降機センター，日本エレベーター協会

8.2.4　設計図書に関する留意点

(1) 要求性能
平 26 国交通告 1046 において中規模地震時の層間変形角の 5 倍の層間変形角が生じた場合において，脱落を防止する措置を講じる．

(2) 外力に関する留意点

平26国交通告1046においてエスカレーターの固定部分・非固定部分の設置階に応じた固定部分の設計用水平標準震度，非固定部における設計用鉛直標準震度が定められた．

表8.2-1 エスカレーターの設計用震度

固定部分または非固定部分を設ける場所	固定部分を設ける場所における設計用水平標準震度	非固定部分を設ける場所における設計用鉛直標準震度
上層階および屋上	1.0	0.5
中間階	0.6	0.3
地階および1階	0.4	0.2

鉄筋コンクリート造にマシン吊りフックを設置する場合は，スラブに直接取り付ける場合や，梁を設ける場合がある．鉄骨造の場合は鉄骨の梁に，プレート加工されたフックを溶接する．いずれの場合もフックの耐力が，揚重する機器荷重の2倍以上の安全性のあることを確認する．

(3) 変形に関する留意点

エスカレーターなどの建物の層間を斜材で接続している部分の被害要因として，層間変形に対する追従性不足があげられる．すべり支承等の対応が行われていない場合，建物の層間変形角によって斜材にブレース的な挙動が生じるため，境界部分で損傷が生じている．

層間変形に対する十分な変形追従性を確保する非固定端の隙間・かかり代寸法の確保，固定端側に生じる水平力に対する強度確保，万が一かかり代を超える層間変形が生じた場合の脱落防止の対策を講じる．

平26国交通告1046において，隙間およびかかり代長さが規定される．

令第82条の2によって算出される層間変形角（中規模地震時の層間変形角 =1/200〜1/120以下）の5倍（1/40〜1/24）を原則としてエスカレーター設置部の層間変形角として見込む．

脱落防止措置として，この層間変形角により生じる層間変位に20mmを足した値をかかり代長さとする．

(4) 設計図書に記載する留意点

エスカレーターの非固定部について十分な隙間およびかかり代長さを確保した詳細図を記載する．固定部においては設計用水平標準震度に応じた固定方法を記載する．脱落防止措置として追加支持部材，チェーン・ワイヤーロープ等を記載する．

(5) 確認申請に関する留意点

建築物の確認申請とは別に，エスカレーターは法第6条の規定により，着工前に所管の行政庁に確認申請を行い，建築主事の認可を受けなければならない．エスカレーターの確認申請は，申請者である発注者より委任されたメーカーが設計者や施工者の協力を得ながら行なうケースが多い．ピットの形状，反力など設計時の設定と大きな差異がないことを意匠設計者，構造設計者は確認する．

(6) 各設計者の役割

① 意匠設計者の役割
・建築物の規模，用途，人の流れを総合的に考慮し，エスカレーターの仕様，速度，台数および配置等を設定する．
・エスカレーターの仕様にもとづき，ピット，機械室等を設定する．

② 構造設計者の役割
・エスカレーターピットの有効寸法を確保する躯体形状を設定する．
・常時および地震時のエスカレーターの支点反力をもとに支持部材を含む本体建物の検討を行なう．
・地震時の層間変形に対して十分な変形追従性を確保する非固定端の隙間・かかり代寸法の設定と，固定端に生じる水平力に対する支持部材を含む本体建物の検討を行なう．

第8章　昇降機設備工事

・万が一かかり代寸法を超える層間変形が生じた場合の脱落防止の対策を講じる．

③ 設備設計者の役割

・エスカレーターの電気配線について電気事業法および電気設備に関する技術基準を定める省令に従い設定する．

④ メーカーの役割

・要求性能や設計図面に示されるエスカレーターの仕様をもとに設定した機器の諸元，寸法，反力等を設計者へ提示する．

参考文献

1）日本建築学会：2011年東北地方太平洋沖地震災害調査速報，2011.7
2）日本建築構造技術者協会：東日本大震災からの教訓 JSCAの提言，2012.6
3）日本建築学会：非構造部材の耐震設計施工指針・同解説および耐震設計施工要領，2003
4）日本エレベーター協会：エスカレーターの駆動の仕組み，日本エレベーター協会ホームページ
5）国土交通省：地震その他の震動によってエスカレーターが脱落するおそれがない構造方法を定める件等を制定・一部改正する告示案，2013
6）国土交通省：「エスカレーターの落下防止対策試案」について，2013
7）日本建築設備・昇降機センター，日本エレベーター協会：昇降機技術基準の解説（2014年版），2014

8.2 エスカレーター

工種　　　　　　　　　工事名：　　　新築工事

部位：エスカレーター　　　　　年　月　日　記録：

	工事監理チェックリスト			
No.	監 理 項 目	確認事項	記　録	備　考
1	非固定端部分の隙間，かかり代寸法の確認			
2	脱落防止対策の確認			
3	固定端部分の支持方法の確認			
4	エスカレーター確認済証の確認			
5	フックの耐力確認			
6				
7				
8				
9				
10				
11				
12				
13				

略　図

確認印	現場代理人	担　当　者	工 事 監 理 者

2015 JSCA

● 第 9 章──
非構造部材と躯体取合いの共通事項

9.1 あと施工アンカーによる躯体への支持と接合
9.2 埋込みインサート工事
9.3 非構造部材の溶接

第9章　非構造部材と躯体取合いの共通事項

□ 9.1　あと施工アンカーによる躯体への支持と接合

9.1.1　あと施工アンカーの概要

　鉄筋コンクリート造建物の建築工事の中で，躯体コンクリートが硬化した後で，外壁・間仕切り・天井・設備機器などを固定する場合，一般的に「あと施工アンカー」を用いることが多い．ここでは，あと施工アンカー（以下「アンカー」という場合もある）を用いて非構造部材，設備機器などを取り付ける場合のアンカーに関する最新情報を踏まえた取り扱いについて示す．

(1) 資格制度

　全国組織の団体によるあと施工アンカー技術者の資格として，日本建築あと施工アンカー協会（JCAA）の資格認定制度がある．この資格制度は，あと施工アンカーの施工，管理に携わっている技術者の知識・技能を認定しその知識・技術の向上を図るとともに，あと施工アンカーに対する信頼性を高め，有資格者による安全・安心な施工を提供することが目的である．

　あと施工アンカーの施工に関するJCAAの資格認定制度は平成8年から始まり約20年の歴史があるが，技術者の人数もまだ少ない．JCAAの統計によれば，昨年末の時点で，資格試験に合格した累計人数は，資格制度開始から20年経過して，6万人弱である．あと施工アンカーの資格は，大きく分けて技術管理者側の「技術管理士」と施工技術者側の「1種，特2種，2種施工士」とがある．

ⅰ) 技術管理者の資格

　技術管理士は，工事現場におけるあと施工アンカー工事を適正に実施するため，当該工事の設計，施工計画および施工図の作成，工程管理，品質管理，安全管理等工事の施工管理を的確に行うために表 9.1-1 に示す必要な技術能力を有する者に

表 9.1-1　資格の種類と区分

資格種類	技術管理士	主任技士
施工範囲		制限なし
耐力試験	○	○
試験報告書	○	○
種類選択	○	○
母材判定	○	○
施工計画	○	○

与えられる．

　主任技士は，技術管理士に加えて，第1種施工士の資格を有するものが申請をすれば取得できる．

ⅱ) 施工技術者の資格

　施工技術者の資格は，表 9.1-2 に示す範囲や耐力試験結果評価の可否など内容により数種類ある．

表 9.1-2　施工者の資格の種類と内容

資格種類	第2種施工士	特2種施工士	第1種施工士	主任技士
施工範囲	M12, D13以下	M20, D19以下	制限なし	制限なし
耐力試験	△*	△*	○	○
試験報告書	×	×	○	○
種類選択	×	×	○	○
母材判定	×	×	○	○
施工計画	×	×	×	○

＊上位資格者（1種・技官・主任）の立ち合い指示の下に行う．

(2) あと施工アンカーの種類と特徴
ⅰ) 金属系アンカー

　金属系アンカーは，金属拡張アンカーとその他の金属アンカーに分類される．金属拡張アンカーは，施工方法・作動形式により計8種類に分類される．金属拡張アンカーの分類と特徴を表 9.1-3 に示す．

　打込み方式は，ハンマーや専用打込み工具を用いて打ち込み，施工の完了が目視で確認できる拡張子打込み型，打込みの手ごたえや打撃音の変化で判断する拡張部打込み型がある．

　締付け方式は，一端拡張型と平行拡張型があり，トルクレンチを用いて締め付け，メーカー指定の

9.1　あと施工アンカーによる躯体への支持と接合

表 9.1-3　金属拡張アンカーの分類と特徴 [17]

方式	型式	種類・形状 拡張方法	特徴	留意点
打込み方式	拡張子打込み型	芯棒打込み式（おねじ）	・芯棒の頭部が本体の頂部に接しているかで施工完了と施工管理が目視で行える． ・取付物の上から施工ができる．	・芯棒を曲げないように施工する．（専用工具も用意されている） ・アンカー末端部が孔底に接しないように埋込み長さより深く穿孔する．
		芯棒の頭部をハンマーで打ち込み，本体の内側から拡張する．		
		内部コーン打込み式（めねじ）	・専用打込み棒の段部が本体の頂部に接しているかで施工完了と施工管理が目視で行える．	・必ずメーカー指定の専用打込み棒にて施工する．
		本体に内蔵しているコーンを専用打込み棒で打ち込み，本体の内側から拡張する．		
	拡張部打込み型	本体打込み式（めねじ）	・専用打込み棒を打ち込む手ごたえや打撃音の変化で施工完了を確認する．	・本体が施工面から突出しないように，下孔は本体長より深く穿孔する． ・必ずメーカー指定の専用打込み棒にて施工する．
		本体頂部を専用打込み棒で打ち込むことにより，コーンに沿って本体の先端が孔壁を削りながら拡張する．		
		スリーブ打込み式（おねじ）	・専用打込み棒を打ち込む手ごたえや打撃音の変化で施工完了を確認する． ・引張力に追従し，拡張部が開く機構で安定した強度を発揮する．	・スリーブが施工面から突出しないように，下孔は本体長より深く穿孔する． ・メーカー指定の専用打込み棒にて施工する．
		スリーブを専用打込み棒で打ち込むことにより，テーパー部に沿ってスリーブの先端が孔壁を削りながら拡張する．		
締付け方式	一端拡張型	コーンナット式（おねじ）	・引張力に追従し，拡張部が開く機構で安定した強度を発揮する．	・トルクレンチを用いて締め付けを行い，メーカー指定のトルク値で施工管理をする．
		スリーブ先端のコーンナットをナットまたは六角ボルトを締め付けて引き上げ，スリーブが内側から拡張する．		
		テーパーボルト式（おねじ）	・引張力に追従し，拡張部が開く機構で安定した強度を発揮する．	・トルクレンチを用いて締め付けを行い，メーカー指定のトルク値で施工管理をする．
		ナットを締め付けて，テーパー付ボルトを引き上げ，スリーブが内側から拡張する．		
	平行拡張型	ダブルコーン式（おねじ）	・コンクリート孔壁にスリーブ全体が平行開脚し，面で固着するので優れた支持力を発揮する． ・引張力に追従し，拡張部が開く機構で安定した強度を発揮する．	・トルクレンチを用いて締め付けを行い，メーカー指定のトルク値で施工管理をする．
		スリーブ両端にセットされたテーパーコーンとコーンをナットまたは六角ボルトを締め付けて，スリーブが平行に拡張する．		
		ウェッジ式（おねじ）	・引張力に追従し，拡張部が開く機構で安定した強度を発揮する．	・トルクレンチを用いて締め付けを行い，メーカー指定のトルク値で施工管理をする．
		ナットを締め付けて，テーパー付ボルトを引き上げ，ウェッジ部がテーパー部に沿って拡張する．		
その他の金属アンカー		アンダーカットアンカー（おねじ）	・拡張部が受ける支圧力および摩擦力に加え，アンダーカット部分の機械的な定着力が加わる． ・併用期間中にコンクリートにひび割れが発生しても，ある程度の固着力を発揮できるアンカーがある．	・拡底孔とアンカーの拡張部が一致しなければ性能を発揮できないため，施工には専用工具が必要になる．
		穿孔したストレート孔をアンカー自体の回転によって拡底しながら固着するセルフアンダーカット方式と予め拡底させてからアンカーの先端を拡張させる固着方式とがある．		

第9章　非構造部材と躯体取合いの共通事項

トルク値により施工管理を行う．

ⅱ）接着系アンカー

接着系アンカーの代表例について，表9.1-4に分類と特徴を示す．

接着アンカーは，主剤の種類により，有機系，無機系に分けられる．有機系の主剤の種類は，ポリエステル系，エポキシアクリレート系，ビニルウレタン系，エポキシ系に別れ，無機系はセメント系となる．

カプセル方式は，主剤と硬化剤を分離してガラス管等に収容した方式で，主剤と硬化剤を混合する前に，カプセルを穿孔した穴に挿入する．一方，注入方式は，主剤と硬化剤をミキシングノズル等で混合した後接着剤を穿孔した穴に注入する．

方表9.1-4　接着アンカーの分類と特徴[18]

方式	型式	種類・形状 拡張方法	特徴	留意点
カプセル方式	回転・打撃型	ガラス管式	・カプセル状の容器に主剤と硬化剤が分離収納されており定量である． ・施工時に攪拌し混合する． ・有機系と無機系がある．	・アンカー筋の先端形状は，斜め45度の片面カット，または両面カットとする． ・過剰攪拌をしない． ・メーカーの施工要領書を遵守．
		アンカー筋を回転または回転打撃し，カプセルを破砕・混合させながら埋め込む．		
		フィルムチューブ式	・カプセル状の容器に主剤と硬化剤が分離収納されており定量である． ・施工時に攪拌し混合する． ・有機系である．	・アンカー筋の先端形状は，斜め45度の片面カット，または両面カットとする． ・過剰攪拌をしない． ・メーカーの施工要領書を遵守．
		アンカー筋を回転または回転打撃し，カプセルを破砕・混合させながら埋め込む．		
		紙チューブ式	・カプセル状の容器に主剤が収納されており定量である． ・施工時にカプセルを予め浸漬してから攪拌する． ・無機系である．	・アンカー筋の先端形状は，斜め45度の片面カット，または両面カットとする． ・メーカーが指定する浸漬時間を厳守する． ・過剰攪拌をしない． ・メーカーの施工要領書を遵守．
		アンカー筋を回転または回転打撃し，カプセルを破砕・混合させながら埋め込む．		
	打込み型	ガラス管式	・カプセル状の容器に主剤と硬化剤が分離収納されており定量である． ・打ち込み時に混合する． ・有機系である．	・アンカー筋の先端形状は，平先寸切りとする．
		アンカー筋をハンマー等で打ち込み，カプセルを破砕・混合させながら埋め込む．		
		紙チューブ式	・カプセル状の容器に主剤が収納されており定量である． ・カプセルを予め浸漬してから打ち込み時に混合する． ・無機系である．	・アンカー筋の先端形状は，平先寸切りとする． ・メーカーが指定する浸漬時間を厳守する．
		アンカー筋をハンマー等で打ち込み，カプセルを破砕・混合させながら埋め込む．		
注入方式	現場調合型	2液混合型 水混合式	・穿孔条件にあわせて注入量を自由に調整できる． ・主剤と硬化剤を容器内で予め混合し，下孔へ充填する． ・有機系と無機系がある．	・主剤と硬化剤はメーカー指定の混合比で計量する． ・混合不良がないように，全体をよく混ぜ合わせる．
		主剤と硬化剤を混合し，穿孔された孔に充填し，アンカー筋を埋め込む．		
	カートリッジ型	ミキシングノズル式	・穿孔条件にあわせて注入量を自由に調整できる． ・主剤と硬化剤をミキシングノズルで予め混合した状態で，下孔へ充填する． ・有機系である．	・接着剤が十分に混ざっていない可能性があるため始めのショットは捨てる． ・空隙ができないように，ミキシングノズルを孔内へ差し込み，孔底から注入する．
		主剤と硬化剤を混合し，穿孔された孔に専用工具で充填し，アンカー筋を埋め込む．		

iii) その他のアンカー類

その他のアンカー類は，金属系アンカーおよび接着系アンカー以外のアンカーをいう．固着方式は作動形式により計4種類に分類され，材料としては，金属系，プラスチック系，特殊系に分類される．その他のアンカー類の固着方法と留意点を表9.1-5に示す．

表9.1-5 その他のアンカー類の固着方法と留意点

種類・形状		固着方法
打込み式プラスチック系		・母材に予めあけた孔に本体を挿入し打ち込むことにより，母材内で本体の一部を拡張し固着する．
ねじ込み式金属系		・母材に予めあけた孔に本体を挿入し，ボルト類または木ねじなどを用いて締め付けることにより，本体が拡張し固着する．
ねじ込み式プラスチック系		
はさみ固定式金属系		・母材に貫通させた孔に本体を挿入し，母材の裏側にアンカーの一部を引っかけて固着する．
ねじ固定式金属系		・本体を母材にねじ込み，ねじ山の食込みにより固着する．

留意点：対象母材がコンクリート，ALC，石材，中空コンクリートブロック，中空セメント板，石膏ボードなど多種になり，製品ごとに注意事項が異なるため，メーカーが発行している施工要領書などを確認して施工を行う．

iv) 海外製品のドリルビットの選び方

あと施工アンカーの打設に必要なドリルビットの海外製品にはドリルビットの規格（ドイツとアメリカ）があり，ビットサイズによって最大公差と最小公差範囲が決められている．一方，日本にはドリルビットの規格がないが，日本のドリルビットの呼び径は，あと施工アンカーの穿孔径と同じになっている．よって，あと施工アンカーメーカーが指定するドリルビットを使用すること．海外製品の認証については9.1.6(5)に示す．

(3) あと施工アンカーの施工に関する注意事項

i) 金属系アンカーの施工と注意事項

金属系アンカーの標準的な施工手順と注意事項を表9.1-6に示す．このほかに，これまで設計・

9.1 あと施工アンカーによる躯体への支持と接合

表9.1-6 金属系アンカーの施工手順と注意事項

施工手順	注意事項
I) 穿孔	墨出し位置と作業工具，アンカーの種類，サイズを作業前に確認する．
	定められた径のドリルを選定し，規定の孔深さを確保する．※コンクリート面に対して可能な限り直角に穿孔する．
II) 清掃	切粉が孔底に残らないように清掃する．
III) 挿入	ねじの損傷および構成部品のセット状態を確認し，下孔へ挿入する．
IV) 打込み	アンカーの種類に応じた施工完了を確認する．
V) 取付け	トルクレンチを用いてナット・ボルト等を所定のトルク値まで締め付ける．

施工に関する書籍として，参考文献[1],[2],[3]が発刊されているので参考にするとよい．

ii) 接着系アンカーの施工と注意事項

接着系アンカーの標準的な施工手順と注意事項を表9.1-7に示す．

表9.1-7 接着系アンカーの施工手順と注意事項

施工手順	注意事項
	墨出し位置と作業工具，アンカー等の確認を行う．また，使用するカプセルの流動性等を確認する．
	定められた径のドリルビットを選定し，所定の穿孔深さを確保するためのマーキングを行う．※コンクリート面に対して可能な限り直角に穿孔する．
	穿孔後，孔内に切粉が残らないように吸塵し，専用のブラシを用いて，孔壁から切粉を掻き落す．さらに吸塵する．
埋込み深さのマーキング 有効埋込み深さ	孔深さにあわせて，アンカー筋等にマーキングを行う．
有効期限の確認 押入	カプセルの挿入．水漬けが必要なものについては，所定時間の水漬け作業を行う．
マーキング位置	アンカー筋に回転・打撃を与えながら，一定の速度でアンカー筋のマーキング位置まで埋め込む．過剰撹拌しないこと．
硬化時間内	所定の養生期間内はアンカーを動かさない．養生後，ねじ締め付けの場合は，所定のトルク値まで締め付ける．

第9章 非構造部材と躯体取合いの共通事項

9.1.2 東日本大震災からの教訓

1978年の宮城県沖地震では，設備機器の転倒，移動，非構造部材の落下・破損があり，躯体と非構造部材との取り合いへの耐震性の配慮が重要であることがクローズアップされた．

あと施工アンカーに関しては，内燃力発電設備協会が地震時の電源確保の重要性の観点から，1978年に暫定版を発行し，1981年に「自家発電設備耐震設計ガイドライン」[4]として発刊され，この中に許容荷重について示したのが最初である．その後設計に関しては，1985年に日本建築学会「各種合成構造設計指針」[5]に許容応力度法が設計の立場から提案され，業界側では国交省・学識経験者等からの指導を受け，施工技術について，JCAAによる施工技術者資格制度が確立され，施工品質向上に努めている．

あと施工アンカーは，一般に普及する一方で現場での施工品質が守られなかったり，上記の設計指針・資格制度が定着する以前に施工したものも残存し，1995年の阪神淡路大震災，2004年の新潟県中越地震，2007年の新潟県中越沖地震，2011年の東日本大震災でも，設備機器や非構造部材への被害が確認されている．

あと施工アンカーに対する，現場での施工管理が十分ではなかったと思われるので，設計者側が基本的な知識を把握し，指導的立場での関与が必要である．

(1) 天井の被害

東日本大震災では，あと施工アンカーの天吊り使用で機器の落下等も見られた．落下した機器，アンカーの被害例の一部を示す．

天井蛍光灯の落下　　　ファンコイルの落下

抜けたアンカー

写真 9.1-1　天吊り使用の被害例

(2) 設備機器の被害

東日本大震災による設備機器への被害では，電気給湯器の貯湯タンクの転倒被害が発生し，避難経路が遮断された事例がある．再発防止等を図るために告示第1447号が出され，2013年4月1日から施行されている．

(独) 国民生活センターの発表情報によれば，震災後4か月間で，96件の給湯器の貯湯タンクの転倒被害報告があった[20]．

写真 9.1-2　給湯器の貯湯タンクの転倒[20]

(3) 屋上設備機器の被害

写真9.1-3　高架水槽アンカー部の破損（先付アンカー）

(4) 被害の原因と対策

　あと施工アンカーの歴史は古く，またその種類も多い．一見特殊な技量を必要とするように思えず，使用されることが多い．また，被害の事例では，適切な埋込み長さや穿孔径を確保せず使用した例や，十分なへりあきがない状態のもの，対象母材が適用範囲外であることなどがある．

　これらの被害の原因として，次のようなことがいえる．
・あと施工アンカー製品に対す理解不足
・アンカー選定の誤り
・不的確な施工（施工手順や施工部位）
・不十分な施工管理

　優れた技術能力を有している資格者による施工によって，上記のような原因のミスが防止できれば，被害の防止につながるので，資格者の育成と有資格者による施工が重要である．

　JCAAによる資格認定では，施工士と技術管理士の資格を認定する制度があるが，工事の施工計画および施工図の作成，工程管理，品質管理，安全管理等の施工管理を的確に行える技術管理士の資格試験合格者数は5 006名（平成25年末現在）となっている．

　あと施工アンカーの適切な施工がなされるためには，施工管理能力を有している「あと施工アンカー技術管理士」の資格保有者の増加が望まれる．

9.1.3　関連法規および基・規準の現状

　関係する告示，技術的助言，指針，ガイドラインに関する公開されているものを参考文献[4]～[12]

9.1　あと施工アンカーによる躯体への支持と接合に示し，以下に概要を示す．

・自家用発電設備耐震設計のガイドライン（1981）[4]：日本内燃力発電設備協会

　自家発電設備の耐震設計のガイドラインで，設備用アンカーの許容引抜荷重を示したあと施工アンカーに関する最初のもので，現在でも種々の指針類への影響が大きいガイドラインである．

・各種合成構造設計指針・同解説（2010）[5]：日本建築学会

　合成構造の設計に関する指針で，あと施工アンカーに関する詳細な設計法が示されており，非構造部材関係のアンカーの設計として必携の書である．

・平成13年国交省告示第1024号[6]「あと施工アンカーの材料強度，短期許容応力度」

　告示対応の技術的助言として設計施工指針としての位置づけである．

・平成18年国住指第79号および501号（技術的助言）[7]「あと施工アンカー・連続繊維補強設計・施工指針」

　あと施工アンカーに関する告示としての第1号である．2005年に発覚した耐震強度構造計算書偽装事件による耐力不足の建物を建築基準法に合致した補強するために，材料強度および短期許容応力度の数値指定を行ったものである．

・平成24年国交省告示第1447号「給湯設備の地震に対しての安全上支障のない構造」[8]

　2011年東日本大震災により給湯設備の転倒が多発したのを受けて，給湯機の規模，建物への設置階を考慮したアンカーの許容荷重に関する告示．

・平成25年国交省技術的助言「給湯設備の転倒防止に係る技術基準の改正について」[9]

　告示に関する技術的助言として給湯設備の転倒防止に係る技術基準の改正である．

・建築設備耐震設計・施工指針（2014）[10]：日本建築センター

　建築設備の耐震設計・施工に関する指針で，あ

と施工アンカーに関する取り扱いについて例題を用いた説明が示されている．

・建築設備用あと施工アンカー（SHASE-S 012-2013）[11]：空気調和・衛生工学会
設備用アンカーの規格を示したもので，規格の中で推奨されるアンカーの指定が示されている．

・あと施工アンカーボルト設計・施工要領（案）・同解説（2013.5）[12]：建設電気技術協会
電気通信設備機器の東日本大震災での教訓を活かして，あと施工アンカーボルトの設計・施工に関する設計から工事での取り扱いについて示されたもので，特に現場での試験を義務づけている．

9.1.4 設計図面に関する留意点

（1）特記仕様書

あと施工アンカーに関する基本的な扱いについては，9.1.1～9.1.3に記載したとおりであるが，実際の設計にあたっては，アンカーの選定から現場での確認試験および報告までの各工程に関する仕様について設計図に明記して，確実な施工が行われるように指示すべきである．

（2）鉄筋探査について

あと施工アンカーを施工する前には，鉄筋干渉や電気配線管，ガス管，水道管等の切断事故による停電や漏水などの問題を防ぐために鉄筋探査機を用いてコンクリート内部の埋設物を確認する．

探査機には主に2種類の方式があり，コンクリートの品質等に影響を受けず，深さ100 mm前後までのかぶりが浅い場所に適した電磁誘導法，コンクリートの品質等に影響を受けやすいが，深

写真9.1-4 電磁誘導法探査機の例[21]

写真9.1-5 電磁波レーダー法探査機の例[22]

さ300 mm前後までのかぶりが深い場所に適した電磁レーダー法がある．

さらに，詳細な調査が必要な場合は，レントゲン（X線）で調査する方法がある．

（3）設計仕様としての記載事項

使用するアンカーの製品については，製品が打ち込まれる母材の場所を明記するのは当然であるが，一般事項として以下の項目を明記する必要がある．

ⅰ）許容耐力の定め方

・金属拡張アンカー

許容引張力の算定は，アンカーボルトの降伏強度かコンクリートのコーン状破壊強度の最小値とする．

許容せん断力は，アンカーボルトのせん断強度，コンクリートの支圧強度，コンクリートのコーン状破壊強度のいずれかの最小値とする．

・接着系アンカー

許容引張力の算定は，アンカーボルトの降伏強度か付着強度の最小値とする．

許容せん断力は，アンカーボルトのせん断強度，コンクリートの支圧強度，コンクリートのコーン状破壊強度のいずれかの最小値とする．

ⅱ）コンクリートの圧縮強度

取り付ける母材の想定している圧縮強度を記載すること．さら現場でのコンクリート強度の確認を行うことも明記する必要がある．

ⅲ）埋込み長さ

各アンカーの種類，径によって埋込み長さがこ

9.1 あと施工アンカーによる躯体への支持と接合

となるのでそれぞれ記載すること．躯体の上に仕上げがある場合は，埋込み長さは躯体からの寸法となるので注意すること．

iv）アンカーピッチ，およびへりあき

応力分布は，円形状の水平投影面積で考えられており，円が重なる部分，母材端により水平投影面積が減少する場合は，低減係数を適用し，許容耐力を低減する必要がある．

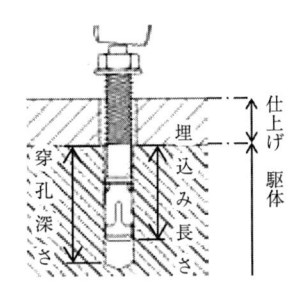

図 9.1-1 埋込み長さ

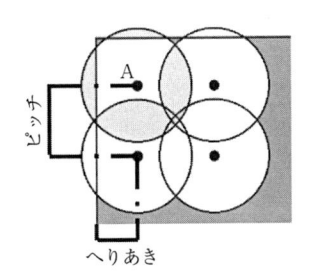

図 9.1-2 アンカーピッチ，へりあき

v）締め付けトルク

メーカー，アンカーの種類により締め付けトルクは異なる．カタログなどを確認し，メーカーが示している締め付けトルクの記載が必要である．

vi）最小母材厚

アンカーの種類により最小母材厚が規定されている場合は記載すること．規定がない場合，コンクリート厚はアンカー埋込み長さの2倍かつ埋込み長さに50 mmを加味した厚さ以上とする．

vii）その他

環境条件などもアンカー性能に影響を与えるため，特記が必要である．

9.1.5 工事監理段階での確認事項

(1) 設計監理での役割

非構造部材を躯体に固定する際のあと施工アンカーに関連する，設計段階での設計者，監理者の役割として，下記の項目がある．

・設計図書の作成，確認
・全体工程の承認
・施工計画書の承認
・施工要領書の承認

設備機器を含めた非構造部材の配置については，設計者（意匠・構造・設備）への確認を行うことが大切である．また，コンクリート母材に有害なひび割れがないか，アンカー施工時の騒音，振動の影響が発生しないか，アスベストの処置が適正かなどの事前の確認が重要である．

(2) 施工管理での役割

設計者，監理者の施工段階の役割として，施工が完了したあと施工アンカーの検査がある．検査は引張試験（非破壊検査）を行うことで，あと施工アンカーの施工が設計図書に基づいていることを確認し，その試験報告書の承認を行い，発注者への報告をすることになる．

施工段階でのあと施工アンカーに関する管理では，次に示す項目が重要である．

表 9.1-8 あと施工アンカー共通管理項目

管 理 項 目	チェック
設計図書と穿孔位置との照合	
穿孔径，深さ，あと施工アンカー種類の明示	
穿孔深さの目印（テープ）の確認	
穿孔径および深さの許容値との照合	
母材となるコンクリートの状態確認	
孔内切削粉の除去確認	

(3) あと施工アンカーの性能品質確認（室内試験）

図 9.1-5，9.1-6 に示した試験装置は，あと施工アンカー選定にあたり，事前に性能確認を行う

199

場合の試験法であり，JCAA の定める「あと施工アンカー標準試験法・同解説」の引張試験およびせん断試験は，母材のコンクリートに固着されたあと施工アンカー単体の引張強度およびせん断強度を調べるための試験室で行うことを対象とした試験法を規定したものである．

引張試験およびせん断試験方法ともに，試験装置は載荷装置，荷重計測装置，変位計測装置より構成され，荷重計測と変位計測を同時に行う．載荷装置の反力台は想定されるコーン状破壊の範囲より外側に設け，変位計測は 2 か所以上とする．引張試験の破壊モードには，コンクリートのコーン状破壊，アンカー筋の降伏・破断による破壊，樹脂の付着破壊があり，せん断試験では，コンクリートの支圧破壊，アンカー筋の変形・破断による破壊があり，試験後は破壊モード，限界変形内での強度確認を含め，試験成績書へ記録する．

(4) あと施工アンカーの施工確認（現場確認試験）

現場でのあと施工アンカーの確認事項には，原則として非破壊試験である．管理者または監理者が行うものと施工者が行うものとの 2 種類がある．

ⅰ) 管理者の指示，確認事項

管理者は設計強度が確保されていることを確認するため，施工されたあと施工アンカーが固着しているかを現場非破壊試験で検査し，あと施工アンカーが正しく施工されていることを確認する．適用は特記によるが，試験本数について特記がないときは，1 日に施工されたものの各径ごとを 1 ロットとし，この中から 3 本を行うこととなって

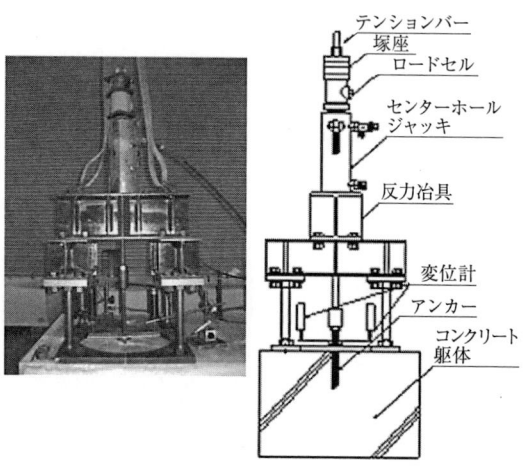

図 9.1-3 試験装置の例（引張試験）[23]

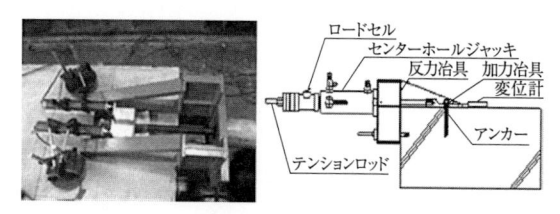

図 9.1-4 試験装置の例（せん断試験）[23]

	No.1
引張最大荷重(kN)	12.9
破壊状況	コンクリートのコーン状破壊

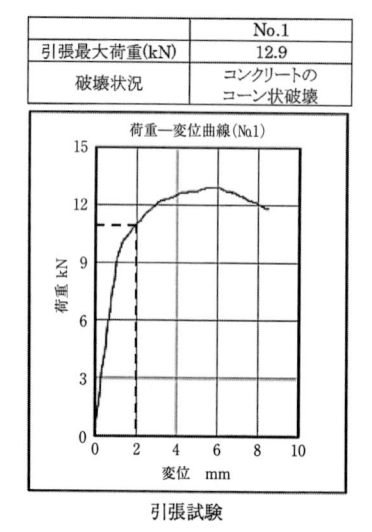

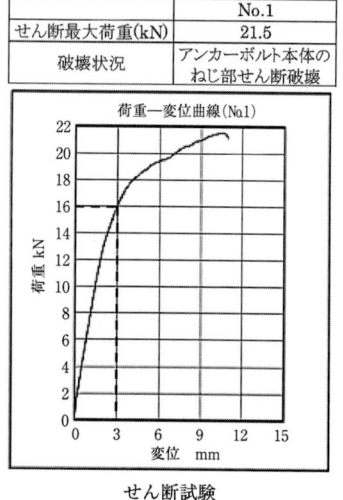

	No.1
せん断最大荷重(kN)	21.5
破壊状況	アンカーボルト本体のねじ部せん断破壊

引張試験　　　　　　せん断試験

図 9.1-5　試験成績書の例

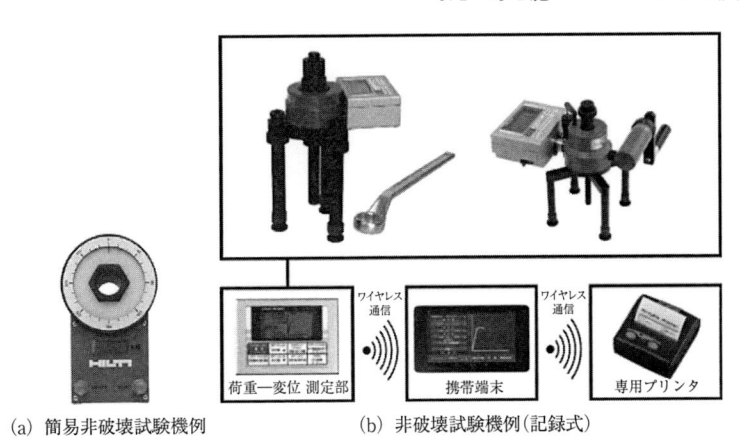

9.1 あと施工アンカーによる躯体への支持と接合

(a) 簡易非破壊試験機例
(b) 非破壊試験機例(記録式)

図 9.1-6 現場非破壊試験機の例 [23]

いるが，1日で同一径のものを複数回，複数の場所で施工する場合は，状況に合わせてロットの構成の変更を行う．

引張試験を行う場合の確認試験荷重については，監督職員と協議を行う．一般には，設計用引張強度に等しい荷重まで引張加力を行い，この荷重に対してアンカーの抜け出し等の過大な変形の有無を確認する．一般的な現場非破壊試験機は，現場でのアンカー性能を簡便に確認することを目的においているため，室内試験の装置とは大きさが異なる．また，変位計測は1か所で変位計が試験機に内蔵されているものもある．負荷方式には，ねじ締め式や油圧式などがある．

図 9.1-7 は現場非破壊試験機破壊モードが

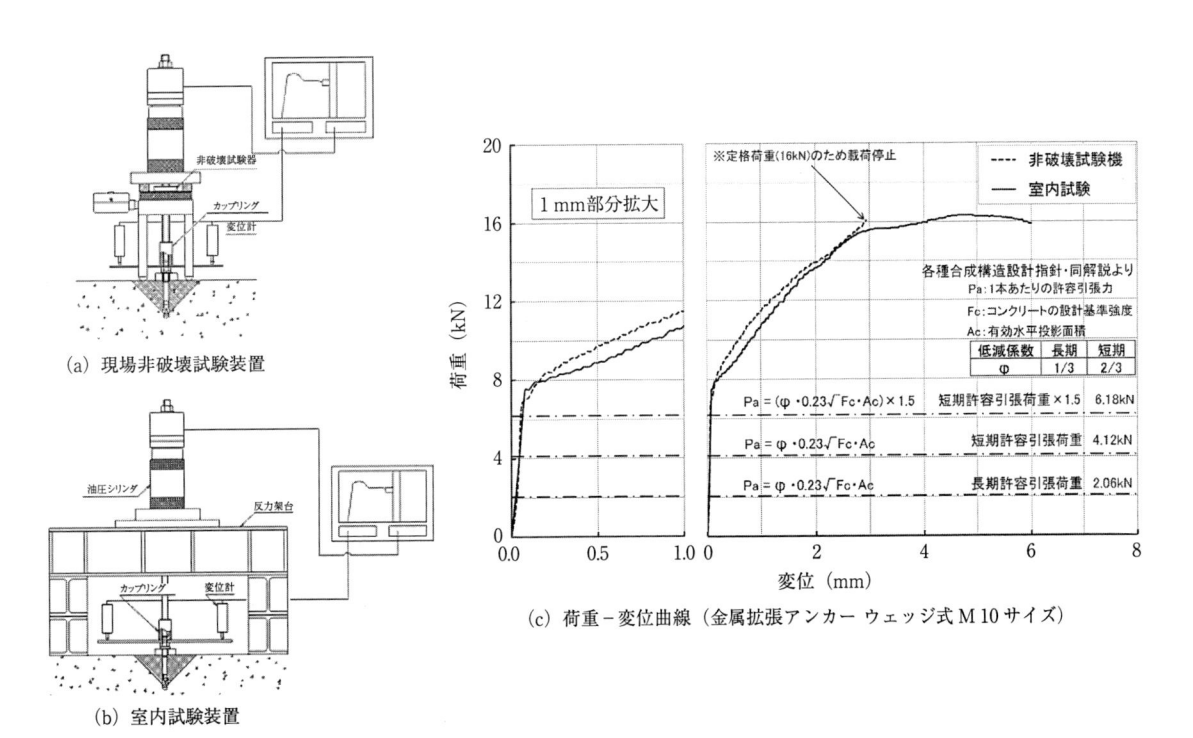

(a) 現場非破壊試験装置

(b) 室内試験装置

(c) 荷重－変位曲線（金属拡張アンカー ウェッジ式 M10 サイズ）

図 9.1-7 非破壊試験機・標準試験による引張試験

201

第9章 非構造部材と躯体取合いの共通事項

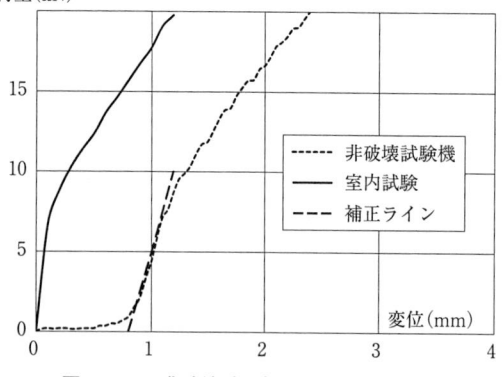

図 9.1-8 非破壊試験機における現場補正

表 9.1-9 自主点検の方法

項目	判定基準および内容
①目視点検	アンカーの種別・径・施工位置・本数・角度・母材からの突出寸法等を施工計画書（設計図・施工図）と照合をする．
②接触点検	アンカーを直接手で触り，アンカーの固着状態（がたつきの有無，接着剤の硬化状態）の判定をする．
③打音点検	アンカーの出しろ部分をハンマーで叩き，打撃音が高い金属音か，鈍い金属音（濁音）かにより，アンカーの固着状態を判断する．

コーン状破壊となる金属拡張アンカーを用いて，反力位置がコーン状破壊の範囲内になる現場非破壊試験機と反力位置をコーン状破壊の範囲より外側に設けた標準試験との比較引張試験結果一例である．反力位置がコーン状破壊の範囲内でも設計荷重内での確認が可能と考えられる．

室内試験では，母材面が平滑であり，アンカーを母材面に対して直角に施工することで，アンカーに対して軸方向に引張力を与えることができる．そのため，精度のよい試験が可能であり載荷初期から荷重が立ち上がる傾向にある．

現場試験では，母材面が凸凹であることや，アンカーを母材面に対して直角に施工することが困難な場合がある．そのため，試験機の設置面と母材面とがなじめていないことや，アンカー軸方向と引張方向が一致しないことにより，図 9.1-8 に示した試験結果のように載荷初期に変位が発生することがある．これは，試験前に初期締め付け力を施すことにより軽減することができるが，変位が発生した場合は立上った部分から引いた直線が荷重ゼロの水平線との交点を変位ゼロと解釈するなどの補正が必要になる．

ii）施工者の現場点検方法

施工者が施工計画書とおり施工されていることを，現場責任者とともに自主的に点検する方法を示す．

(5) 設計荷重値の確保について

金属系アンカーは打ち込んだ状態では完全にコンクリートに密着しているとは限らず，一度設計荷重まで締め付けてから荷重をゼロに戻すと，コンクリートになじんだ状態となり，この時点を施工完了とすることを推奨する．図 9.1-9 は施工不良を想定した (a) と通常施工した (b) の荷重変位曲線であるが，両アンカーとも一度締め付け力を与えた荷重をゼロに戻し，再締め付けを行った場合，ある一定の剛性を確保していることがわかる．文献[10]ではプレロード法と定義している．

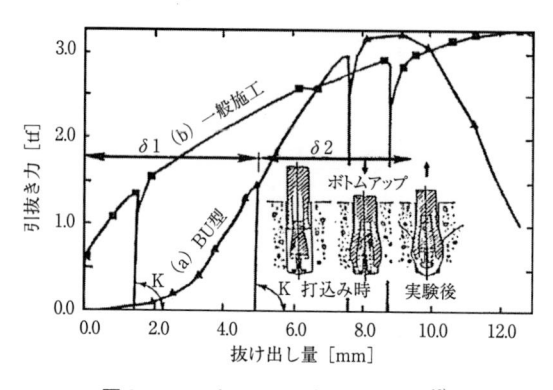

図 9.1-9 プレロード法による比較[13]

9.1.6 実験による確認事例

(1) 穿孔径の違いによるアンカー強度

あと施工アンカーには多様な種類があるため，穿孔作業に用いるコンクリートドリルのビット径も 0.5～1 mm 違いで製品化されている．図 9.1-10 はメーカー指定の穿孔径より大きい径で穿孔

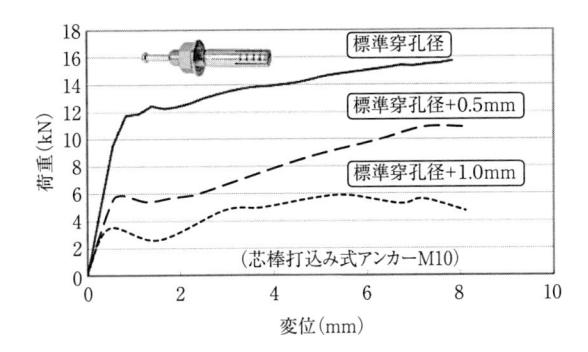

9.1 あと施工アンカーによる躯体への支持と接合

く低下していることがわかる．

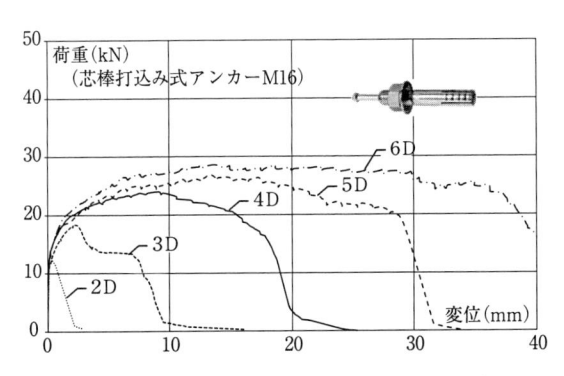

したがって必要な耐力を得るためには，埋込み長さをしっかりと確保する必要があり，より安定した引張耐力を得るためには十分な埋込み長さを設定することが重要である．

(3) へりあき寸法の違いによるアンカー強度

アンカーメーカーの一般的な試験成績書においては，引張耐力，せん断耐力へ影響を及ぼさないように，へりあき寸法を十分に確保して行っている．しかし，実際の使用では安易にへりあき寸法が十分にとれない位置にあと施工アンカーを設けて使用されるケースも多く見られる．

図 9.1－12 は芯棒打込み式アンカーのへりあき寸法をアンカー軸径（D）の2倍，3倍，5倍，8倍にして施工した場合の引張試験結果である．へりあき寸法がアンカー軸径の3倍になると引張荷重は大きく低下し，2倍では施工時にコンクリー

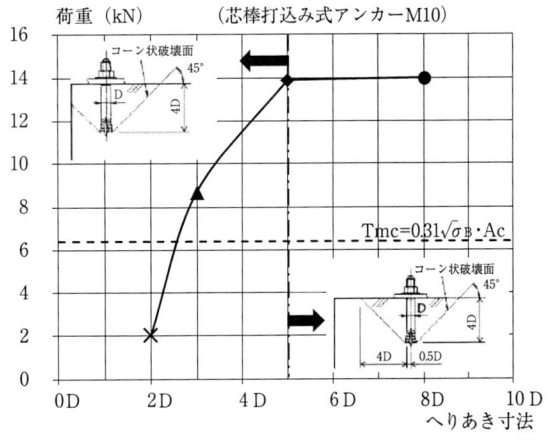

図 9.1－10　穿孔径の違いによる引張試験結果

した場合の比較引張試験結果である．試験を行った穿孔径は3種類で，メーカー指定の標準穿孔径，標準穿孔径 +0.5 mm，標準穿孔径 +1.0 mm である．

0.5 mm 程度でも穿孔径を間違えると必要な耐力が得られず，地震時にアンカーが抜け出すことにより，重大な事故の原因となるので，アンカーの施工監理にあたっては，メーカー指定の穿孔径で適切な施工をされているか施工確認シートなどを確認する必要がある．

(2) 埋込み長さの違いによるアンカー強度

あと施工アンカーの埋込み長さは金属拡張アンカーの場合，一般的にはアンカー軸径（D）の4倍程度である．図 9.1－11 は芯棒打込み式アンカー（標準埋込み長さ約 4D）を埋込み長さ 2〜6D 別にして施工した引張試験結果である．埋込み長さを標準より短くするとアンカーの引張荷重が大き

記号	へりあき寸法	最大引張荷重(kN)
×	2 D	2.0
▲	3 D	8.7
◆	5 D	13.9
●	8 D	14.0
－ － －	引張耐力計算値	6.4

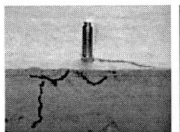

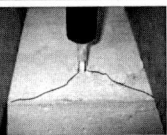

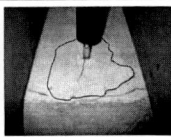

へりあき寸法2D
施工時にクラック

へりあき寸法3D
コンクリート割裂

へりあき寸法5D
コーン状破壊

図 9.1－11　埋込み長さの違いによる引張試験結果

図 9.1－12　へりあき寸法の違いによる引張試験結果

トへのクラックが発生した．

以上のことからへりあき寸法は，アンカー強度に影響を及ぼさないように配慮して設計する必要がある．

(4) コンクリート表面から突出したアンカーに曲げ荷重が作用した場合（めねじアンカー）

図 9.1-13 は本体打込み式アンカー（めねじ）に斜め荷重が加わった場合，施工不良により所定の荷重以前にアンカー定着部が破壊した試験結果である．アイボルトの根元まで十分に埋め込まれた標準施工のものと 6 mm の突出部があるものを比較した結果，標準施工は 60 kN まで載荷しても，アイボルト自身が変形しただけだが，突出部があるものは，曲げの影響があり 26 kN でアンカー本体が破断した．

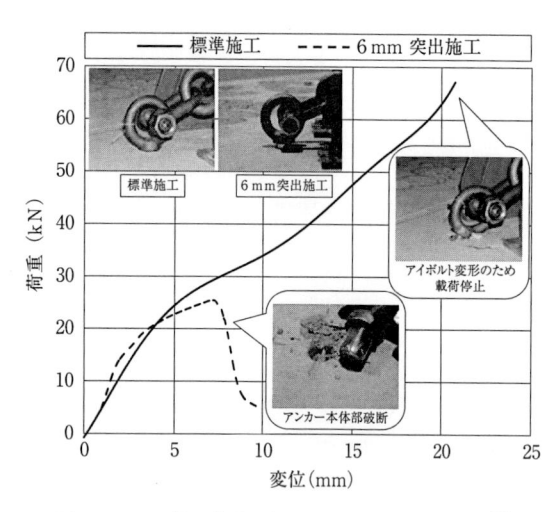

図 9.1-13 斜め荷重が加わった場合の試験結果[24]

この例で示したように，アンカーの施工監理にあたっては，設計上必要としている荷重を適正に発揮させるために，正しい施工が行われているかも確認する必要がある．

(5) 海外の製品認証の現状

欧米では，アンカーのサイズ別，温度別，鋼材別，あらゆる条件で評価を行っている．製品認証は，製品ごとに性能試験を選び，性能を評価し，結果を設計の条件別安全係数に反映し，評価に基づく設計耐力を算出している．欧州，米国それぞれ製品認証のシステムが確立している．

欧州では，EOTA(欧州技術認証機構)が ETAG (ガイドライン)[14]に沿って運営し，米国では，ACI(アメリカコンクリート工学会)が，ACI(ガイドライン)[15),16)]で認証条件を示し，ICE-ES (米国評定機構)が，認証を運営している．

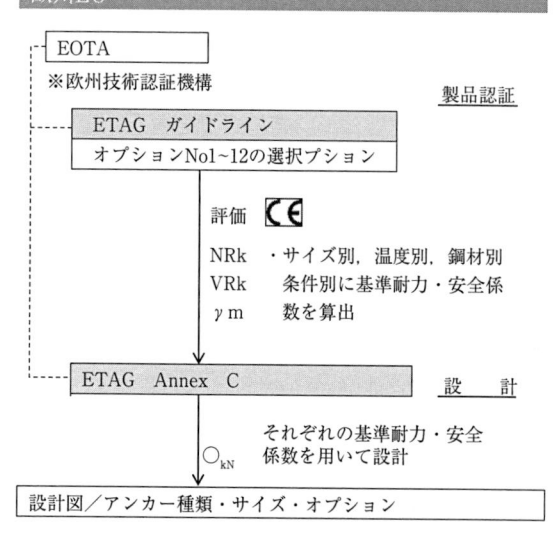

図 9.1-14 欧州の製品認証のしくみ

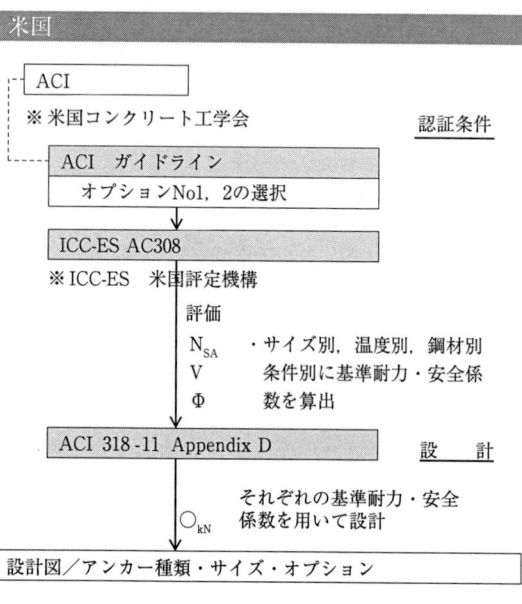

図 9.1-15 米国の製品認証のしくみ

・欧米の認証で考慮されている評価方法

　欧米の認証では，コンクリート構造物は，老朽化や，疲労以外にも，曲げ領域（スラブ中央の下端や梁の下端）でひび割れが発生することを前提としており，あと施工アンカーもひび割れの影響を考慮された耐力を評価している．

　そして，9.1.5(3)で述べられた室内試験のほかに，各アンカー種類に応じた施工安全性，長期持続引張荷重または凍結融解試験，そして耐久性試験を行って総合的に評価している．そのほかにも火災時におけるアンカーの耐力評価も行っている．

　近年では，地震時におけるアンカーの耐力評価とアンカー自身の耐震設計も始まっている．

参考文献

1) 岡田恒男，田中礼治，松崎育弘，坂本功，河村壮一：あと施工アンカー設計と施工，技術書院，1990
2) 廣澤雅也，松崎育弘：あと施工アンカー設計・施工読本，建築技術，1993
3) 建築設備用あと施工アンカー研究会：建築設備用あと施工アンカー　選定・施工の実践ノウハウ，オーム社，2008
4) 日本内燃力発電設備協会：自家用発電設備耐震設計のガイドライン，1981
5) 日本建築学会：各種合成構造設計指針・同解説，1985(2010改定)
6) 平成13年国交省告示第1024号「あと施工アンカーの材料強度，短期許容応力度」
7) 平成18年国住指第79号および501号（技術的助言）「あと施工アンカー・連続繊維補強設計・施工指針」
8) 平成24年国交省告示第1447号「給湯設備の地震に対しての安全上支障のない構造」
9) 平成25年国交省技術的助言「給湯設備の転倒防止に係る技術基準の改正について」
10) 日本建築センター：建築設備耐震設計・施工指針，2014
11) 空気調和・衛生工学会規格「建築設備用あと施工アンカー」SHASE-S 012-2013
12) 建設電気技術協会：あと施工アンカーボルト設計・施工要領（案）・同解説，2013.5
13) 細川洋治：あと施工アンカーの強度と剛性に関する基礎的研究，東京大学学位論文

9.1　あと施工アンカーによる躯体への支持と接合

14) EOTA, GUIDELINE FOR EUROPEAN TECHNICAL APPROVAL OF METAL ANCHORS FOR USE IN CONCRETE, Part1, EOTA, 1997.
15) ICC, ICC-ES AC308 Acceptance Criteria for Post-Installed Adhesive Anchors in Concrete, ICC, 2006.
16) ACI, ACI-318-11 Building Code Requirements for Structural Concrete and commentary, Appendix D Anchorage to concreat, 2011, ACI.
17) サンコーテクノ(株)，日本ヒルティ(株)カタログ抜粋
18) 日本ヒルティ(株)，サンコーテクノ(株)カタログ抜粋
19) サンコーテクノ(株)カタログ抜粋
20) (独)国民生活センター：震災による給湯器の貯湯タンクの転倒被害，(独)国民生活センターホームページ，2011.7.21 公表
21) 日本ヒルティ(株)カタログ抜粋
22) 日本ヒルティ(株)，日本無線(株)カタログ抜粋
23) 岡部(株)技術資料等抜粋
24) サンコーテクノ(株)，日本ヒルティ(株)カタログ抜粋
25) サンコーテクノ(株)技術資料抜粋

執筆協力者（賛助会員）

大垣　正之	岡部(株)
高橋　宗臣	日本ヒルティ(株)
橋本　智子	日本ヒルティ(株)
戸邉　勉	サンコーテクノ(株)
新井　宏文	サンコーテクノ(株)

第9章　非構造部材と躯体取合いの共通事項

工種　あと施工アンカー　　　　　　　工事名：　　　　　新築工事

部位：　　　　　　　　　　　　　　　　年　　月　　日　記録：

<table>
<tr><td colspan="6" align="center">工事監理チェックリスト</td></tr>
<tr><td>No.</td><td colspan="2">監理項目</td><td>確認事項</td><td>記録</td><td>備考</td></tr>
<tr><td>1</td><td colspan="2">施工位置確認</td><td>障害物の有無</td><td></td><td></td></tr>
<tr><td>2</td><td colspan="2">使用材料および品質</td><td>品番(接着系:使用期限・流動性)</td><td></td><td></td></tr>
<tr><td>3</td><td colspan="2">施工位置および作業範囲</td><td>墨出しの有無</td><td></td><td></td></tr>
<tr><td>4</td><td colspan="2">使用ドリル</td><td>ドリル径</td><td></td><td></td></tr>
<tr><td>5</td><td colspan="2">施工角度</td><td>所定の角度以内</td><td></td><td></td></tr>
<tr><td>6</td><td colspan="2">穿孔深さ</td><td>所定の寸法の確保</td><td></td><td></td></tr>
<tr><td>7</td><td colspan="2">孔内清掃</td><td>切粉の除去は十分か</td><td></td><td></td></tr>
<tr><td rowspan="2">8</td><td rowspan="2">埋込み深さ</td><td>共通</td><td rowspan="2">所定の深さの確保
(接着系：マーキング位置と施工面，接着剤が充填されているか)</td><td></td><td></td></tr>
<tr><td>接着系</td><td></td><td></td></tr>
<tr><td>9</td><td colspan="2">施工終了</td><td>施工終了を確認したか</td><td></td><td></td></tr>
<tr><td>10</td><td colspan="2">自主検査</td><td>目視・打音・接触による確認</td><td></td><td></td></tr>
<tr><td>11</td><td colspan="2">作業箇所の清掃</td><td>作業前の状態へ復帰</td><td></td><td></td></tr>
<tr><td>12</td><td colspan="2">作業終了の報告</td><td>現場責任者への報告</td><td></td><td></td></tr>
<tr><td>13</td><td colspan="2"></td><td></td><td></td><td></td></tr>
</table>

略図

確認印	現場代理人	担当者	工事監理者

2015 JSCA

9.2 埋込みインサート工事

9.2.1 埋込みインサートの概要

ここでは，埋込みインサート（以下，インサートと呼ぶ）の概要として参考文献[5), 10)]を基にその分類，種類，寸法，施工概略について示す．

(1) 床種類（型枠種別）による分類

インサートは，合板型枠用，デッキプレート用に大別される．さらに，断熱材の有無などにより細分化される．

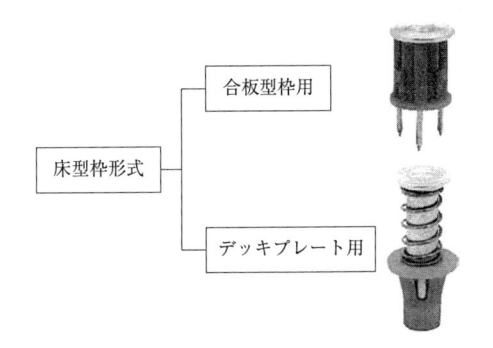

図 9.2-1 型枠形式による分類

(2) 型枠形式と施工方法

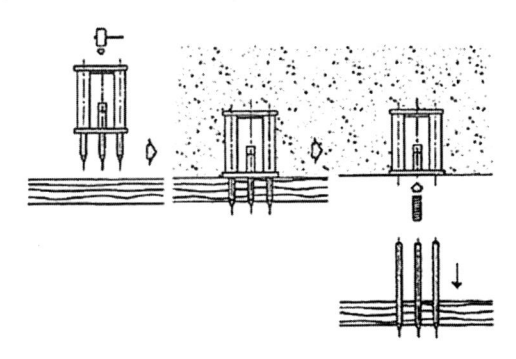

図 9.2-2 合板型枠施工手順

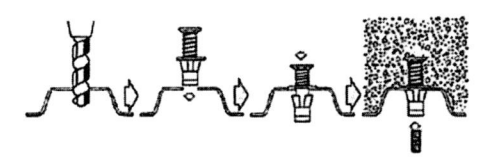

図 9.2-3 デッキプレート施工手順

(3) 用途別によるインサート形状

ここではインサートの用途として用いられている，軽量天井の吊り，軽量設備機器・配管の吊り，重量設備機器の吊りの現状を示し，最近天井の耐震化に対する取り組みとして，特に特定天井用として開発されているものについても紹介する．

i）軽量天井用

現在，一般に用いられている軽量天井へのインサートの仕様に関する法規定・JIS規格などはなく，慣用的に用いられている．

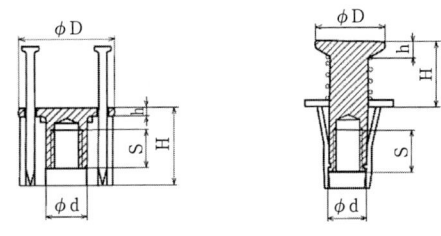

図 9.2-4 合板型枠用形状　　図 9.2-5 デッキプレート用形状

ii）軽量設備用

一般の設備機器の吊り下げなどに用いられている標準的なインサートである．

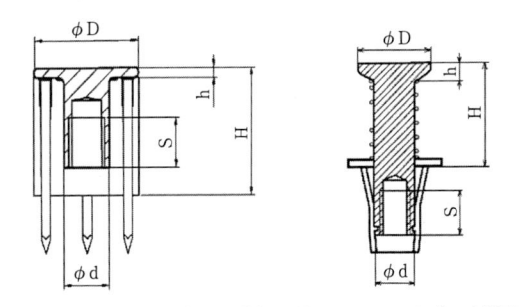

図 9.2-6 合板型枠用形状　　図 9.2-7 デッキプレート用形状

iii）重量設備用

機器重量が 200 kg 程度の吊り下げに用いられている．

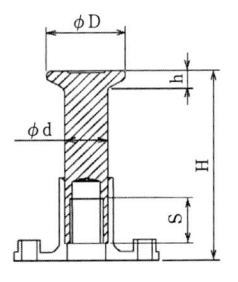

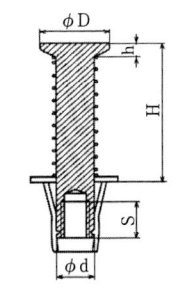

図 9.2-8 板型枠用形状　　図 9.2-9 デッキプレート用形状

iv）用途別によるインサート寸法

天井インサートのねじ径は，従来からのWサイズによる製品が主流となっている．各用途別に形状寸法を表 9.2-1(a)～(f) に示した．

表 9.2-1(a)　軽量天井合板型枠

単位：mm

ねじ径	有効埋込み長 (H - h)	有効ねじ長 (S)	頭径 (D)	胴径 (d)	高さ (H)	頭厚 (h)
W3/8	20	10	28	12	22.5	2.5

表 9.2-1(b)　軽量天井デッキプレート用

単位：mm

ねじ径	有効埋込み長 (H - h)	有効ねじ長 (S)	頭径 (D)	胴径 (d)	高さ (H)	頭厚 (h)
W3/8	20	13	22	12	25	5

表 9.2-1(c)　軽量設備合板型枠用

単位：mm

ねじ径	有効埋込み長 (H - h)	有効ねじ長 (S)	頭径 (D)	胴径 (d)	高さ (H)	頭厚 (h)
W3/8	30	13	28	12	32.5	2.5
W1/2	45	20	35	17	48.5	3.5

表 9.2-1(d)　軽量設備デッキプレート用

単位：mm

ねじ径	有効埋込み長 (H - h)	有効ねじ長 (S)	頭径 (D)	胴径 (d)	高さ (H)	頭厚 (h)
W3/8	30	13	22	12	35	5

表 9.2-1(e)　重量設備合板型枠用

単位：mm

ねじ径	有効埋込み長 (H - h)	有効ねじ長 (S)	頭径 (D)	胴径 (d)	高さ (H)	頭厚 (h)
W3/8	30,40,50,80	13	22	12	25,45,55,85	5
M10	38,58	13	22	13	43,63	5
W1/2	40,55,65,80	25	28	17	48,63,73,88	8
M12	55,80	25	28	17	63,88	8
W5/8	80,100	30	37	22	90,110	10
M16	80,100	30	37	22	60,110	10

表 9.2-1(f)　重量設備デッキプレート用

単位：mm

ねじ径	有効埋込み長 (H - h)	有効ねじ長 (S)	頭径 (D)	胴径 (d)	高さ (H)	頭厚 (h)
W3/8	40,50	13	22	12	45,55	5
M10	50	13	22	13	55	5
W1/2	55,67	25	28	17	63,75	8
M12	55,67	25	28	17	63,75	8
W5/8	70	30	37	22	80	10
M16	70	30	37	22	80	10

(4) インサートの技術的な留意点と現状

床型枠形式のインサートの引抜き耐力は，日本建築学会「各種合成構造設計指針」[6]で定める有効埋込み長さが確保できないため，現状では文献[1)～4)]を参考にして，用途別に応じて算出することが多い．その場合の留意点を以下に示す．

・天井に用いる場合は，鉛直方向の荷重のみならず，地震時の水平方向の荷重も作用するため，引張力とせん断力を組み合わせ応力の検討が重要になる．

・デッキプレートを使用するインサートの場合は，デッキ面（コンクリート床下端）から突出したねじ部に水平方向の荷重が作用すると比較的小さな荷重で破断することがあるため，最近では吊りボルトがコンクリート床内部まで挿入できる改良型インサートも開発されている[6]．

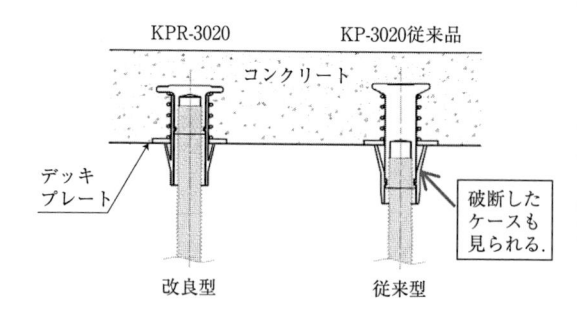

図 9.2-10　軽量天井インサートの改良例

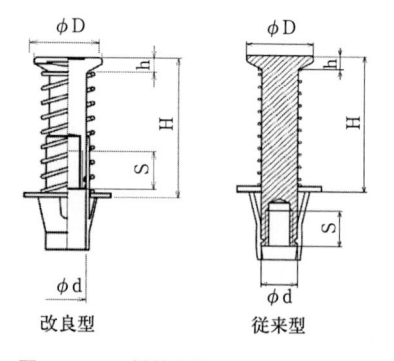

図 9.2-11　軽量設備インサートの改良例

9.2.2 東日本大震災からの教訓

- 天井そのものの被害が多く発生し，天井の構造的な見直しが行われ，新たに特定天井に関する告示，技術的助言が出された．
- 特定天井に対しては，引張力のみの検討だけではなく，引張力とせん断力を組み合わせた応力の検討が義務付けられた．
- 軽量天井用インサートのデッキプレートへの使用について，従来型ではデッキから突出しためねじ部の破断で決まる場合があり，形状を見直した製品の検討が行われている[5]．

9.2.3 関連法規および基・規準の現状

- 自家用発電設備耐震設計のガイドライン[1]
  M10，M12，M16の寸法・許容引抜荷重および許容引抜荷重算定式についても示している．
- 空気調和・衛生工学会「建築設備用インサート」「建築設備用インサート規格」の変遷

① HASS　009 – 1986[2]

設備用インサート規格の初版として，M10（W3/8），M12（W1/4），M16（W5/8）について「鋼製インサート」を中心に，形状・寸法・許容引抜荷重，許容引抜荷重算定式1)のガイドラインの式を引用している．
主要部材料として，「いものインサート」はその他のインサートとして扱われている．

② HASS　009 – 1998[3]

基本的には②の1986年版を踏襲しているが，「いもの」については，その他のインサートの主要部材料から削除されている．解説にあと施工アンカーに関する情報も追加している．

③ SHASE – S　009 – 2004[4]

②の1998年版と同じであるが，試験法については9.1節あと施工アンカーに示した試験法を準用している．

- 平成25年国土交通省告示第771号[7]
  特定天井および特定天井の構造耐力上安全な構造方法を定めている．

この告示に対して技術的な解説については「建築物における天井脱落対策に係る技術基準の解説」国交省国土技術政策総合研究所，2013.10[8] がある．

第9章　非構造部材と躯体取合いの共通事項

内燃力発電設備協会　自家用発電設備耐震設計のガイドラインより抜粋

c）一般的な天井スラブ下面，コンクリート壁面

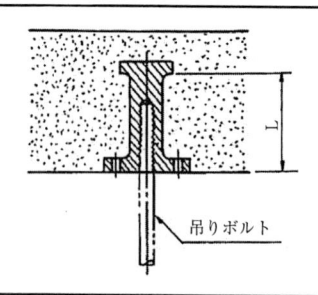

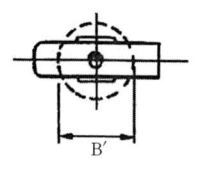

インサートの許容引抜荷重は，次式の値としてよい。

$$Ta = 6\pi \cdot L(L+B') \cdot p \quad (3.18)$$
$$Ta' = 4\pi \cdot L(L+B') \cdot p \quad (3.19)$$

ここに，　Ta　：アンカーボルトなどの短期許容引抜荷重（kN）
　　　　　Ta'　：アンカーボルトなどの長期許容引抜荷重（kN）
　　　　　L　：インサートの有効埋込長さ（cm）
　　　　　B'　：インサートの底面等価径（cm）
　　　　　　　（インサート底面積Ah（cm²）と等しい面積を有する
　　　　　　　円の直径すなわちB' $= 2\sqrt{\dfrac{Ah}{\pi}}$ ）
　　　　　p　：コンクリートの設計基準強度による補正係数

$$p = \dfrac{1}{6} \mathrm{Min}\left(\dfrac{Fc}{30},\ 0.05 + \dfrac{Fc}{100}\right)$$

　　　　　　　とする。
　　　　　Fc　：コンクリートの設計基準強度（kN/cm²）
　　　　　　　　（通常は，1.8kN/cm²とする。）

ただし，インサート金物自体の引張破壊強度は，短期許容引抜荷重の3倍を有すること。

注　第一種，第二種軽量コンクリートが使用される場合は，一割程度の裕度ある選定を行うこと。

短期許容引抜荷重

ボルト径d （呼び径）	許容引抜荷重(kN)	インサート寸法	
		L(mm)	B'(mm)
M10	3.00	28	28
M12	6.60	45	33
M16	9.80	56	37

注1　上表は，表示の寸法のインサートの場合の短期許容引抜荷重である。
2．コンクリートの設計基準強度Fcは，1.8kN/cm²としている。
3．天井スラブ下面，コンクリート壁面に設けられるインサートは一本当り12.0kNを超す引抜荷重は負担できないものとする。

長期許容引抜荷重

ボルト径d （呼び径）	許容引抜荷重(kN)	インサート寸法	
		L(mm)	B'(mm)
M10	2.00	28	28
M12	4.40	45	33
M16	6.50	56	37

注1　上表は，表示の寸法のインサートの場合の長期許容引抜荷重である。
2．コンクリートの設計基準強度Fcは，1.8kN/cm²としている。
3．天井スラブ下面，コンクリート壁面に設けられるインサートは一本当り8.0kNを超す引抜荷重は負担できないものとする。

内燃力発電設備協会　自家用発電設備耐震設計のガイドラインより抜粋

c) 一般的な天井スラブ下面，コンクリート壁面

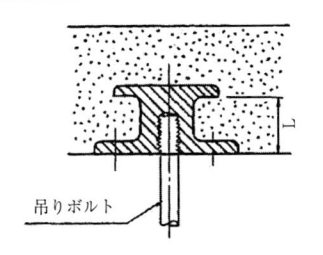

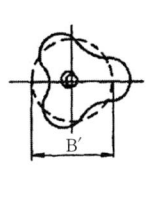

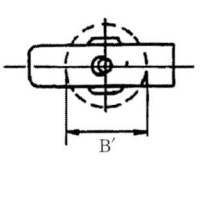

インサートの許容引抜荷重は，次式の値としてよい。

$Ta = 6\pi \cdot L(L+B') \cdot p$　　　　　　　　(3.18)
$Ta' = 4\pi \cdot L(L+B') \cdot p$　　　　　　　　(3.19)

ここに，Ta ：アンカーボルトなどの短期許容引抜荷重 (kN)
　　　　Ta'：アンカーボルトなどの長期許容引抜荷重 (kN)
　　　　L ：インサートの有効埋込長さ (cm)
　　　　B'：インサートの底面等価径 (cm)
　　　　　（インサート底面積 Ah(cm²) と等しい面積を有する
　　　　　円の直径）すなわち $B' = 2\sqrt{\dfrac{Ah}{\pi}}$
　　　　p ：コンクリートの設計基準強度による補正係数

$$p = \frac{1}{6} \text{Min}\left(\frac{Fc}{30},\ 0.05 + \frac{Fc}{100}\right)$$

　　　　　とする。
　　　　Fc ：コンクリートの設計基準強度 (kN/cm²)
　　　　　（通常は，1.8kN/cm²とする。）

ただし，インサート金物自体の引張破壊強度は，短期許容引抜荷重の3倍を有すること。

注　第一種，第二種軽量コンクリートが使用される場合は，一割程度の裕度ある選定を行うこと。

短期許容引抜荷重

ボルト径d (呼び径)	許容引抜荷重(kN)	インサート寸法 L(mm)	B'(mm)
M10	1.50	20	21
M12	2.00	22	27
M16	2.80	25	35

注1　上表は，表示の寸法のインサートの場合の短期許容引抜荷重である。
　2．コンクリートの設計基準強度Fcは，1.8kN/cm²としている。
　3．天井スラブ下面，コンクリート壁面に設けられるインサートは，一本当り12.0kNを超す引抜荷重は負担できないものとする。

長期許容引抜荷重

ボルト径d (呼び径)	許容引抜荷重(kN)	インサート寸法 L(mm)	B'(mm)
M10	1.00	20	21
M12	1.35	22	27
M16	1.90	25	35

注1　上表は，表示の寸法のインサートの場合の長期許容引抜荷重である。
　2．コンクリートの設計基準強度Fcは，1.8kN/cm²としている。
　3．天井スラブ下面，コンクリート壁面に設けられるインサートは一本当り8.0kNを超す引抜荷重は負担できないものとする。

空気調和・衛生工学会規格　SHASE-S　009-2004 より抜粋

インサートの断面形状・寸法関係および長期許容引き抜き力の算定、強度確認試験についての要旨について示す。

6.2　長期許容引抜き力の算定式

インサート1本あたりの長期引抜き力は、式(1)および式(2)から算定された値とする．ただし、9.に規定する試験を行い、合格基準に適合しなければならない．

$Ta1 = 0.4\pi L(L+B)$　・・・・・(1)
$Ta1$：Fc18N/mm²における長期許容引抜力 [N]
　L ：有効埋め込み長さ [mm]
　B ：インサートヘッドの相当径 [mm]
$Ta2 = 0.4\pi L(L+B)P$　・・・・・(2)

$L、B$：式(1)と同じ
P ：コンクリート設計強度による補正係数
　　　$P = (1/0.6) \text{min} Fc$ かつ $(0.5 + Fc/100)$
Fc ：コンクリートの設計基準強度　[N/mm²]

6.3　インサート1個あたりの引抜き力負担

天井スラブ下面、コンクリート壁面に設けられるインサートの長期許容引抜き力はL値とB値が大であっても、1個あたり7840N、短期許容引抜き力の場合は、1個あたり11760Nを超える力は負担できないものとする．ただし、建築構造設計者と協議の上で、取付部分が補強された場合はこの限りではない．

第9章　非構造部材と躯体取合いの共通事項

空気調和・衛生工学会規格　SHASE-S　009-2004 より抜粋

表-1　インサートの種類と呼称および主要部の材料

種類	呼称	主要部の材料
1種	鋼製インサート	JIS G 3101 一般構造用圧延鋼材 JIS G 3131 熱間圧延軟鋼板及び鋼帯 JIS G 3445 機械構造用炭素鋼管 JIS G 3452 配管用炭素鋼管 JIS G 3454 圧力配管用炭素鋼管 JIS G 3507 冷間圧造用炭素鋼線材
2種	ステンレス鋼製インサート	JIS G 3448 一般配管用ステンレス鋼管 JIS G 3459 配管用ステンレス鋼管 JIS G 4303 ステンレス鋼棒 JIS G 4308 ステンレス鋼線材
3種	合成樹脂製インサート	エンジニアリングプラスチック類 (ポリアミド・ポリカーボネート・ポリアセタールなど)
4種	その他インサート	1～3類以外の材料 (アルミニウム・セラミックスなど)

備考　主要部の材料とは，コンクリート躯体への取合せ部およびねじ部などの材料をいう。

3. **種　類**
　インサートの種類は，主要部の材料により，表-1のとおり分類する。
4. **ねじの呼び径**
　インサートのねじの呼び径は，M10(W3/8)，M12(W1/2)およびM16(W5/8)とする。
5. **断面形状および主要寸法**
　インサートの1種，2種および3種の断面形状および主要形状（最小寸法も含む）は，表-2および表-3とする。

表-2　インサート1，2種の断面形状と主要寸法

断面形状(例)	ねじの呼び径	A [mm]	B [mm]	C [mm]	D [mm]	E [mm]	L [mm]	$L(L+B)$ [mm^2]
	M10 (W3/8)	$D+2 \leq$	$A+5 \leq$	$2 \leq$	10 (9.525)	$D \leq$	$25 \leq$	$1\,050 \leq$
	M12 (W1/2)	$D+3 \leq$	$A+5 \leq$	$3 \leq$	12 (12.700)	$D \leq$	$45 \leq$	$2\,925 \leq$
	M16 (W5/8)	$D+4 \leq$	$A+5 \leq$	$4 \leq$	16 (15.876)	$D \leq$	$55 \leq$	$4\,400 \leq$

備考　表中の等・不等号は，最小寸法を示すものである。
　A：インサート本体の素材の径
　B：インサートヘッドの相当径
　C：インサートヘッドの厚さ
　D：ねじの呼び径〔( )内はウィットねじの呼び径〕
　E：完全ねじ部の長さ
　L：インサートの有効埋込み長さ

6. **長期許容引抜き力**
6.1　インサートの長期許容引抜き力
　長期許容引抜き力は，表-4に表示する値とする。

表-4　インサートの長期許容引抜き力

ねじの呼び径	種類	1～3種			4種
	項目	L寸法 [mm]	$L(L+B)$ [mm^2]	長期許容引抜き力 [N]	
M10(W3/8)		25	1 050	1 310	9.に基づき最大引抜き力の1/4とする。ただし，1～3種の規定値を超えない範囲とする。
		28	1 260	1 580	
M12(W1/2)		44	2 925	3 670	
		50	3 500	4 390	
M16(W5/8)		55	4 400	5 520	
		60	5 460	6 850	

条件など
1) 9.に規定する試験を行い，合格基準に適合しなければならない。
2) コンクリート設計基準強度は18N/mm^{2}とする。
3) 1種および2種は，表-2に示す寸法を，3種は表-3に示す寸法を，それぞれ有すると同時に，$L(L+B)$の値が表-2および表-3に示した最小値，あるいはそれ以上(下段)の値を有するときの値である。
4) 長期許容引抜き力は6.2で示す算定式で求められたものである。

空気調和・衛生工学会規格　SHASE-S　009-2004 より抜粋

9. 試　験（要旨）

9.1　試験条件と試験成績書の作成

(1) インサートの長期許容引抜き力（要旨）

・各インサートについて製造者は 9.2 以下に示す引抜き強度試験およびコンクリート圧縮強度試験を行い、6.2 の算定式に基づいて確認し、インサートの引抜き強度確認成績書を作成する．

(2) インサート引抜き強度確認試験成績書の内容（要旨）

インサート引抜き確認試験成績書には、試験年月日、試験場所、試験方法、形状・寸法、測定器具、試験に関する資料、過重負荷およびインサート埋設部変形量などの各条件と試験結果、測定者と測定責任者、および長期許容引抜き力合格基準の確認を示した資料などによる内容とし、本規格に従ったものとする．これらの試験および試験成績書は、製造者による自主試験および自主試験成績書とすることができる．

9.2　引抜き強度確認試験（要旨）

9.2.1　試験体

・試験体の数は 3 本以上とする

・引抜き力の試験に使用するコンクリート板の強度は、コンクリートの設計基準強度 18N/mm^2 を標準とする

・コンクリート板は、無筋で、かつ埋設されたインサートの全長に 50mm 以上を加えた厚さとする

・コンクリート板に埋設される試験体の配置は図-1 による

9.2.2　試験方法（要旨）

・試験体の加力方法は、試験体の引張ボルトを固定させ、反力台上部に過重負荷測定器を取り付け、引張ボルトを軸方向に静的に負荷し、試験体の破断、あるいは試験埋め込み部のコンクリート破壊に至る力を測定する．荷重負荷装置の例を図-2 に

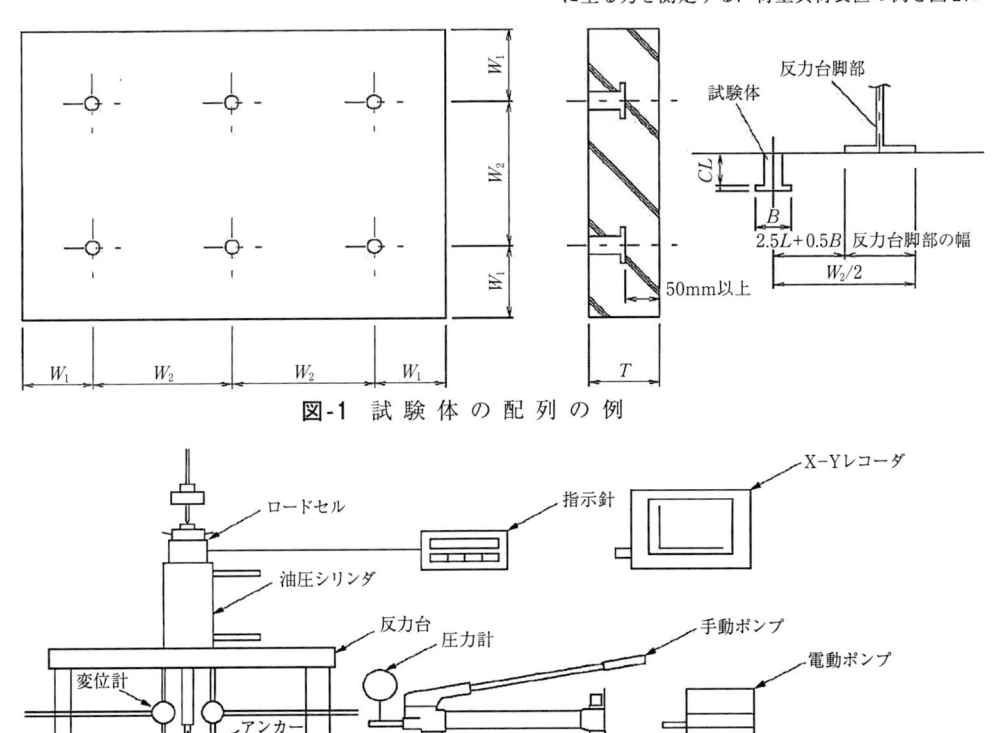

図-1　試験体の配列の例

図-2　荷重負荷装置の例

注　試験体心からの2個の変位測定点間までの距離 L_1 を等しくする．

第9章　非構造部材と躯体取合いの共通事項

建築物における天井脱落対策に係る技術基準の解説より抜粋

第3章　接合部の試験・評価

3-1　吊りボルトの上端接合部の試験

（1）適用の範囲
以下に示す試験体、試験方法及び記録項目は、天井材のうち吊りボルトの上端及び吊り金具等から構成される接合部を対象にした試験に適用する。

（2）試験体
試験体は、吊りボルトの上端が吊り金具等を介して、構造耐力上主要な部分又は天井の支持構造部に相当する試験フレームに実況どおりに取り付けられたものとする。試験体数は3体以上とする。

（3）試験方法
試験は、吊りボルトに取り付けた治具に一方向の引張力を加えるものとする。ただし、吊りボルトの上端近傍に斜め部材が取り付く場合には、当該斜め部材にも同時に一方向の引張力を加える。最大荷重が得られるまで荷重を段階的に加え、各段階ごとの荷重に対応した変位量を電気式変位計等で測定する。

（4）記録項目
試験結果には、次の項目を記録する。
・ 損傷時の荷重（試験体の構成材料に滑り及び外れ並びに損傷を生ずるときの荷重をいう。以下同じ。）及び最大荷重
・ 試験体の変形又は破壊の状態
・ 荷重一変位曲線

【解　説】

　上記の試験は、吊りボルトが構造耐力上主要な部分等に取り付く接合部（吊り元）を対象にしたものであり、引張試験の方法を掲げた。
　吊り金具には様々な種類のものが考えられるので、実際の施工で採用する製品を試験体に用いるとともに、その取付け方法も実際の状況を反映しなければならない。試験は吊りボルトに取り付けた治具に一方向の引張力を加えることを基本としているが、試験体の吊りボルト上端付近に斜め部材が取り付く場合には、斜め部材の材軸方向にも同時に引張力を作用させることとする。
　試験結果の記録項目としては、損傷時の荷重及び最大荷重、試験体の変形又は破壊の状態、荷重一変位曲線を挙げている。ここで、試験体の構成材料に滑り及び外れ並びに損傷を生ずるときの荷重を「損傷時の荷重」と定義している。これらの項目は3-2～3-5節の試験でも同様であり、3-6節「接合部の許容耐力・剛性の評価」において必要となるものである。
　また、天井告示の仕様ルートで吊り材が適合すべき要件として、第3第1項第五号では「埋込みインサートを用いた接合、ボルト接合その他これらに類する接合方法により構造耐力上主要な部分等に緊結すること」が規定されており、上記の試験によって吊りボルト上端部の緊結状態を確認することができる（第Ⅰ編2-5節参照）。

9.2 埋込みインサート工事

建築物における天井脱落対策に係る基準の解説に対する Q&A より抜粋

別添

吊り元の接合部に用いる埋込みインサートの性能試験の実施例

1. 試験の内容
引張方向加力とせん断方向加力との複合加力試験
（注）吊り元接合部の耐力試験としては、引張方向及びせん断方向の試験を実施する必要があるが、両者の複合加力試験は必ずしも実施する必要はない。

2. 試験体
試験体は、コンクリート床スラブを想定したコンクリート板（以下、「母材コンクリート」という）に実際と同様の方法で埋め込まれたインサート

3. 試験方法
試験方法を図-1に、試験実施状況を写真-1及び写真-2に示す。

図-1に示すように、母材コンクリートを試験装置の固定台に固定ジグを介してクランプ固定した後、埋め込みインサートに吊りボルト（長さ1000mm）を取り付ける。

はじめに、吊りボルトに一方向の引張力又はせん断力を試験体が破壊に至るまで連続的に加える。この間、吊りボルトの上下方向変位又は水平方向変位を測定する。その後、一方向の最大荷重をもとに、表-1に示す荷重割合を保持しながら複合加力を行う。この間、吊りボルトの上下方向変位及び水平方向変位を測定する。

表-1 複合加力の荷重割合※

荷重	
引張力	せん断力
3/4	1/4
1/2	1/2
1/4	3/4

※各試験体の一方向（1×0 又は 0×1）の最大荷重に対する割合

写真-1 試験実施状況(全景)

写真-2 試験実施状況(加力部)

1/4

第9章　非構造部材と躯体取合いの共通事項

建築物における天井脱落対策に係る基準の解説に対するQ&Aより抜粋

単位mm

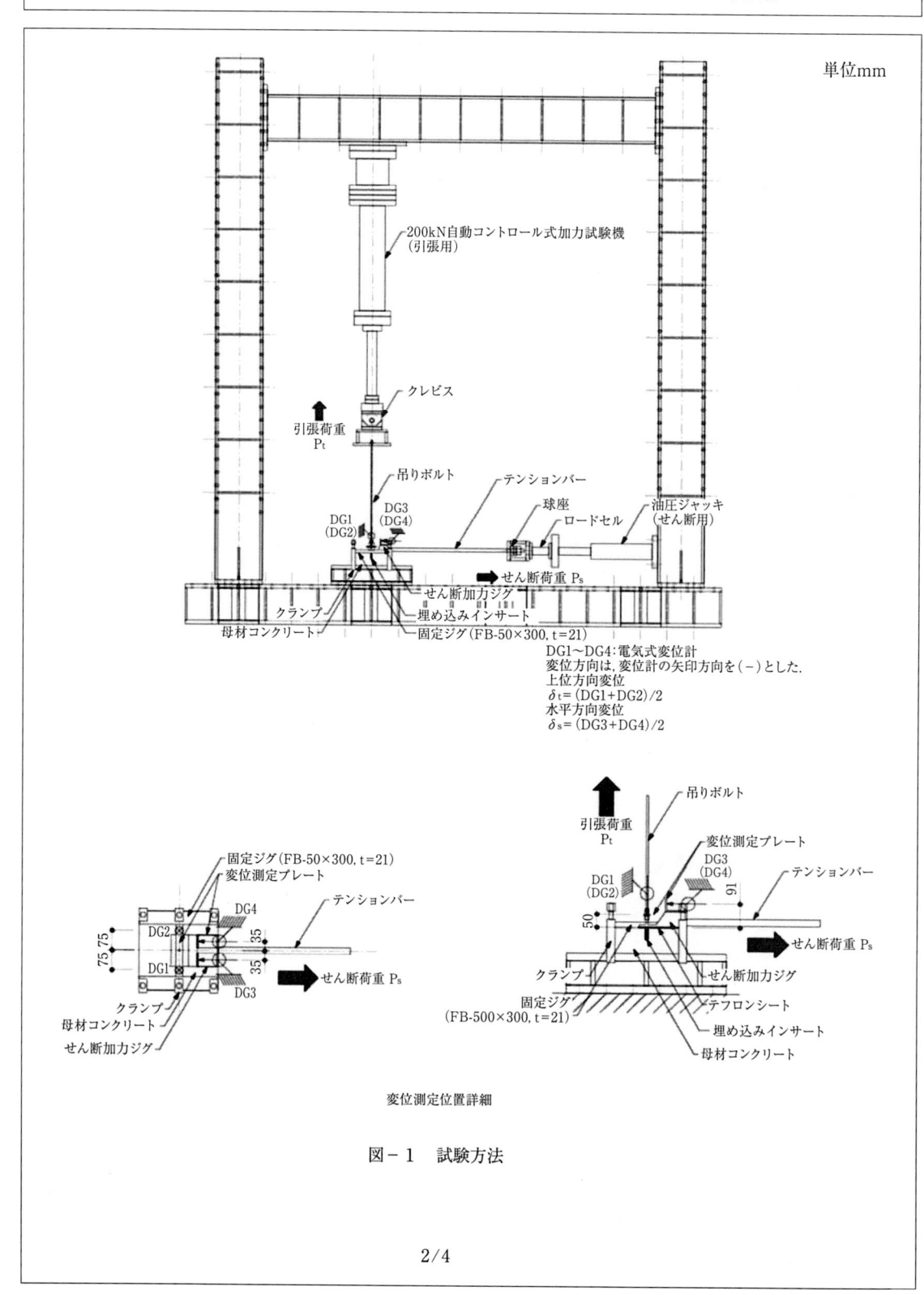

200kN自動コントロール式加力試験機（引張用）

クレビス

引張荷重 P_t

吊りボルト
テンションバー
球座
ロードセル
油圧ジャッキ（せん断用）

DG1(DG2)　DG3(DG4)

→ せん断荷重 P_s

せん断加力ジグ
クランプ
埋め込みインサート
母材コンクリート
固定ジグ(FB-50×300, t=21)

DG1～DG4：電気式変位計
変位方向は，変位計の矢印方向を(−)とした．
上位方向変位
　$\delta_t = (DG1+DG2)/2$
水平方向変位
　$\delta_s = (DG3+DG4)/2$

固定ジグ(FB-50×300, t=21)
変位測定プレート
テンションバー
→ せん断荷重 P_s
クランプ
母材コンクリート
せん断加力ジグ

引張荷重 P_t
吊りボルト
変位測定プレート
DG1(DG2)　DG3(DG4)
テンションバー
→ せん断荷重 P_s
クランプ
固定ジグ(FB-500×300, t=21)
せん断加力ジグ
テフロンシート
埋め込みインサート
母材コンクリート

変位測定位置詳細

図−1　試験方法

2/4

9.2 埋込みインサート工事

> 建築物における天井脱落対策に係る基準の解説に対する Q&A より抜粋

4. 評価方法

許容引張耐力及び許容せん断耐力は、引張（鉛直）方向及びせん断（水平）方向の加力試験結果に基づき、次式によって算出する。

$$P_a = \frac{\overline{P_d}}{a} \qquad Q_a = \frac{\overline{Q_d}}{a}$$

ここで、P_a：許容引張耐力(N)　$\overline{P_d}$：損傷時の引張荷重 Pd の平均値(N)　Q_a：許容せん断耐力(N)
$\overline{Q_d}$：損傷時のせん断荷重 Qd の平均値(N)　a：1.5以上の数値

加力試験では、構成部材の種類や加力方向によって様々な形態の荷重-変形曲線が得られる。許容耐力を評価する際には、一般的な降伏荷重の評価方法を参考にして、試験体ごとに得た荷重-変位曲線から損傷時の荷重 P_d を適切に設定する。評価手順の一例を以下に示す。

図-2は弾性剛性を保持して最大荷重付近まで達する場合であり、図中の白丸がPdに相当する点である。許容耐力は、P_dの平均値を1.5以上の数値で除することによって得ることができる。

図-3は最大荷重に達する前に非線形な変形が進行する場合であり、以下の手順で P_d を求めている。
① 荷重-変位曲線に基づき、初期剛性 K の直線Ⅰを引く。
② $K/3$ の傾きをもつ直線を、荷重-変位曲線に接するように平行移動したものを直線Ⅱとする。
③ 直線Ⅰと直線Ⅱの交点での荷重を損傷時の荷重 P_d とみなす。（図中の赤丸）

ここで、初期剛性Kは最大荷重Pmaxの0.1～0.2倍に相当する荷重値と原点とを結んだ直線から得る。許容耐力は、P_dの平均値を1.5以上の数値で除することによって得ることができる。

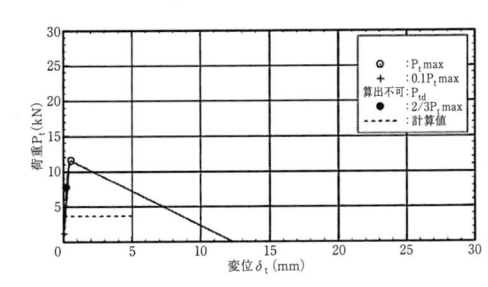

図-2　荷重-変位曲線（引張1×せん断0） 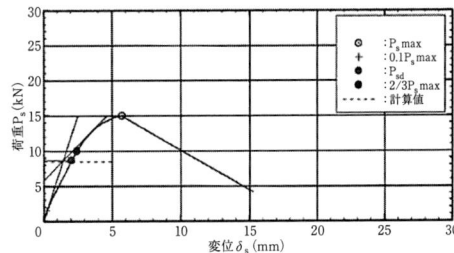　　図-3　荷重-変位曲線（引張0×せん断1）

【参考】引張方向とせん断方向の複合加力の組合せ荷重比

組合せ荷重比（Ptmax/Pt1×0max-Psmax/Ps0×1max）が、おおむね円上にプロットされていることを確かめる。そうでないものについては、組合せ荷重比による低減程度について技術資料を示すこと。

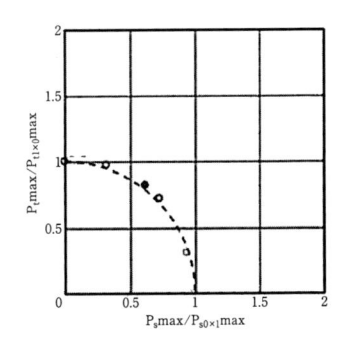

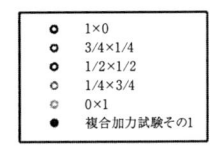

（注）1．複合加力試験その1は、各試験体の偏芯距離＝0mmの最大荷重の平均値を引張力とせん断力に分力した値を示す。
なお、引張力には、鉛直軸方向一定荷重P=0.196kNを加えた値である。

図4　組合せ荷重比（Ptmax/Pt1×0max-Psmax/Ps0×1max）の関係

9.2.4 特定天井に対する対応

(1) 市場の状況

建築基準法施行令第39条の改正に伴い，特定天井に関して構造耐力上安全な構造方法を定める告示[7]が公布され，埋込みインサートについて技術基準が示されている．現在市場での特定天井埋込みインサートへの対応について，製造者による対応は緒に就いた段階で，技術資料などは揃っていないのが現状である．調査の段階で建設積算資料[10]およびWeb上で「特定天井インサート」の検索結果を基に，対応状況について以下に概要を述べる．

軽量天井・軽量設備機器用のインサートに関する実験は各メーカーで行われ，各タイプの強度についてはカタログ等に記載されている．しかし，特定天井については，製品化されているものは少なく，受注生産の形で対応しているのが現状である．

特定天井の設計にあたり，文献[8]第Ⅰ編2-5吊り材及び斜め部材の取付け方法（pp.29-31），第Ⅱ編3-1～3-6（pp.90-109）および吊り元のインサートの性能試験に関しては，実施例として文献[9]に示されている．吊り元接合部の耐力試験要件として，引張方向，せん断方向の試験実施が要求されている．引張・せん断両者の複合加力試験は特に要求されていない．

文献[11]では文献[7],[8]に基づく実験による裏付けを行い，カタログおよび技術資料での対応を行っている．現状について設計上の留意点などの参考として紹介する．

(2) 実験による確認例

特定天井対応インサートに関する実験として，現段階の状況として文献[11]の内容について紹介する．

この実験例では，引張試験，せん断試験，斜め加力試験（引張および圧縮方向），斜め加力繰り返し試験を実施している．なお，試験にあたっては吊り元部分の上端接合金具と躯体との取付けを考慮して偏心距離の影響についても行っているが，ここでは一部を紹介するにとどめている．

ⅰ）実験装置

実験は，引張実験，せん断実験，斜め加力実験が行われ，図9.2-12～9.2-14に各装置を示した．

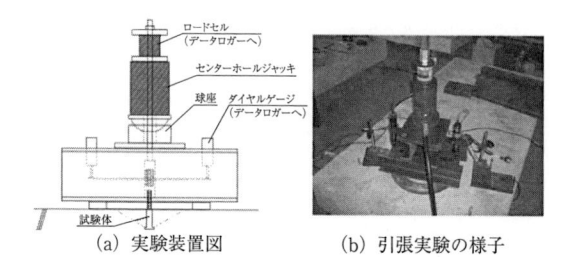

(a) 実験装置図　　(b) 引張実験の様子

図9.2-12　引抜き実験装置

(a) 実験装置図　　(b) せん断加力実験の様子

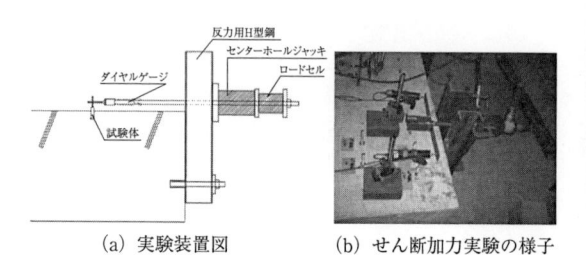

図9.2-13　せん断実験装置

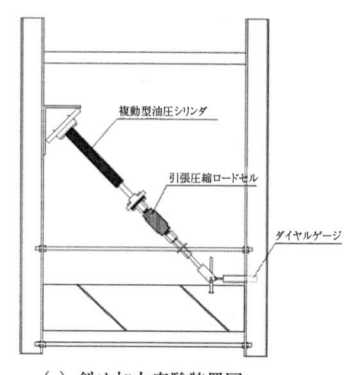

(a) 斜め加力実験装置図

(b) 斜め加力実験の様子

図9.2-14　斜め加力実験装置

ii) 実験供試体

実験に用いたインサートは図9.2-15に示した．(a)合板型枠用，(b)デッキプレート用，(c)特定天井用の3種類であり，それぞれ接合ボルトとインサートとの接合部の違いが見られる．(a)は接合面が型枠面となり，(b)はデッキ面から突出した位置で接合され，(c)はインサートと接合ボルトが一体となっている．

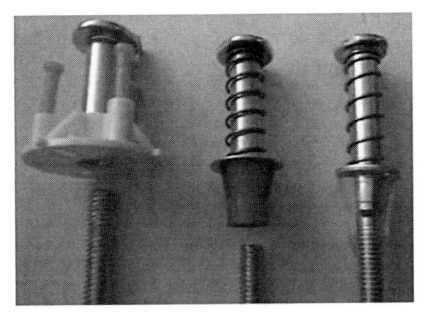

a) 合板型枠用　(b) デッキプレート用　(c) 特定天井用

供試体記号：
(a) 合板型枠用（SIP3040）
(b) デッキプレート用（SM3040）
(c) 特定天井用（BI30）

材質：強度区分10.9
形状：埋込み部と接合ボルトが一体となっている．
(d) 特定天井用デッキプレート用詳細

図9.2-15　実験供試体

iii) 実験結果

吊りボルトが構造耐力上主要な部分等に取り付く接合部（吊り元）を対象にした試験として，文献[8]第3章接合部の試験・評価として明記されている．その中で3-1吊りボルトの上端接合部の試験として示されており，(1)適用範囲，(2)試験体，(3)試験方法，(4)記録項目が定められている．しかし，この章では埋込みインサートに関する試験法は示されていなかったので，その後Q&A[9]では詳細な評価法が示されている．

評価の手順を以下に示す．

① 荷重-変位曲線に基づき，初期剛性kの直線Ⅰを引く．
② k/3の傾きを持つ直線を，荷重変位曲線に接するように平行移動したものを直線Ⅱとする．
③ 直線Ⅰと直線Ⅱの交点での荷重を損傷時の荷重Pdとみなす．

ここで，初期剛性kは最大荷重Pmaxの0.1～0.2倍に相当する荷重値と原点とを結んだ直線から得る．許容耐力は，Pdの平均値を1.5倍以上の数値で除することによって得ることができる．

上記の方法により実験を行って得られた結果について以下に一例を示す．

各実験は3体行われており，以下最大荷重の中間的な挙動の供試体グラフを示した．

【引張加力実験結果】

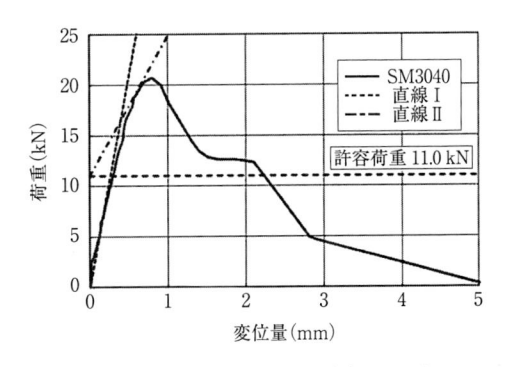

図9.2-16　荷重-変位曲線（SM3040）

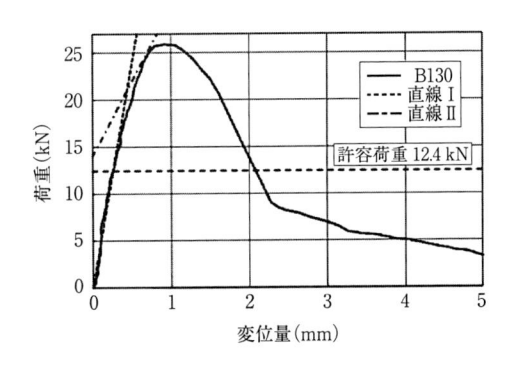

図9.2-17　荷重-変位曲線（BI30）

第9章　非構造部材と躯体取合いの共通事項

【せん断加力実験】

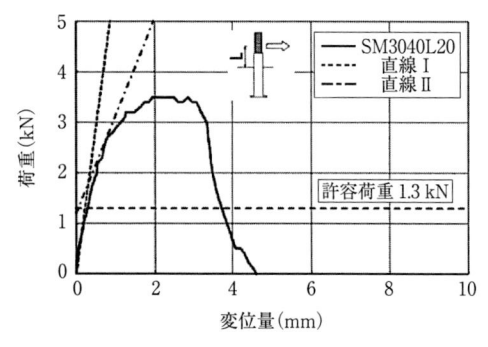

図9.2-18　荷重－変位曲線（SM3040）

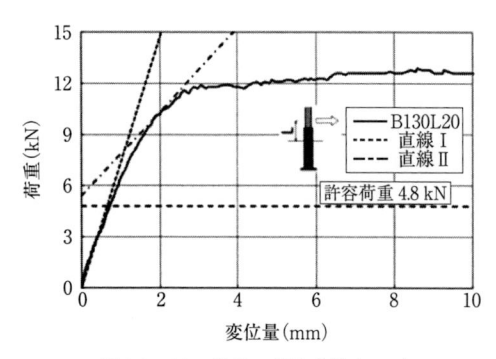

図9.2-19　荷重－変位曲線（BI30）

【斜め45度引張加力実験】

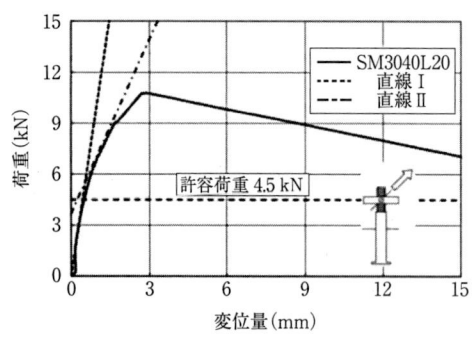

図9.2-20　荷重－変位曲線（SM3040）

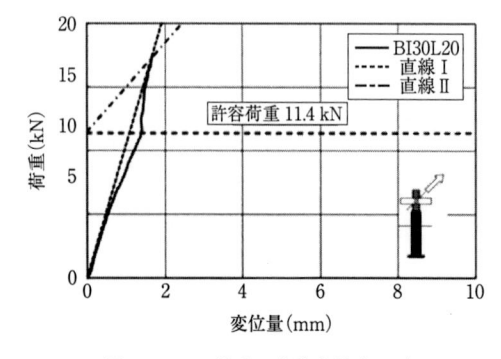

図9.2-21　荷重－変位曲線（BI30）

【斜め45度圧縮加力実験】

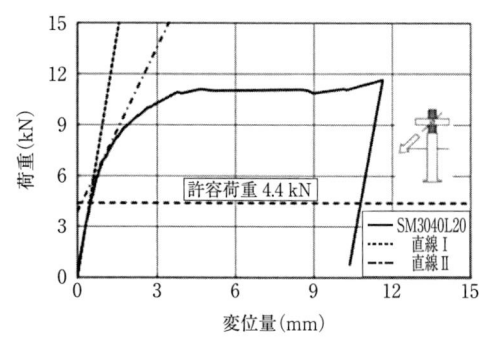

図9.2-22　荷重－変位曲線（SM3040）

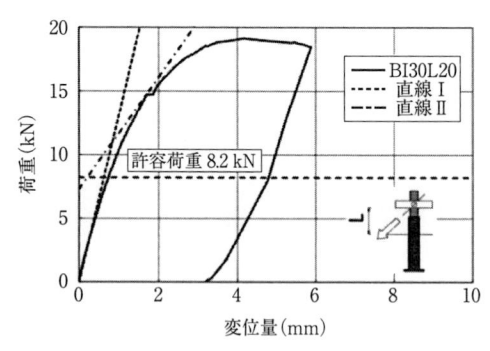

図9.2-23　荷重－変位曲線（BI30）

【各タイプの偏心加力実験結果】

　吊りボルトへ上端接合金物を設置する場合，コンクリート下面に対して隙間が生じることがある．特にデッキプレートではインサート固定のためのプラスチック枠による偏心が生じる．また，フラットデッキのリブ，Uデッキ，Vデッキの凹凸との関係で吊り元と上端接合金物の間には偏心が生じることがある．

　ここでは，合板型枠用，デッキプレートへのインサート設置に対する偏心距離の影響について実験結果を示した．

9.2 埋込みインサート工事

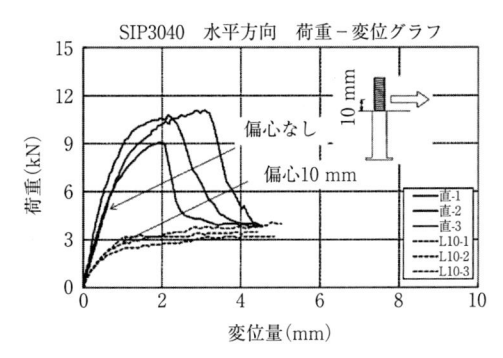

図 9.2 - 24　荷重 - 変位曲線（SIP3040）

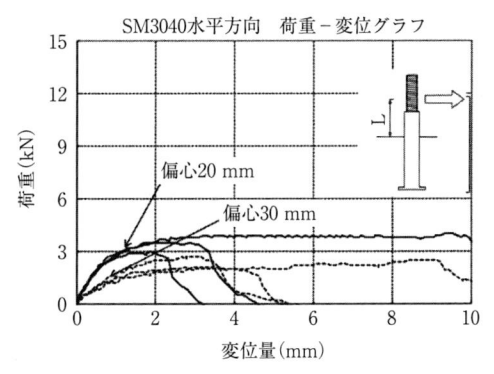

図 9.2 - 25　荷重 - 変位曲線（SM3040）

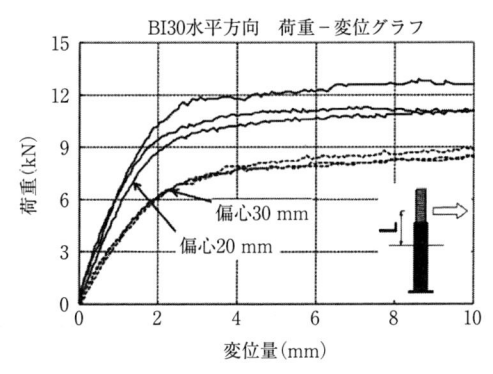

図 9.2 - 26　荷重 - 変位曲線（BI30）

【斜め 45 度繰り返し実験】

　引張方向加力とせん断方向加力との複合加力として，45 度方向繰り返し実験について図 9.2 - 27 〜 9.2 - 29 に実験結果を示した．

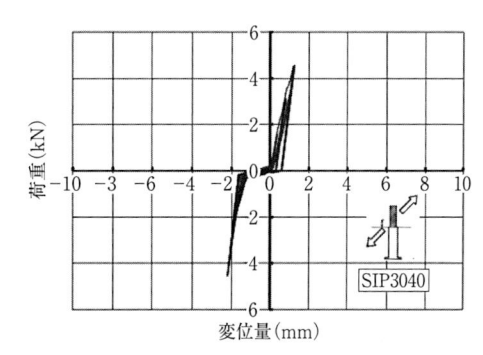

図 9.2 - 27　荷重 - 変位曲線（SIP3040）

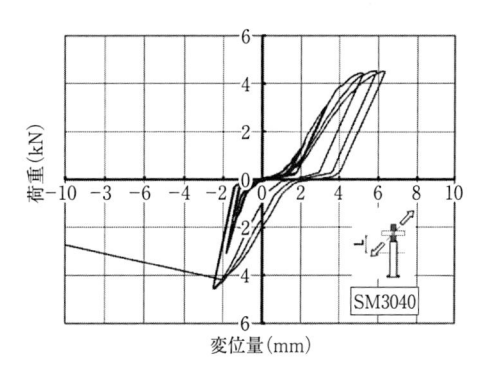

図 9.2 - 28　荷重 - 変位曲線（SM3040）

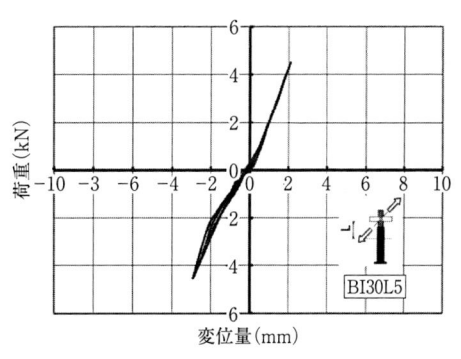

図 9.2 - 29　荷重 - 変位曲線（BI30）

9.2.5 設計図書に関する留意点

インサートの引張力に対する強度は，コンクリートのコーン状破壊によると考えているので，ピッチ・ゲージなどの構造規定は原則として以下のように考える．

ⅰ）軽量天井，軽量設備機器，重量設備機器

文献[1), 3), 4), 6)]を参考に，

- ピッチ・ゲージは軸径の8倍以上．
- 床スラブの縁辺（へりあき）は，100 mm．
- インサートのコンクリートに対するかぶり厚さは，あらゆる方向に対して30 mm以上．
- インサートの有効埋込み長さLは，ボルト径dの4倍以上．
- デッキプレートの谷部へのインサートの使用は原則禁止とするが，やむを得ず施工する場合はコーン破壊面積が減少するなど，強度が低下するので明記する．
- コーン破壊面積が確保できるピッチ・ゲージを確保する．コーン破壊面積の考え方は図9.2-30に示したように，45度の破壊ラインを考慮する．

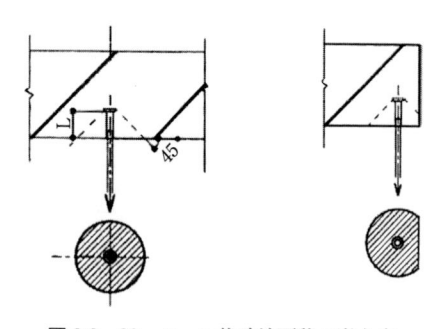

図9.2-30 コーン状破壊面積の考え方

ⅱ）特定天井

文献[6), 7)]に基づき状況に合わせて技術データ等を基に設計図書の作成を行う．デッキプレートの谷部への使用については，文献[7)]には文献[1), 4)]およびメーカカタログ等を参考に製品の許容耐力について相応の耐力低減を考慮することが記述されているので，特記事項として示す．

9.2.6 工事監理段階での確認事項

埋込みインサートは，建物が完成した段階では埋込み長さの確認ができないので，現場での施工時の確認，検査記録の保存などが重要になる．ここでは，インサート設置時の注意点を述べる．

・コーン破壊面積の低減例

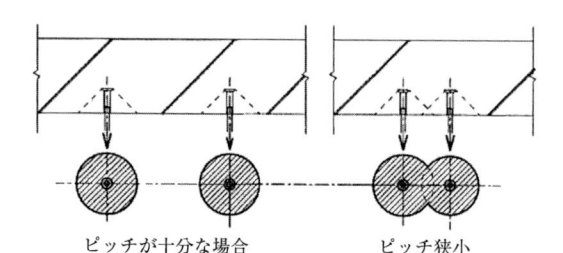

ピッチが十分な場合　　ピッチ狭小

コーン破壊面積が確保されるピッチかを検査し，ピッチが確保できない場合は，設計者に確認する．

図9.2-31 コーン状破壊面積確保の確認

・デッキプレートへの施工にあたっては，山部へ施工されているかを確認する．

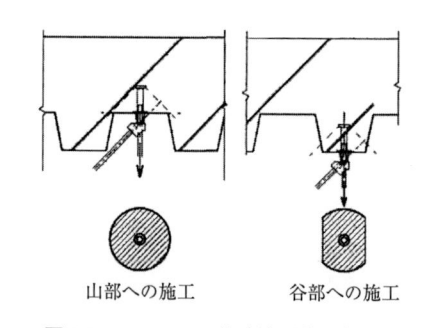

山部への施工　　谷部への施工

図9.2-32 コーン状破壊面積の考え方

・斜め材の取付けによる偏心の影響

フラットデッキのリブ，U・Vデッキプレートの凹凸や斜め部材上端接合金物の形状の関係で偏心を伴う場合がある．

フラットデッキとの取り合い

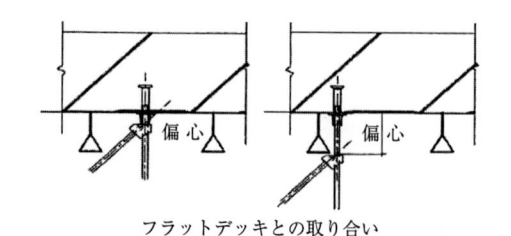

図9.2-33 偏心が伴う場合の確認

・せん断力を受ける場合のコーン破壊面積の考え方

設計図どおりのへりあきの確保の確認を行う．

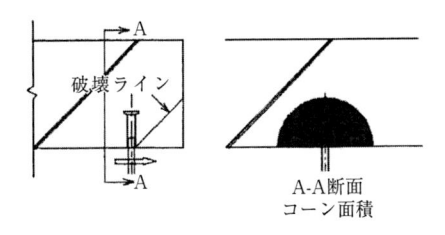

図9.2-34　せん断力に対するコーン面積

参考文献

1) 日本内燃力発電設備協会：自家用発電設備耐震設計のガイドライン，2013（第2版）
2) 空気調和・衛生工学会：建築設備用インサート（HASS 09-1986）
3) 空気調和・衛生工学会：建築設備用インサート（HASS 09-1998）
4) 空気調和・衛生工学会：建築設備用インサート（SHASE-S 09-2004）
5) （株）三門技術資料カタログ　2014-NO.24
6) 日本建築学会：各種合成構造設計指針，2010.11
7) 平成25年国土交通省告示第771号「特定天井及び特定天井の構造耐力上安全な構造方法を定める件」
8) 国交省国土技術政策総合研究所：建築物における天井脱落対策に係る技術基準の解説，2013.10
9) 建築性能基準推進協会：「建築物の天井脱落対策に係る技術基準の解説」のQ&A，2014.3
10) 経済調査会：積算資料，2015.2
11) エヌパット（株）技術資料「埋め込みインサート及びあと施工アンカーの損傷強度及び許容強度について」2014.5

第9章　非構造部材と躯体取合いの共通事項

工種　インサート　　　　　　　　　　　工事名：　　　　　新築工事

部位：　　　　　　　　　　　　　　　　　年　　月　　日　記録：

	工事監理チェックリスト			
No.	監 理 項 目	確認事項	記　録	備　考
1	施工位置確認	鉄筋等との接触の有無		
2	使用材料および品質	品番、床形式との整合		
3	施工位置および作業範囲	墨出しの有無		
4	使用ドリル	ドリル径		
5	施工角度	施工面に直角か		
6	施工状態	型枠との固定状態		
7	図面照合	色の識別は図面と合致しているか		
8	施工終了	施工終了を確認したか		
9	自主検査	グラつきはないか		
10	作業箇所の清掃	作業前の状態へ復帰		
11	作業終了の報告	現場責任者への報告		
12				
13				

略　図

確認印	現場代理人	担　当　者	工 事 監 理 者

2015 JSCA

9.3 非構造部材の溶接

9.3.1 非構造部材の溶接の概要

構造体である躯体は，建築基準法施行令第1条3号により，構造耐力上主要な部材であるが，一方，非構造部材にはこの規定は適用されない．ただし，施行令第39条第1項，および告示により，建築物の部分として屋根ふき材，内装材，外装材，帳壁その他と，建築物の屋外に取り付けられる広告塔，装飾塔等は，風圧ならびに地震その他の振動および衝撃によって脱落しないように規定されている．また，屋上水槽等の非構造部材は，水平震度は1.0が標準とし，転倒，移動が生じないように規定されている．

躯体と非構造部材の取合いには，溶接を使用する場合が多く，本項では内・外装材および帳壁に共通した事項について述べる．

一般的に採用されている溶接方法は，せん断力を伝達する場合が多く，隅肉溶接が採用されている．躯体からの出寸法が大きく，せん断力のほかに曲げモーメントが作用する取合いには，突合せ溶接としなければ安全性が確保できない．

9.3.2 設計図書に関する留意点

外装材の外壁と躯体である大梁または小梁との取合いにおいて，図9.3-1に示すようなALC版外壁と梁との距離をeとし，ALC版の鉛直力をNとすれば，梁には$M=eN$の曲げモーメントが生じていることとなる．この応力は，梁に対してねじり曲げモーメントとして作用する．出幅が小さい場合には問題はないが，サッシ等のデザインの要求により大きな寸法になる場合には，梁の計算をし，安全をチェックすることが必要である．

鉛直方向の長期荷重に対する x 軸まわりの曲げモーメントによる応力のほかに，上記の偏心モーメント$M=eN$に対して，抵抗モーメント

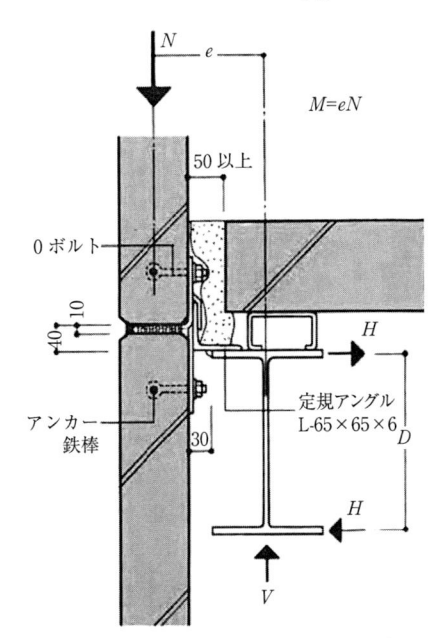

図9.3-1 梁に作用する付加モーメント[1), p.89]

$_RM=HD$を考慮し，水平力Hが作用して生じる上下フランジのy軸まわりの曲げモーメントによる応力を求め，前述のx軸の応力と合成してフランジ断面を検討する．耐力が不足する場合の対策としては，梁の支持間隔を小さくするか，または直交小梁を配置する等の方法があげられる．これらの対策によって，取合いのピースには水平力Hが作用するため十分に抵抗できる．ピースアングル等の下地鋼材を設計する必要がある．

地震時に躯体に生じる層間変位に関しては，法令・告示で構造方法が定められており，高さ31mを超える屋外に面する帳壁は，原則として高さの1/150の層間変位に対して脱落しないことを確かめることとされている．また，層間変形に関して，パネルで構成されている外壁および間仕切壁は，変形追従性能を有するものとすることが定められている．

9.3.3 工事監理段階での確認事項

(1) 下地鋼材・補強鋼材の取付け

ALC版の外壁を躯体に取り付けるためには，定規アングルを躯体の鉄骨に溶接することが多い．

第9章 非構造部材と躯体取合いの共通事項

縦壁の場合は，定規アングルは直接梁に取り付けるが，横壁の場合は，定規アングル取付け位置の調整のために，山形鋼を加工したピースアングルを用いることが多い．この溶接には，パネルに加わる風荷重やパネル重量を支持し伝達するため隅肉溶接が使われる．隅肉溶接の例を図9.3-2に示す．柱の水平スチフナーおよび現場接合用ボルトまわりには，山形鋼や平鋼等を加工して，外壁パネルを支持する下地鋼材を設ける．図9.3-3には，パラペット部の補強鋼材の取付けの一例を示す．補強鋼材としてほかに，下がり壁による開口部周辺の補強では斜めに控えを設ける場合でも溶接が必要となる．

(2) 先付けピースの取付け

鉄骨躯体の柱や梁に仕上材を取り付けるためのピース（小片）は，鉄骨製作工場においてあらかじめ設計で確認したものを有資格者によって柱や梁に溶接しなければならない．現場で安易に先付けピースを現場溶接で取り付けると，溶接欠陥部が発生するおそれが大きいからである．

現場溶接を行う場合は，あらかじめ先付けピースに仕上材の下地が取り付く位置を正確に罫書いて，ピースを溶接で取り付けることが原則である．やむをえず現場で柱や梁の躯体へ直接溶接する場合には，ショートビードによる急熱・急冷を避け，母材への入熱のため40 mm以上の溶接長さを必要とする．いずれの溶接方法も，せん断力を伝達する場合には隅肉溶接が採用される．

(3) 取付けで生ずる溶接部の欠陥の判定基準

有資格者による溶接後，外観検査で溶接部の良否を判定する場合の基準を表9.3-1に示す．

一般に下地鋼材，先付けピースなどの溶接においては表9.3-1に示す欠陥が生じていないことを確認しなければならない．施工図等で取り決められた溶接長さおよび溶接ピッチが正確に施工されているか外観検査をするため，溶接部のスラグ

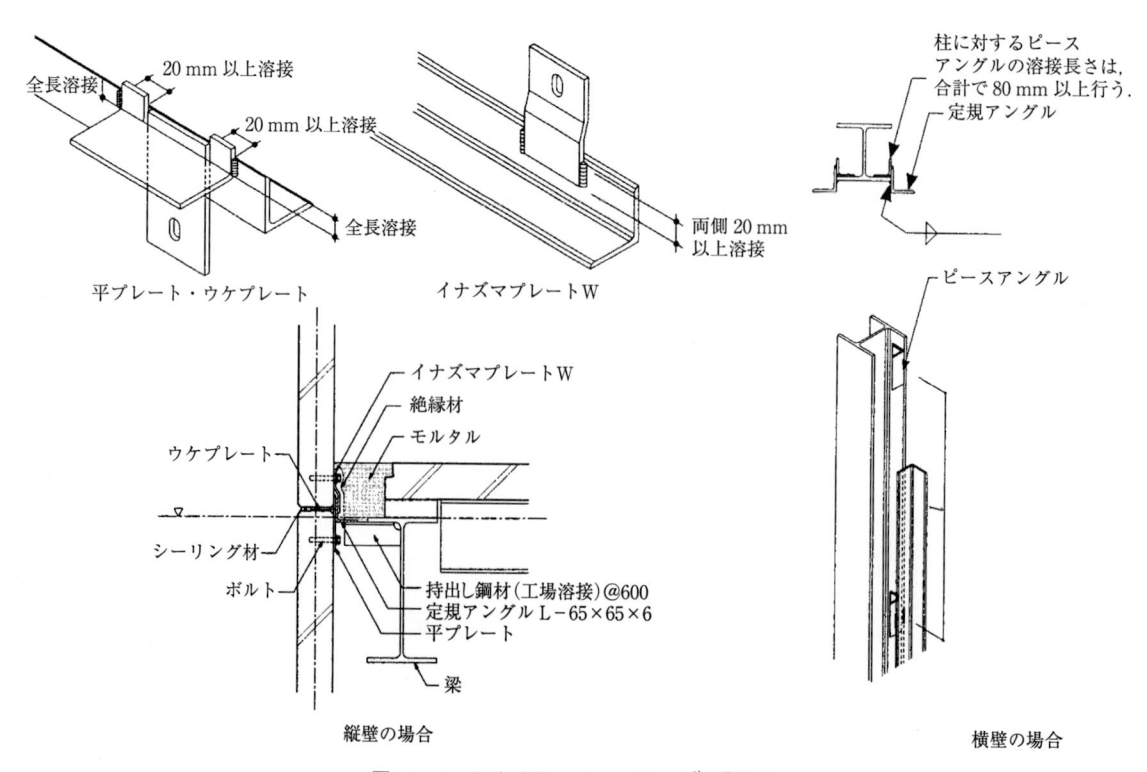

図9.3-2 隅肉溶接の例（JASS 21）[2], p.79,104,109

9.3 非構造部材の溶接

縦壁の場合　　　横壁の場合

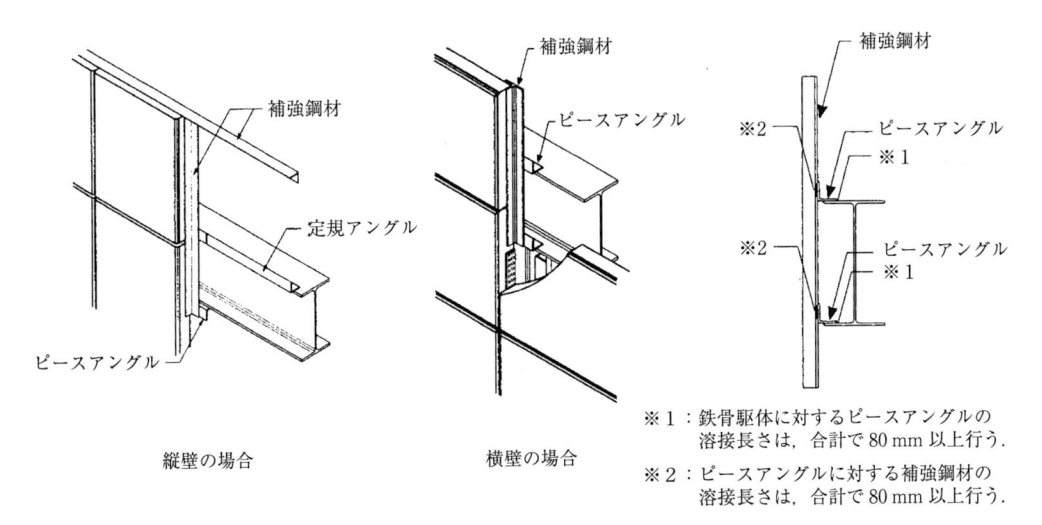

※1：鉄骨躯体に対するピースアングルの溶接長さは，合計で80 mm以上行う．
※2：ピースアングルに対する補強鋼材の溶接長さは，合計で80 mm以上行う．

図 9.3-3　パラペット部の補強鋼材の取付け例（JASS 21）[2], p.105

表 9.3-1　溶接部の欠陥の判定基準（JASS 10）[3], p.303（プレハブ建築協会）[11], p.174

名称	図	判定基準
ビード表面の不整		・ビード表面の凹凸の差 e_1：25 mm の範囲で 2.5 mm 超える ・ビード幅の不整 e_2：150 mm の範囲で 5 mm を超える
アンダーカット	e_1：プレートのアンダーカット e_2：鉄筋のアンダーカット	著しいアンダーカットが存在すること e_1：0.05 t かつ 0.5 mm を超える e_2：0.5 mm を超える
オーバーラップ		著しいオーバーラップが存在すること e：0.05 t かつ 0.5 mm を超える
表面割れ	横割れ　縦割れ　クレータの割れ	割れが存在すること
ピット，スラグ巻込み	ピット，フローホール スラグ巻込み	著しいピットなどが存在すること 1 mm 以下のものは 1/3 個として，溶接長 150 mm 当り 1 個を超える

第9章　非構造部材と躯体取合いの共通事項

表 9.3-2　溶接欠陥と発生原因 [4), p.165]

欠　陥	欠陥形状モデル	母　材	溶接棒	電流	電圧	溶接速度	開先状態	環境状態
溶接形状からくる欠陥　オーバーラップ		－	棒の選定，運棒が遅い，棒の角度	低	低	小	－	－
アンダーカット		－	棒の選定，運棒が速い，棒の角度，棒の吸湿	高	高*	大	－	－
余盛り過大		－		低	低	小	－	－
サイズ不足		－	棒径が小	－	－	大	－	－
溶接部に内在する欠陥　割れ		母材拘束，急冷母材中の硫黄	棒の湿気，棒の選定	高	－	大	－	余熱不足，拘束状態での溶接
ブローホール		－	棒の湿気	－	－	－	開先面の清掃不良，油，水分，さびの除去不良	雨天，風の影響（湿度90％以上は施工せず）
スラグ巻込み		－	運棒，スラグの流動性が悪い	低	－	－	X開先の場合はうら不足斫り	－
融合不良		－	運棒	低	－	大	開先精度が悪い	スラグ清掃不良，技量未熟
溶込み不足		－	棒径が大	低	－	大	ガウジング不足，開先面の仮付け，開先精度が悪い	－

*アーク長が長い

の除去を徹底し，錆止め塗料を塗布することが必要である．

また，突合せ溶接に関する溶接欠陥と発生原因を**表 9.3-2**に示す．適正な溶接条件で溶接を実施することが重要である．

9.3.4　溶接技能者の技能資格

(1) 溶接技能資格の必要性

建築物に求められる安全性は構造体に対してはもちろん，仕上材に対しても不可欠な条件である．仕上材の取付けに際して，かつて湿式工法で行っていたものでも，施工の合理化で乾式工法が多くなっている．このとき不可欠なのが溶接であり，その技能で品質が左右される．兵庫県南部地震では，躯体鉄骨に対する溶接の施工不良が問題になり，今回の建築基準法改正に際して，溶接に関す

る仕様規定が多く盛り込まれる結果となった．しかし，仕上材との関連については特に触れられていないが，その重要性については言うまでもないところである．特に建築物の外周に取り付けられるプレキャスト（PCa）カーテンウォールや，その他の外装材の取付け品質は，溶接の施工品質に大きく依存している．それにもかかわらず，設計および施工上で十分配慮されているとは言えない現状にある．

一例をALC版工事で見ると，工事に先立って施工業者から提出を求める施工図に溶接基準図が記入されているだろうか？　ファスナーのどの位置をどんな仕様の溶接で施工するのか，具体的に示した施工図を見たことがない．もちろんメーカーの施工規準には示されているが，肝心の現場施工図に記入がなければ管理ができないはずだが，

9.3 非構造部材の溶接

不思議なことに承認済みの捺印がされている．

本来の躯体鉄骨に対する溶接は工場で作業すべきであるが，仕上材を取り付けるための溶接は現場での作業になる．この溶接が躯体鉄骨の性能を損なわないために，仕上材の取付けピースを溶接する位置に，前もって補助板を工場で溶接しておくべきである．しかし，施工の途中でその位置が変更されることもあり，また，補助板が前もって溶接されていない場合には，現場で躯体鉄骨に直接溶接せざるをえないことがある．この場合でも溶接によって躯体鉄骨に欠陥を作ることは許されない．さらにその溶接はコンクリート系の外装材であれば大きな荷重を躯体に伝えなければならない．先の建築基準法改正以前の施行令には，溶接強度を0.9掛けで評価する規定があったが，本来溶接の品質を議論するとき，溶接施工の結果を見て強度を割り引いて評価するのは誤りである．

ある高名な専門家は，溶接強度は1.0か0のどちらかだと発言している．溶接品質は外観でもある程度は評価できるが，強度まで正しく評価することは不可能である．そのために完全溶込み溶接では内部品質を超音波で確認しているが，二次部材の取付けでは主として隅肉溶接が使われているため，これの内部品質を検査することは，時間的にもコスト的にも不可能に近い．したがって，これらの溶接作業は十分な技能を持っていることが確認できる溶接技能者が行うべきである．

溶接技能の確認試験は一般社団法人日本溶接協会（以下日溶協という）が実施しており，板厚や作業条件別に図9.3-4に示すアーク溶接適格性証明書が発行されている．溶接はその業種によって溶接条件が異なるため，それぞれの業界で日溶協の資格に上乗せする資格の認定制度を設けているのが通例で，躯体の建築鉄骨の溶接技能者に対しては，建築鉄骨溶接技量検定協議会（AW検定協議会）が認定制度を実施する場合がある．

しかし，二次部材の溶接は隅肉溶接が主であるから，少なくとも日溶協の基本級の有資格者が担

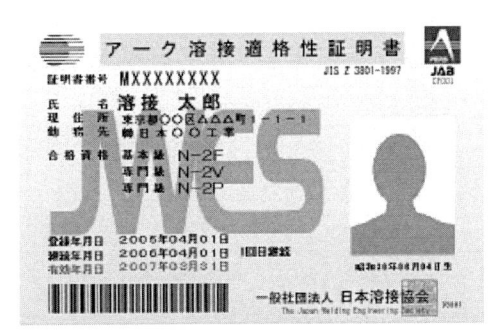

図9.3-4 アーク溶接適格性証明書

当することをJSCAでは提案している．

また，溶接品質は第三者に対する安全性にも大きく影響があるため，工事に従事する溶接技能者のレベルは，工事監理者の承認事項とするとともに，溶接結果については適切な検査で確認すべきである．

溶接技能者の技量を証明書で確認する場合に注意すべき点は，安全教育の受講証と技量認定証とを混同しないことである．アーク溶接作業は危険が伴うため，労働安全衛生法で溶接技能者が，安全教育を受講することを事業者に義務づけている．しかし，その内容が専門的になるため，教育を日溶協に委託するのが一般的である．受講の証として図9.3-5に示すアーク溶接特別教育修了証が発行される．この受講証は生涯有効であるのに対し，技量認定は3年ごとに実技と溶接に関する知識が確認され，新たな証明書を発行することで技能レベルの維持が図られている．現場での溶接作業に必要な資格として，被覆アーク溶接と半自動溶接の技量資格を表9.3-3〜9.3-4に示す．

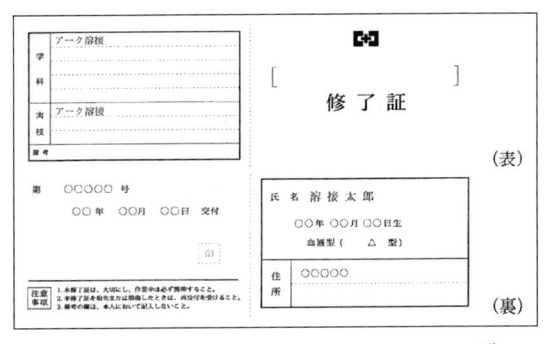

図9.3-5 アーク溶接特別教育修了証のモデル[12]

第9章　非構造部材と躯体取合いの共通事項

表9.3-3　被覆アーク溶接資格の種類の抜粋（WES 8201）[5), p.2]

資格の級別	資格の種類記号	溶接姿勢	試験材料の種類，厚さ区分	溶接継手の区分	開先形状	裏当て金
基本級	A-2F	下向	中板／炭素鋼板	板の突合せ溶接	V形	あり
専門級	＊A-2V	立向	中板／炭素鋼板	板の突合せ溶接	V形	あり
	＊A-2H	横向				
	＊A-2O	上向				
	＊A-2P	水平・鉛直固定	中肉管／炭素鋼管	管の突合せ溶接		

＊裏当て金なしの資格はAの代わりにNとなる．
＊開先形状は薄板の場合に限りI形またはV形．（表9.3-2についても同じ．）
＊2：中板（9 mm）の意，1：薄板（3.2 mm），3：厚板（19 mm）（表9.3-2についても同じ．）

表9.3-4　半自動溶接資格の種類の抜粋（WES 8241）[6), p.2]

資格の級別	資格の種類記号	溶接姿勢	試験材料の種類，厚さ区分	溶接継手の区分	開先形状	裏当て金
基本級	＊SA-2F	下向	中板／炭素鋼板	板の突合せ溶接	V形	あり
専門級	＊SA-2V	立向				
	＊SA-2H	横向				
	＊SA-2O	上向				
	＊SA-2P	水平・鉛直固定	中肉管／炭素鋼管	管の突合せ溶接		

＊裏当て金なしの資格はSAの代わりにSNとなる．

表9.3-5　すみ肉溶接資格の種類の抜粋（WES 8101）[7), p.2]

資格の級別	資格の種類記号	溶接姿勢	試験材料の種類，厚さ区分	溶接継手の区分	開先形状	裏当て金
基本級	N-1F	下向	薄板／炭素鋼板	板の突合せ溶接	I,V形	なし
	A-2F		中板／炭素鋼板		V形	あり
	N-2F					なし
	A-3F		厚板／炭素鋼板			あり
	N-3F					なし
専門級	＊Fil-F	下向	中板／炭素鋼板	板の隅肉溶接	—	—
	＊Fil-V	立向				
	＊Fil-H	横向（水平）				
	＊Fil-O	上向				

＊Filは隅肉の意．

二次部材の溶接は，パイプの溶接以外は隅肉溶接の技能で十分と思われるが，表9.3-5に示す日溶協の隅肉技能試験は，基本級として突合せ溶接の技能に合格することを前提としているため現実的ではない．本来，非構造材を施工する技能工に求められる溶接技能は職種ごとに特徴があるので，各専門工事業の業界がそれぞれ独自の技量認定法を定めるべきである．しかし，現在それが存在しないので，参考資料として現時点で公式に行われている隅肉溶接の資格試験方法を以下に示す．

9.3.5　隅肉溶接の試験方法

(1) 日本溶接協会規格 WES 8101 による「すみ肉溶接技能者の資格認証基準」における専門級の試験方法

ⅰ）溶接姿勢
　図9.3-6による．

9.3 非構造部材の溶接

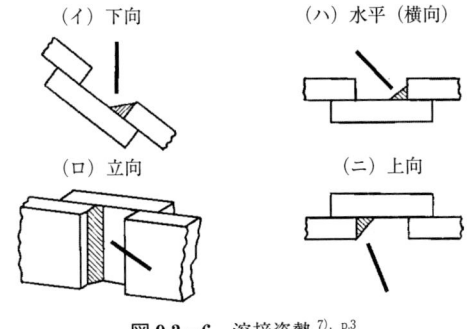

図9.3-6 溶接姿勢[7), p.3]

ii) 試験体形状

図9.3-7による

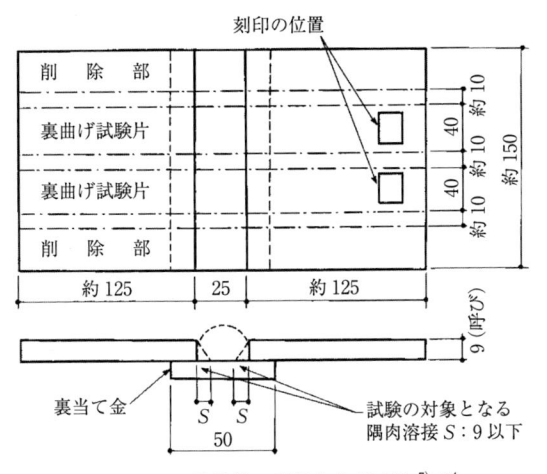

図9.3-7 試験材の形状および寸法[7), p.4]

iii) 合否判定基準

曲げられた外面の試験対象とする隅肉溶接部に次の欠陥が認められないものを合格とする.

① 3.0 mmを超える溶込み不良または割れ
② 3.0 mm以下の溶込み不良または割れの合計長さが, 7.0 mmを超える場合
③ ブローホール, 溶込み不良および割れの合計個数が, 10個を超える場合
④ 裏面のアンダーカットまたはスラグ巻込みが著しい場合

ただし, 試験結果に著しい影響を及ぼすような開口した割れその他の欠陥が, 溶接で充填した部分に生じた場合は, 再試験を行う.

9.3.6 隅肉溶接とは

溶接学会編「溶接・接合用語辞典」[8)]によれば「重ね継手, T継手および角継手において, ほぼ直交する2つの表面を三角形状の断面になるように行う溶接」と定義されている. これに対し実務上で必要な事項をまとめると次のようになる.

① 隅肉溶接とは, 接合される2枚の板でできるほぼ直角な2つの表面, およびそれによってできるルート部を確実に溶接金属と融合させて, ほぼ三角形状の断面とする溶接である. 標準的な隅肉溶接の形状を図9.3-8に示す.

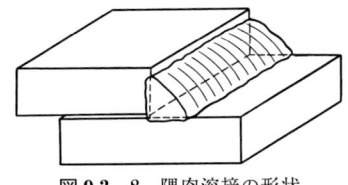

図9.3-8 隅肉溶接の形状

② 力の伝達は, 隅肉溶接のせん断耐力に依存するため, 図9.3-9に示すのど厚の確保が重要である.

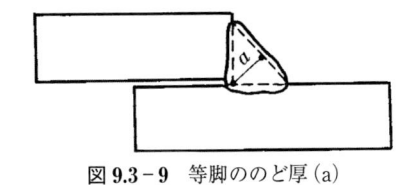

図9.3-9 等脚ののど厚(a)

③ 外観形状が悪いものは応力集中の原因となる. これを防ぐため図9.3-10に示す基準を参考に整えなければならない.

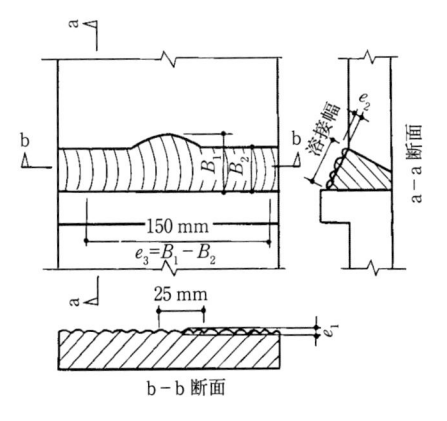

図9.3-10 ビード不整の形状と判定基準

④ 図9.3-11に示す凹ビードは，外観上好まれるが脚長に比べてのど厚が少なく，また，図9.3-12に示す凸ビードは外観ほどには評価されないため，いずれも望ましい形状ではない．

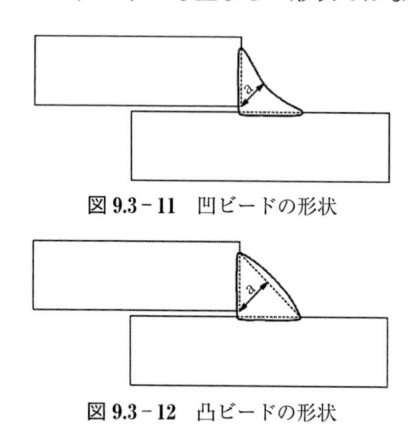

図9.3-11　凹ビードの形状

図9.3-12　凸ビードの形状

したがって図9.3-9に示す等脚の形状が最も合理的である．

⑤ アンダーカットは，溶接条件の設定および運棒に問題があって発生するが，応力集中の原因ともなるため適切な技能が必要である（図9.3-13）．

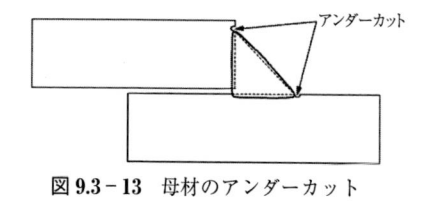

図9.3-13　母材のアンダーカット

⑥ 溶接する板の切断面は200μmRy[注1]以上の平滑面としたい（図9.3-14）．
注1）μmRy（マイクロメーターアールワイ）：面粗さの単位．この場合，面の粗さの最大高さが200μmの意味．

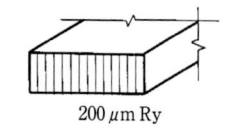

図9.3-14　ガス切断面の粗さ

⑦ 1本の隅肉溶接は面外力に対して弱いため，2枚の板が剥離しないように対で溶接するか，回し溶接によって面外力に抵抗できるように配慮しなければならない．（図9.3-15）

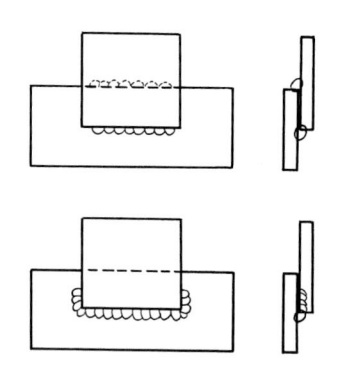

図9.3-15　隅肉溶接は対か回しが必要

⑧ 隅肉溶接の有効長さは図9.3-16に示すところによる．

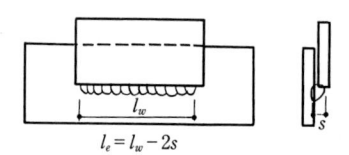

$l_e = l_w - 2s$

図9.3-16　有効溶接長さ（l_e）の考え方

⑨ 溶接する部位にある塗料や付着物をそのままにして溶接すると，ブローホールのもととなり，健全な溶接とはならないため清掃が必要である．

⑩ 実務的には溶接条件の設定が不適切だったり技能が不十分な場合に，外観が不整になっていかにも内容が悪そうに見えるが，反対に外観がきれいだからといって母材に対して十分な溶込みがあるとは保証できない．そこで，能力ある技能工が条件を満たして作業し，外観で最終判断することになる．

⑪ 隅肉溶接の技能を確認する簡便な方法として，JIS Z 3133で定められていた隅肉溶接破面試験方法を紹介する．これによると図9.3-17に示すように比較的簡単なやり方で，溶込みの良否，ブローホール，割れ，融合不良，母材の剥離などがわかり，隅肉溶接の健全性を調

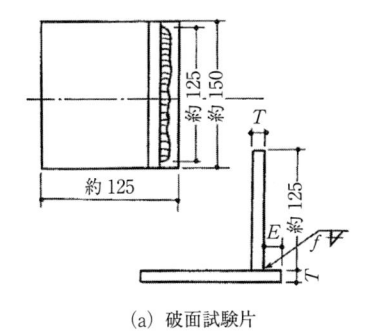

9.3 非構造部材の溶接

(a) 破面試験片　　(b) 寸法表（単位：mm）　　(c) 試験片の破断方法

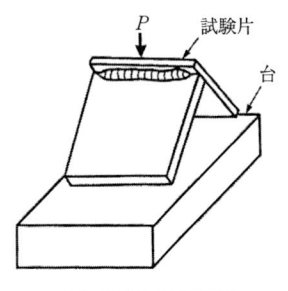

図9.3-17　簡便な隅肉溶接の技能確認方法

べることができる．

⑫ 隅肉溶接に関する建築学会規準として鋼構造設計規準[5]に以下の規定がある．

枠内の隅肉溶接の内容を図9.3-18に示す．

鋼構造設計規準[9], p.28,34 より抜粋

13.2　溶接継目の有効面積
 (1) 省略
 (2) 隅肉溶接部の有効面積は，（溶接の有効長さ）×（有効のど厚）とする．ただし，荷重方向のいかんを問わず，その応力は有効面積で計算する．
 　(a) 隅肉溶接の有効長さは，回し溶接を含めた溶接の全長から隅肉のサイズの2倍を減じたものとする．
 　(b) 以下省略

16.5　隅肉溶接のサイズ
　隅肉溶接のサイズは，薄いほうの母材の厚さ以下でなければならない．ただし，T形継手で板厚6mm以下の鋼板を隅肉溶接で接合する場合は，隅肉のサイズを薄いほうの材の板厚の1.5倍かつ6mm以下まで増すことができる．
　板厚6mmをこえる場合は，隅肉のサイズは4mm以上で，かつ$1.3\sqrt{t(\mathrm{mm})}$以上なければならない．ここに，t(mm)は厚いほうの母材の板厚を示す．ただし，隅肉のサイズが10mm以上である場合はこの限りでない．
　鋼管の分岐継手の隅肉のサイズは，薄いほうの管（支管）の厚さの2倍まで増すことができる．

16.6　隅肉溶接の有効長さ
　応力を伝達する隅肉の有効長さは，隅肉のサイズの10倍以上で，かつ40mm以上とするのを原則とする．
　側面隅肉溶接の有効長さが，隅肉のサイズの30倍をこえるときは，応力の不均等分布を考慮して許容応力度を低減する．
　平鋼を用いた引張材の端部接合に長手方向の隅肉溶接のみが使われる場合には，各溶接の長さはその平鋼の幅以下であってはならない．

16.7　断続隅肉溶接
　断続隅肉溶接は，応力を伝達する継手および組み立て材の各要素の接合に用いてもよい．この場合に有効長さは，13.2，(2)の規定による．

16.8　重ね継手
　応力を伝達する重ね継手は，2列以上の隅肉溶接を用いるのを原則とし，薄いほうの板厚の5倍以上，かつ30mm以上重ね合わせなければならない．

16.9　隅肉溶接のまわし溶接
　重ね継手において，側面隅肉溶接または前面隅肉溶接で，かど部で終わるものは連続的にそのかどをまわして溶接し，そのまわし溶接の長さは隅肉のサイズの2倍を原則とする．

16.10　以下省略

第9章　非構造部材と躯体取合いの共通事項

等脚・へこみ隅肉　　等脚・とつ隅肉　　不等脚・とつ隅肉　　重ね継手
　　　　　　　　　隅肉溶接サイズ

断続隅肉溶接　　　　　　　まわし溶接

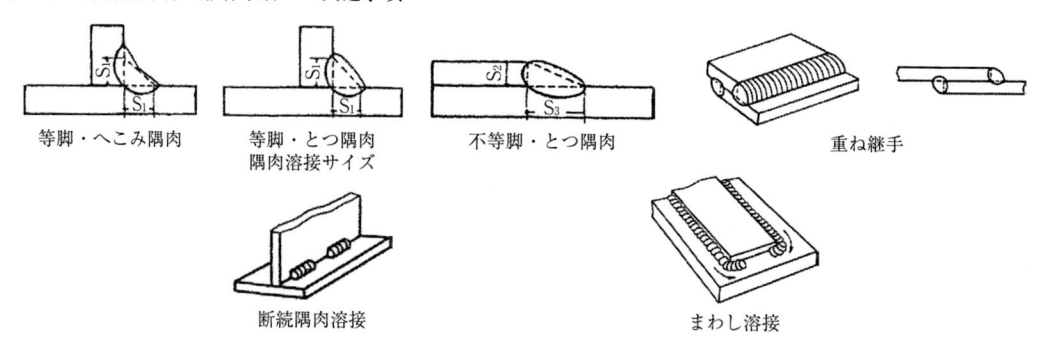

図 9.3-18　枠内の隅肉溶接

参考文献

1) 田中義吉：鉄骨構造　設計・施工のポイント，ALC建築設計資料7，彰国社，1992
2) 日本建築学会：建築工事標準仕様書・同解説　JASS 21　ALCパネル工事，2005
3) 日本建築学会：建築工事標準仕様書・同解説　JASS 10　プレキャスト鉄筋コンクリート工事，2003
4) 田中義吉，鈴木英次：新版 建築溶接問答　基礎知識と応用，テクニックシリーズ2，エクスナレッジ，2001
5) 日本溶接協会：手溶接技能者の資格認証基準（WES8201）
6) 日本溶接協会：半自動溶接技能者の資格認証基準（WES8241）
7) 日本溶接協会：すみ肉溶接技能者の資格認証基準（WES 8101）
8) 溶接学会編：溶接・接合用語辞典，産報出版，1991
9) 日本建築学会：鋼構造設計規準　許容応力度設計法，2005
10) 日本建築学会：鋼構造設計規準，1988
11) プレハブ建築協会：プレキャスト鉄筋コンクリート工事施工技術指針，2014
12) 中央労働災害防止協会

付　表

付表　非構造部材の安全性確保に向けて設計者および施工者が決定すべき事項と果たすべき役割の原則（JSCA 提言）

		設計・施工図書に記述されるべき事項	建築士法上の主たる設計者 （通常は意匠設計者）	構造設計者
天井	設計段階	**一般天井（特定天井以外の天井）** ・天井形状，仕上材料，システム（システム天井，在来天井など），要求性能（作用地震力，建物の変形など）などについて発注者と合意形成された設計条件を特記 ・施工要領書に記載すべき事項 **特定天井** ・一般天井記載事項に加え以下の事項を特記 a）部材（吊材，野縁，野縁受け，ブレース等）の配置，部材断面 b）接合部強度または接合部詳細例 c）壁や設備吊材との納まり（クリアランスなど） d）天井受けなどの準構造材が必要な場合の準構造材	・耐震安全性確保の基本方針の決定（準拠基準も規定） ・下記について発注者より要求される設計条件の整合性確認およびその設計内容について発注者との合意形成 **一般天井** ・天井形状，仕上材料，システム（システム天井，在来天井など）要求性能などの決定 ・設備との調整 **特定天井** （仕様ルート） ・設計図書に記述すべき事項の設計 ・メーカー等の協力を得て安全確認書の作成 （計算ルート） ・構造設計者と打ち合わせの上，図面作成	**一般天井** ・設計条件などについて意匠設計者へアドバイス **特定天井** （仕様ルート） ・意匠設計者からの相談に対するアドバイス （計算ルート） ・耐震安全性については中心となって検討し，意匠設計者と打ち合わせの上，設計図書へ記述したものの確認，計算書の作成 ・天井受けなどの準構造材が必要な場合の設計
	施工段階	・施工要領書の作成および必要に応じて施工図の作成 ・施工図には設計図書に記載された内容に加え以下の事項を記述 a）設備部材，照明などを含めた総合図 b）部材の具体的配置，断面，接合部の具体的図面 c）天井内の設備配管，機器の詳細固定方法（吊材，中間固定アングルなど）	（一般天井および特定天井の仕様ルート） ・設計変更が必要な場合は施工者との打合せおよび設計変更等の必要な手続き （計算ルート） ・設計変更内容の構造設計者への確認と変更された図面の最終確認	（一般天井および特定天井の仕様ルート） ・設計変更が生じた場合には，必要に応じ意匠設計者にアドバイス （計算ルート） ・必要に応じ施工図を確認し変更計算書の作成 ・準構造材の施工図の確認
外装・間仕切り壁	設計段階	・仕上げ材の種類，形状，範囲，工法，要求性能（建物の地震時の変形，地震時および暴風時に仕上げ材に作用する荷重など）などについて発注者と合意形成された設計条件を特記 ・標準詳細および部分詳細で基本的考え方と基本的部分の提示 ・CW，PC の 1 次ファスナー（構造図） ・主要構造材以外に，仕上げ材を取り付けるために必要な部材（構造図） ・施工要領書に記載すべき事項	・下記について発注者より要求される設計条件に整合するような設計とその設計内容についての発注者との合意形成 ・仕上げ材の種類・範囲・形状・工法の決定 ・変形，荷重に対する要求性能の決定 ・建物の変形や作用する荷重に対して，メーカーや専門工事業者からのヒアリングを含めて検討 ・納まり，取付け方法などの標準詳細および部分詳細図の作成 ・施工要領書に記載すべき事項の特記	・建物の地震時の変形，地震時および暴風時に仕上げ材に作用する荷重を意匠設計者へ提示 ・主要構造材以外に，仕上げ材を取り付けるために必要な部材がある場合には，意匠あるいは構造図へ記載 ・CW，PC の 1 次ファスナーの設計
	施工段階	・施工要領書 ・施工図（割付け，取付け詳細等） ・設計図で網羅できていない特殊部分の施工詳細	・設計図書に記述されていない部分については，基本方針に従ってアドバイスし，必要に応じ設計変更や必要な手続き	・意匠設計者や監理者が施工図や施工要領書の確認をするにあたって，必要に応じ技術的なアドバイス
設備関連	設計段階	**（建築図，構造図）** ・設備機器基礎，機器支持鉄骨 **（設備図）** ・準拠基準 ・設備機器の荷重，形状，機器の設置方法 ・各階の床位置での地震時の設計用水平・鉛直震度 ・建物の層間変形，特殊形状の設備機器の設計条件	・設備設計者から提供される情報をもとに，スペースや基礎形状の検討	・各階の床位置での地震時の設計用加速度，建物の層間変形の提示 ・設備機器の基礎の形状・配筋の決定 ・設備機器（ダクト・配管・配線等を含む）から作用する荷重に対する基礎，構造体の安全確認 ・特殊形状の設備機器の設置方法についてのアドバイス
	施工段階	・設備基礎，必要に応じ支持鉄骨の施工図 ・施工要領書，施工図，計算書	・必要に応じ，設備機器の位置，基礎形状について施工図の確認 ・必要に応じ，構造設計者・設備設計者及び工事監理者，施工者との調整	・必要に応じ，施工図で設備荷重や位置，基礎形状の確認 ・必要に応じ，意匠設計者，設備設計者及び工事監理者，施工者へのアドバイス

付表

設備設計者	工事監理者	施工者(メーカー、専門工事業者含む)
・主たる設計者と協議のもと建築設備に関わる耐震安全性確保の基本方針の決定(準拠基準も規定) ・天井面および天井内の設備機器(ダクト・配管・配線等を含む)の配置を意匠設計者と摺合せ、天井設計の基本方針決定(想定される天井内の設備機器のスペック、納まりなど)のアドバイス ・天井内に吊られる設備機器(ダクト・配管・配線等を含む)と天井材との関係整理(天井と一体か独立させるかなど) ・耐震性能を含めた必要性能の決定と仕様の設計図への記述		メーカー ・各種接合部の性能、天井システムの周期に関する資料等、設計のためのデータの提示 ・メーカーとしての参考計算書の提示
・設計変更の場合、設計変更内容の構造設計者への確認と変更された図面の最終確認	・施工要領書、総合図、施工図、計算書の確認、調整 ・施工図、施工要領書通りに施工されていることの確認および発注者への報告 ・設備関連機器の配置について、意匠設計者との最終確認(設備担当) ・施工図において天井内設備、ダクトルート及び設計図書に示された要求性能が確保されていることなどの確認(設備担当)	・建築図と設備図から施工要領書、総合図を作成し、納まりを監理者(設計者)に確認 (総合図は、設備部材、照明など含めたもの) ・設計図書に記されている設計仕様(設計条件)を満たす部材、接合部を確定し、計算書と施工図を作成 ・施工図や施工要領書に基づく施工 ・天井内の設備配管、機器の詳細固定方法(吊材、中間固定アングルなど)についての施工要領書の作成 ・設計仕様を満足できないなどの問題が生じた場合は、監理者(設計者)へ確認、および修正提案
・設備関連の情報の意匠設計者への提供および外装材や内装材と設備機器(ダクト・配管・配線等を含む)の納まりを確認		メーカーおよび専門工事業者 ・各メーカーの仕様、性能、荷重、納まりなどの情報を設計者に提供
・必要に応じ、外装材や内装材と設備機器の納まりを確認	・施工図、施工要領書、計算書の確認、調整 ・詳細書等に記述されていない部分は基本方針に従って施工者(メーカー、専門工事業者を含む)と協議決定し、必要に応じ設計者に確認 ・施工要領書・施工図通りに施工されていることの確認	・設計図書に基づく施工要領書、施工図、必要に応じて計算書の作成 ・メーカーの独自技術を活かした設計図書の要求性能を満足するような部材、接合部、納まり等の決定および施工要領書・施工図作成 ・施工要領書・施工図に基づく施工 ・設計仕様を満足できないなどの問題が生じた場合は、監理者(設計者)に確認、および修正提案
・設備機器の設置位置、寸法、運転重量を意匠・構造設計者へ提示し、必要に応じて意匠または構造設計に記載 ・設備機器(ダクト・配管・配線等を含む)の構造躯体、設備基礎へ固定方法を決定し図面作成 ・給湯器、空調機等の設備機器の固定金具(メーカー製品)に対して特記等で仕様の規定を行う ・設備機器の仕様、設備機器の荷重、形状、機器の設置方法などの必要な情報を意匠設計者、構造設計者に伝達 ・設備機器(ダクト・配管・配線等を含む)の耐震クラスの決定 ・設備機器(ダクト・配管・配線等を含む)と建築計画が整合していることを確認 ・確認申請時に提出する屋上機器等の耐震計算書について、構造設計者の確認を得る ・免震構造、エキスパンションへの対応方法の検討・計画・決定		・設計図書に示された性能を満たす機器情報の提供
・必要に応じ、意匠設計者、構造設計者及び工事監理者、施工者との調整	・施工図に記された内容が設計図書に記された性能を満たしていることを総合図および計算書で確認 ・施工要領書、施工図通りの施工の確認 ・施工図で設備機器の形状や位置、重量、基礎形状や固定方法の再確認(設備担当)	・設計図書に基づいた施工要領書、施工図、計算書の作成 ・施工要領書・施工図に基づく施工 ・設計仕様を満足できないなどの問題が生じた場合は、監理者(設計者)に確認、および修正提案

設計者のための
見落としてはならない非構造部材　　定価はカバーに表示してあります．

2015年6月15日　1版1刷発行　　　　　　ISBN 978-4-7655-2582-4 C3052

	編　者	一般社団法人 **日本建築構造技術者協会**
	発行者	長　　滋　　彦
	発行所	**技報堂出版株式会社**

日本書籍出版協会会員 自然科学書協会会員 土木・建築書協会会員	〒101-0051 電　話 　 F A X 振替口座 U R L	東京都千代田区神田神保町1-2-5 営　業　(03)(5217)0885 編　集　(03)(5217)0881 　　　　(03)(5217)0886 00140-4-10 http://gihodobooks.jp/
Printed in Japan		

Ⓒ Japan Structural Consultants Association, 2015　　　　装幀：ジンキッズ　印刷・製本：三美印刷

落丁・乱丁はお取り替えいたします．

JCOPY <(社)出版者著作権管理機構　委託出版物>
本書の無断複写は著作権法上での例外を除き禁じられています．複写される場合は，そのつど事前に，(社)出版者著作権管理機構(電話 03-3513-6969，FAX 03-3513-6979，e-mail: info@jcopy.or.jp)の許諾を得てください．